"十二五"职业教育国家规划教材

经全国职业教育教材审定委员会审定

U0677081

编辑概论（第3版）

主　编　陈桃珍

副主编　殷　三　杨　燕　董娟娟

主　审　龚维忠

重庆大学出版社

内容提要

本书融入高职高专"项目导向、任务驱动"的教学理念,将编辑活动的内容进行重新解构,对编辑概念、编辑素养、编辑技能等进行分析和梳理,结合具体媒介(如图书、报纸、期刊、新媒体)的编辑方法和技巧,根据项目设计的特点和便于实际操作的需求进行内容安排。全书由 10 个模块、22 项任务组成。

本书内容从切实培养学生的编辑综合能力出发,为后续专业课程学习打下扎实的基础,既可作为一线编辑出版人员了解编辑知识、掌握编辑技能的工作手册,又可作为普通读者学习编辑基础知识的参考读物。

图书在版编目(CIP)数据

编辑概论 / 陈桃珍主编. -- 3 版. -- 重庆 : 重庆
大学出版社,2020.8
ISBN 978-7-5624-8585-8

Ⅰ.①编… Ⅱ.①陈… Ⅲ.①编辑学—高等职业教育
—教材 Ⅳ.①G232

中国版本图书馆 CIP 数据核字(2019)第 273042 号

编辑概论
(第 3 版)

主　编　陈桃珍
副主编　殷　三　杨　燕　董娟娟
主　审　龚维忠

责任编辑:尚东亮　王智军　　版式设计:尚东亮
责任校对:张红梅　　　　　　责任印制:张　策

*

重庆大学出版社出版发行
出版人:饶帮华
社址:重庆市沙坪坝区大学城西路 21 号
邮编:401331
电话:(023) 88617190　88617185(中小学)
传真:(023) 88617186　88617166
网址:http://www.cqup.com.cn
邮箱:fxk@ cqup.com.cn (营销中心)
全国新华书店经销
重庆市正前方彩色印刷有限公司印刷

*

开本:720mm×960mm　1/16　印张:22.25　字数:426 千
2011 年 10 月第 1 版　2020 年 8 月第 3 版　2020 年 8 月第 5 次印刷
印数:6 501—9 500
ISBN 978-7-5624-8585-8　定价:49.00 元

【第3版前言】

2010 年,全国印刷包装教学指导委员会出版与发行分会在上海召开会议,共商教材建设大计,我有幸获得这本教材的主编资格。接受任务后,我脚踏实地开始工作,进行行业界调研、组建校企合作的开发团队、提出编写大纲和体例、写出样章、组织作者撰稿,并进行了多次修改,交由主审审定。本书第 1 版在 2010 年与读者见面并受到师生好评,其中的艰辛和喜悦难以用言语表达。

2013 年,本书被教育部确定为职业教育"十二五"国家规划教材立项选题。根据要求,我们对教材进行了较大的修改,订正了其中的个别差错,更换了最新案例,并增加了行业发展的最新知识和变化。2019 年,我们根据出版行业的最新发展态势,在原有的基础上又进行了第二次较大的修订,重新梳理了内容并体现媒介融合的理念,更新了大部分案例,增加了新的媒介形态的内容。

该书全面地体现了高职教育对于编辑出版人才培养的要求,紧密结合高职院校学生的教学与职业特点,较好地区别于同学科本科性质的教材。教学内容既注意了学科理论知识的阐述,又注重了专业学科实践活动的探索,同时进行了学习目标的界定,保持了与高职教育提倡的任务驱动、项目教学纲要的一致性。

教材结构合理、层次分明、资料丰富、内容充实、深入浅出、体例新颖。根据项目设计的特点和便于实际操作的需求,全书由 10 个模块、22 项任务组成。教材内容能切实培养学生的编辑综合能力,并为后续专业课程学习打下扎实的基础。具体归纳主要有以下几个特点:

第一,教材主要以编辑和编辑工作的基本理论、基本实践活动为主线,针对图书编辑、报纸编辑、期刊编辑、新媒体编辑进行了全方位的阐释,特别注重编辑基本实务与技能方面的训练,不仅使出版专业学生为后续专业课程学习打下专业基础,同时兼顾了非出版专业学生学习编辑知识、提高编辑技能的需要。充分表明了该书稿较强的科学性和适用性,并且具有较广泛的读者面。

第二,教材内容较好地结合出版职业资格条例对编辑基本理论知识与实践技能的要求,重点针对编辑出版实践工作所需的专业基础理论知识和编辑基本技能,展开综合实训与课外拓展的提示性训练教学。

第三,教材中运用了较多最新案例开展实例分析,使学生在学习专业基础理论的同时,能较好地通过感性体验,吸收和掌握理论知识与技能。

第四,教材中专门安排的实训任务训练,能够使学生较好地提高实际操作技能,达到将所学知识向能力转化的目的。

第五,教材内容紧跟时代变化,收集和采用了最新的编辑理论研究成果和资料,将媒介融合理念融入内容中,并对新媒体编辑列有专章阐述。

参加本书编写的单位有:湖南大众传媒职业技术学院、安徽新闻出版职业技术学院、江西新闻出版职业技术学院、湖南教育报刊集团、湖南吉书文化传播公司。本书由陈桃珍拟定编写思路、大纲体例和样章,并负责统稿,三位副主编参与修改,湖南师范大学新闻与传播学院编审、博士生导师龚维忠教授主审。具体编写分工为:陈桃珍(前言、模块4、模块6),殷三(模块1任务1、模块2),杨燕(模块1任务2、模块10),董娟娟(模块5、模块8),叶奕、杨洋(模块7),陶新艳(模块3任务1),王树槐(模块3任务2),冉轩睿(模块9)。

2010年12月,《编辑概论》出版并受到相关专业师生的欢迎,我可以了却一个为改变没有合适教材上课而努力的心愿了。让本人更为高兴的是本书于2014年7月经全国职业教育教材审定委员会审定,被列入"十二五"职业教育国家规划教材,真是又一幸事也。因为本书广受学生喜爱,为了更加适应新形势,2019年,我们与时俱进,重新对该书进行了较大修订,为打造一本精品教材而努力奋斗。

本书在编写过程中,参阅了国内外大量文献资料及相关网络资料,由于联系不便,无法与原作者一一沟通,在此向各位作者表示诚挚的谢意与歉意。同时,本书在出版过程中,承蒙湖南大众传媒学院领导和重庆大学出版社的支持,在此一并致谢。

由于编者水平有限,又因集体编写,编著风格略有差异,因此不妥之处,恳请各位专家和读者批评赐教,我们将在今后修订时改正。

陈桃珍

2019年8月于长沙湘江之滨

目 录

模块1

编辑与编辑活动

学习目标

知识目标

1.理解"编辑"的多重含义；

2.掌握编辑工作的主要内容和特点；

3.掌握编辑人员的大致类型和构成；

4.了解我国编辑活动发展的脉络与基本历程。

能力目标

1.能解释"编辑"一词的多重含义；

2.能描述编辑工作的基本步骤；

3.能区分不同类型的编辑人员；

4.能对重大的编辑活动或现象进行评析,借鉴并继承我国编辑出版史上的经验。

任务 1　认知编辑和编辑工作

【案例导入】

有人形象地说,书报刊的编辑过程"好像一根长链",这是不无道理的。以图书出版为例,编辑工作是一项系统工程,各环节相互联系、制约、促进,同时又具有相对独立性。一般来说,编辑工作以信息采集为起点,对其提炼、集中、升华后策划为合适的选题,再由组稿后进入审稿,此时要坚持三级审稿制度。经过审稿决定采用的书稿,还需经过加工整理环节以及整体设计环节等,然后才能进入关键性的发稿环节。发稿并不意味着编辑过程的终结,稿件的校样打出后,需由专业人员进行校对。传统的校对坚持三校一读责任校对制,都是为了保证图书的质量。编辑也要进行仔细审读,并一一照样录入作者的修改之处,此外还要注意检查正文付印清样、全书结构部件和辅文等。检查样书质量也是编辑过程不可或缺的环节。编辑检查后若认为样书合格,还须由编辑室主任、出版社领导签字认可,才能通过有关部门通知工厂开始呈批印刷装订。印刷装订质量都合格的图书,方可进库发行。图书出版也不是编辑工作的终结,编辑还要负担起图书宣传、推介工作,并注意收集读者与作者意见反馈。

从这段话中,你对编辑和编辑工作有什么认识?

【课程内容】

1.1.1　编辑的内涵

(1)"编辑"是个多义词

编辑学是关于人类编辑活动的学科。"编辑"一词无疑是其中最基本、最核心的概念,决定着编辑学科的研究对象、范围和逻辑起点。认知编辑工作不能不首先了解"编辑"这个最基本的概念。

古代汉语中的"编"和"辑"本来是两个独立的单音节词,指的就是"编"和"辑"两种活动。

编,本来是串联竹简的皮条或绳子,后来引申为用皮绳将许多竹简串联成书的活动;辑,有收集、聚合之意,即将文字资料加以收集整理。两词合用为双音节词"编辑",在唐代文献中已多处出现,基本意义是搜集材料,整理成书。与"编纂""编撰""编次""编修"等词语一起,主要被用来指称那种把众多的材料搜集起来加以整理加工的著作方式。

人类编辑活动的基本特征是十分明确的,然而漫长的编辑活动历史现象却纷繁多姿,加之客观事物不断发展变化,人们对客观事物的认识也是一个逐步深化的动态过程,使得编辑学研究至今难以统一出一个公认的编辑概念。随着人们对编辑活动认识的逐步推进,加上新的编辑出版现象不断涌现,今人对"编辑"这一概念的回答形成了多种说法,"编辑"也就成为了一个多义词。要正确理解它的含义,则需要联系语境作出具体分析。

现代汉语中的"编辑"是个双音节合成词,既可作为名词,指从事编辑活动的人们——编辑人员(editor),或是现代出版业中作为出版工作一个组成部分的专业活动和专业人员;也可作为动词,指对资料或现成的作品进行整理、加工的编辑部与编辑工作的编辑活动(edit)。在日常生活和信息技术用语中,人们有时也用"编辑"这个词来指称各种文字整理活动(如把计算机的文字整理设置称为"编辑功能",把文字整理机叫作"编辑机"等)。"互联网+"的时代,网络编辑也悄然兴起,主要在后台为互联网高速发展和网络媒体快速成长添砖加瓦,对"编辑"一职也提出了新的挑战和要求。

现代出版业中,编辑工作作为独立的社会职业出现,"编辑"的专业性内涵日益明确,其意义和用法都较古代更为复杂,且在不同语言环境中含义都有所区别,无论在活动范围、活动方式还是功能发挥上均超出了原始意义。

表 1.1 "编辑"一词的多重含义

词　性	含　义	概　括	例　句
名词	从事编辑工作的专业人员	编辑=编辑者	他是一位资深编辑。
	一种业务或社会职业,是编辑人员所从事的专业性工作	编辑=编辑工作	编辑不是简单的"剪刀加糨糊"。
	编辑工作者的专业技术职称	编辑=专业技术职称	他已经是一位高级编辑了。
动词	从事编辑劳动,包括编辑行为、编辑活动等	编辑=编辑劳动	他上半年编辑过两本书。

3

（2）编辑概念的变化分析

"编辑"一词是个历史概念，其内涵随着编辑实践活动逐步发展而渐趋完善。而编辑活动的发展与人类文化的发展、人类社会的发展又是同步的。如果我们从人类社会关系最简单、最原始的时期开始考察，然后依次研究社会条件发生变化以后的情况，不难看出编辑概念的发展大致经历了3个时期：

第一个时期，原始编辑概念时期。这一时期的期限大体上与书籍发展的第一个阶段（甲骨文、简策、帛书阶段）相一致。

殷商时期已经有"编"字，本义指串联竹简的皮条或绳子。上古无纸，文字写在竹简上，把这些竹简按顺序连起来就是简册，这就是古代的书籍。《史记·孔子世家》记载，"（孔子）读《易》，韦编三绝"，是说孔子经常翻阅《易经》，竟然多次将熟牛皮做成的绳子扯断。《史记》又说孔子"上纪唐、虞之际，下至秦缪，编次其事"，这里就引申出"编次"之意，作动词，即排列竹简，变无序为有序的活动。

"辑"的本义是指车舆，因为车舆可以用来储积、负载众多物体，又引申为聚敛、集合并使之中和、谐调，后进一步引申为收集，特指辑录。根据相关文献，"编"和"辑"不晚于1世纪已分别获得"编次"和"收集"的新义。

此时，人类文化尚处于幼年时期，编辑的概念也十分简单，无非是指搜集材料，再将之汇集起来，加以记录、取舍、整理等处理。尽管编辑活动粗糙原始而且缺乏自觉，但毕竟为后世留下了不少宝贵的文化典籍，如《论语》《楚辞》《诗经》等经典，无不记录了人类祖先征服自然和精神探索的艰苦而卓绝的历程。

第二个时期，古代编辑概念时期。这一时期期限大体同书籍发展的第二、第三阶段（发明了纸张、雕版印刷术和活字印刷术）相一致。

纸张的发明是人类文化史上一个辉煌的里程碑，正规书籍随之诞生了。但由于生产力和科学技术还相当落后，编辑活动尚处于不自觉的状态，突出表现在编辑活动和著作活动两者合一，作者常常兼任自己作品的编辑校对、印刷者、出版者和传播者，"编辑"一词的含义也就有了很多的不同。

唐代文献中的几段古籍记载：

《魏书·李琰之传》讲到北魏大臣李琰之"修撰国史……前后再居史职，无所编缉"。李琰之多次出任修撰国史的官职，传说中他"经史百家无所不览"，可惜没编出什么传世之作。"编缉"一词从现在已知的材料来看大概最早见于此书，可以说"编缉"一词出现于6世纪中期至7世纪中期。很显然，这里的"编缉"意同修撰，"无所编缉"也就是无所修撰。

《南史》中提到梁朝名臣刘苞时，则给予很高的评价："少好学，能属文，家有旧书,例皆残蠹,手自编缉,筐箧盈满"。这里的"编缉"指的是书籍的整理修补行为。看起来,刘苞是根据自己藏书、读书的需要,对家中旧书籍残破蠹蚀、序列失损者亲自进行修补整理,使之序列清晰,便于阅读,也是一种编辑方法。

唐高宗仪凤元年(676年)《颁行新令制》称:"然以万机事广,恐听览之或遗;四海务殷,虑编辑之多缺。"在这里,我们又看到了"编辑"一词的古"辑"含义:"敛"与"和"。从全面了解各种讯息的愿望出发,唐高宗追求的是广泛听览民情,对反映国事民情的各种材料要求多多编辑呈送。这里的"编辑"含义,远远超出当时出版范围,甚至超出书籍文化范畴,而有收集综合全部社会信息的意味。

唐玄宗时的名臣颜真卿的伯父颜元孙在《干禄字书序》中说:"若总据《说文》,使下笔多碍,当去泰去甚,使轻重合宜,不揆庸虚,久思编辑。"颜元孙想按照自己的体例和要求,在《说文》的基础上,删除多余的材料,调整编排,使之轻重和谐,另编一本与《说文》不同的字书,供政府官员写公文时使用。这里的"编辑"则是在鉴审文化积累的已有成果,通过自己的实践,主动创造新的文化结构,推陈出新,使已有的文化元素再重新组合,成为新的文化体。这样的编辑活动,在文化生产中已经超越简单的收集和排次,而近乎"编辑"或"编著"了。

上述4种含义的"编辑"有力说明:在我国历史上并没有把编辑概念局限在一个狭隘的范围内。人类社会的文化大厦,正是由广泛的编辑实践活动缔结而成。

第三个时期,现代编辑概念时期。这一时期是从书籍发展的第四阶段(印刷书籍阶段)开始的。

近代印刷工业的兴起是人类文化发展的又一个里程碑,使书籍生产和编辑活动取得了一个飞跃发展。编辑已成为文化生产部门中一种不可替代的、独立的、相当广泛的专业,它的地位、作用逐渐加强,由古代隶属于作者著作活动中的自发过程变成一个自觉的过程——这就是自觉地有组织地利用传播媒介,把作者一己的著作变成广大读者的读物即出版物,人类文化生产前进到这一步,现代编辑独具的概念也相应得以形成和完善。

在现代,图书、报刊、广播、电视等媒介的编辑工作的基本内容是:"依照一定的方针开发选题,选择和加工稿件以供复制向公众传播",概括地说是"为向公众传播准备稿件",对出版社书籍编辑来说,就是"为出版准备书稿"。①

国家标准GB 3792.2—85《普通图书著录规则》把著作方式分成26种类型,前3种为:a.著(包括"探""写""创作""述"等);b.编著(包括"编写""编纂"等);c.辑、编、编辑(包括"整理""编定""编订""编辑"等),指主编。在出版业产生以

---

① 林穗芳.编辑基本规律新探［J］.出版科学,2002(02).

后,作为成书方式或著作方式之一的"编辑"与作为出版等专业工作这部分的"编辑"须加以区别。从事前一种编辑活动的人——"作品编辑者",即"编辑作品的作者",是著作权人之一种,享有著作权(见《中华人民共和国著作权法》第十四条),名字可印在扉页、版权页上著作者的位置上;从事后一种编辑活动的人称"出版社编辑",包括责任编辑,对自己组织别人撰写或编辑的作品以及对作者自己投来的稿件,虽然进行了审读加工,但不享有著作权。

1.1.2　编辑工作

（1）什么是编辑工作

"编辑"作为名词时的含义之一是编辑工作,即围绕新闻或其他出版物的出版活动过程中,根据一定的目的,从事精神产品的征集、选择、整理、加工,促成其发表或出版,使之有效传播的工作,也是编辑人员所从事的专业性工作,包括选题、策划、审稿、加工、设计等。[①]

1)早期的编辑工作

编辑作为人类的一项文化活动,已有悠久的历史,是一门很古老的实践活动,只要有记载的史实,便需要编辑,否则,短简残篇不但容易散失,而且无法连串成一贯的思想,因此,编辑活动是同书籍的产生一道出现的。

很多学者都把孔子定为我国古代第一位大编辑家,尽管"六经"不一定全都是他亲自编辑的,但他对《诗》《书》《礼》等三代典籍做过大量的编辑整理工作,分类整理,去芜存菁,成为后来编辑工作的典范。

西汉的刘向、刘歆父子应该算是我国专业编辑的开始。刘向不仅仅是主持校理群书的国家官吏,还独任六艺、诸子、诗赋三类书籍的编辑整理工作,并"总其成"(相当于总编辑)。刘歆子承父业,对编辑分工作了新的规定,明确地按专业内容分编图书,编订了中国历史上第一部图书分类目录——《七略》。

唐代设太子文学,官位在三品以下,总辑经籍,这就是我国名副其实的编辑了。宋代设史馆编修,就更加专门化和专业化。《太平御览》《文苑英华》《太平广记》《册府元龟》都是宋太宗组织专业人员编辑而成。明清时期更是官方编辑工作的天下,大型类书和丛书层出不穷。

从中国古代几千年的编辑史来看,早期的编辑工作常常是由作家兼而为之,很难找出像现代这样的专职编辑。这是因为中国古代出版的书籍数量终究有限,官

---

① 周国清.编辑学导论[M].长沙:湖南师范大学出版社,2008:28.

6

方组织的编辑队伍规模也很小,带有"临时工"性质,并不是"终身制",学科也没有分得像今天这么详细。除官方组织外,到宋元明清时代,民间的编辑家,一般是编书者、著书者、藏书者与出版者的合一。编辑工作也往往与著作活动、藏书活动、出版活动甚至政治活动混杂在一起,也常常容易被人忽视,显示不出编辑家的本色。

直到清代末年,西学东渐,具有近代形式的中国杂志、报纸问世,加上社会的发展,社会分工越来越细,编辑工作才从著作等其他活动中分离开来,成为一个独立的行业。

2)现代编辑工作的内容

现代编辑专业化以来,究竟哪些可以算作编辑工作的内容呢?

这个问题并没有统一的答案。因为现代编辑工作的内容,会因传播媒体的不同而有所差异。以纸质传媒为例,编辑工作的内容包括:信息采集、选题策划、组稿、审稿、签订出版合同、加工整理、整体设计、发稿、校样处理、样品检查、出版物宣传、反馈信息的收集等流程。本书中后面的图书编辑、期刊编辑、报纸编辑等模块会讲述各自的主要工作内容,此处不多述。

(2)编辑工作在出版工作中的地位

编辑工作在整个出版工作中居于核心地位,或者说是整个出版工作的核心要素或中心,更是出版社所有工作的核心或中心。

《中共中央、国务院关于加强出版工作的决定》明确指出:"编辑工作是整个出版工作的中心环节。"

出版系统中的图书印制工作、图书发行工作和印刷物资供应工作,以及出版社内部除了编辑工作以外的其他部门的工作,对于编辑工作来说都是外层要素。它们围绕着编辑工作这个核心要素运转。

1)编辑工作是整个出版工作的中心环节

编辑工作以生产出版物的精神文化内容为目的,策划、组织、审读、选择和加工作品,是出版物复制和发行的前提,是专业性很强的工作,对出版工作全局和整体具有关键性的作用和影响。

首先,出版工作的社会作用主要通过出版物的思想文化内容来体现,如果没有编辑的设计、组织、审读、加工,作者所提供的思想文化内容,根本不可能得到完善和提高。

其次,出版业对社会文化传播的重要作用也主要是通过编辑工作来实现的。就现行的出版结构构成要素而言,编辑工作处于出版过程的开端和核心地位,是"龙头"。在由编辑、复制、发行三者组成的出版联合体中,编辑工作是出版过程的开端,没有编辑工作,复制和发行工作无从谈起。

最后,编辑工作又是影响出版过程的核心。在出版活动三要素的矛盾运动中,编辑常常作为矛盾的主要方面对出版全过程产生影响。编辑工作的质量水平,是直接影响、制约甚至决定复制、发行效果的因素。虽然,复制和发行对出版工作也有着重大影响,但这并不影响编辑工作的中心地位。

关于编辑工作的重要性,联合国教科文组织官员奈尔曾做过这样精辟的概括:"编辑部是出版社的发动机,它给全社各部门提供动力。编辑部提供的书稿质量好坏、畅销与否,直接影响出版社的命运。"

2)编辑工作是出版工作沿着正确方向发展的保证

我国出版工作的方向是为人民服务、为社会主义服务。这个方向,是由图书内容的精神材料要素来体现的。就是说,构成图书内容的各种精神材料,必须符合马克思列宁主义、毛泽东思想和邓小平建设有中国特色社会主义理论的精神,而不能背道而驰;必须有益于经济和社会发展,而不能与此相反;必须有益于丰富人民精神文化生活,而不能与之相悖。

图书的这种内容精神材料,是作者对客观事物的能动反映,但是只有经过编辑的策划、组织和把关,才能够得到保证。只有在编辑工作中保证了正确的方向,才能够从根本上保证整个出版工作的健康状态。如果在编辑工作中不能保证正确的方向,那么,那些反动、淫秽和色情的坏书就会大量出版。

显然,编辑工作坚持正确的方向是出版工作沿着正确方向发展的保证,编辑工作在出版工作中必然占据核心地位。

3)编辑工作是出版单位经营活动中的支柱和核心

出版单位在经营活动中的根本目的,是提高出版物的市场竞争能力,以实现两个"效益"。要实现这一根本目的,就必须对出版物的产品结构、产品特色进行优化,同时要拥有丰富的出版资源,创造出吸引读者的品牌。这些工作,必须依靠编辑工作的持续努力和不断创新才能实现。因此说,编辑工作是出版单位经营活动中的支柱和核心。

总之,编辑工作在整个出版工作中的核心地位,是客观存在的,而不是人们主观决定的。明确编辑工作的核心地位,才能使编辑人员懂得自己的责任重大,也才能使出版管理者进一步加强对编辑工作的管理。

要特别指出的是,作为出版共同体不可或缺的组成部分,编辑、复制、发行是有机地联结在一起,谁也离不开谁的,谁都不可能脱离另外两方面单独实现出版价值。肯定编辑工作在出版工作中的中心地位,只是要明确编辑工作影响出版全局的作用和责任,并不是在出版业的联合体中对不同的分工排一个座次,分一个轻重。而且,在一定条件下,矛盾主要方面是可以转化的。

(3)编辑工作的特点

编辑工作是一项社会文化工作,它的特点体现在5个方面:政治性、思想性、科学性、创造性、专业性。

1)政治性

这是由我国的社会主义出版工作的性质所决定的。编辑工作具有明显的意识形态特性,作为专门对精神产品进行选择、审读、加工的编辑工作,不可能脱离政治,不可避免地要为一定的政治服务。编辑工作必须坚持"二为"方针,坚持党的基本路线,遵守国家的法律、法规,把好政治关。不管材料来自何处,凡是带有否定国家宪法内容的信息,都应严格把关,禁止刊载。

我国《宪法》中明确规定:"禁止任何组织或者个人破坏社会主义制度。"与此相联系,不得传播未经核实的重大"事实"蛊惑人心,不得用发表耸人听闻的评论来激发人民的感情,更不能制造民族对立情绪。《中华人民共和国刑法》第一百零二条规定:"严禁煽动群众抗拒、破坏国家法律、法令。"第一百五十八条规定:"禁止任何人利用任何手段扰乱社会秩序。"最高人民法院《关于审理非法出版物刑事案件具体应用法律若干问题的解释》第一条规定:"明知出版物中载有煽动分裂国家、破坏国家统一或者煽动颠覆社会主义制度的内容,而予以出版印刷、复制、发行、传播的,依照刑法第一百零三条第二款或者第一百零五条第二款的规定,以煽动分裂国家罪或者煽动颠覆国家政权罪定罪处罚。"根据版权法司法解释,我们可以了解到构成这两条犯罪的,不仅有提出煽动言论的人,而且包括编辑出版者、印刷复制者、销售者和其他方式的传播者。即使并无分裂国家、颠覆政权的目的,而是出于营利或者其他目的,只要明知出版物中有法律禁止传播的内容且对国家安全具有危害性却采取容忍的态度仍然加以传播的,同样构成本罪。

【案例1.1】

古今中外的编辑工作都是要讲思想讲政治的。孔子删《诗》《书》,定《礼》《乐》,赞《周易》,修《春秋》,都有他的编辑思想和政治原则,如"诗三百,一言以蔽之,曰:思无邪",修《春秋》而乱臣贼子惧。其弟子整理《论语》,也是为了"克己复礼",宣扬仁义之道。以后历代帝王下令编纂大型类书、丛书,无一不是纪治乱之兴衰,以维系自身之统治。

【案例1.2】

西方资产阶级标榜所谓出版自由,实则这种自由离不开他们的政治思想标准。2017年6月10日,在美国精英阶层影响力极大的《纽约时报》刊发了原题为"俄亥俄中国工厂里的文化冲突"的文章,将知名跨国公司福耀集团及其董事长"玻璃大王"曹德旺再次推到了舆论的风口浪尖。《纽约时报》的报道主要源自"全美汽车工人联合会"针对福耀集团发起的工会运动,以及一名前高管针对福耀集团提起的诉讼,该高管说自己仅仅因为"不是中国人"而被解雇。文章引述了一些被辞退员工的证词,以及联邦职业安全与卫生署(OSHA)在过去对福耀集团工厂的罚款记录,并据此得出福耀集团在美国遭遇了文化冲突这一结论。后续事实证明,这就是一次典型的西方主流媒体对华"不实"报道。

2)思想性

新闻出版事业是高尚的事业,应对人们的灵魂产生净化作用。保证出版物对读者、对社会产生先进的思想文化影响,避免落后的、甚至腐朽的思想文化影响,就是我国编辑工作的思想性。加强我国编辑工作的思想性,就是让先进的思想文化得到更好的发挥,使出版物更好地引导人们树立中国特色社会主义的共同理想,树立正确的世界观、人生观和价值观。

【案例1.3】

鲁迅、郭沫若、茅盾、老舍、巴金、曹禺的作品,之所以成为传世经典,正是因为在他们的作品中蕴含的高尚政治理想和深邃的思想,才成为鼓舞人们奋发进取的精神号角。20世纪五六十年代产生的作品"三红一歌"(《红日》《红岩》《红旗谱》《青春之歌》),如果仅仅用纯艺术的标准来评价,或许还有这样那样的缺憾,但这些作品所张扬的理想正义的精神以及对信仰的由衷赞颂,成为几代人精神追求的楷模,影响一代又一代人的成长和进步。同样,今天深受大众喜爱的许多文艺作品,不仅仅是因为作品艺术的审美价值,更是因为作品所具有的思想性,引发了人们内心深处极大的震撼。比如,电视剧《士兵突击》蕴含的不抛弃、不放弃的团结精神和进取品格,成为当今社会市场经济条件下,人们对建立一种良好人际关系的期待和呼唤。还有,电视剧《亮剑》所张扬的英雄品格和高尚情怀,《人间正道是沧桑》《潜伏》这些作品对理想信念的赞美和歌颂,都在亿万观众中产生了强烈的共鸣效应。

3)科学性

编辑工作要通过出版物向读者传授科学知识,帮助读者掌握专业技术,引导读者提高科学意识,指导读者形成科学的生活方式。

因此,编辑工作必须做到:

①保证出版物的内容合乎科学;②对作品进行各方面的审视和加工,保证出版物在科学性和知识性上具有较高的质量;③按规范操作,以保证出版物在文字、技术上达到科学的标准;④对出版物进行科学的设计,以保证出版物在表现形式上达到审美要求与科学规范的统一。

要达到上述目的,编辑工作人员必须不断提高自己的科学素养和科学知识水平,并以科学的、严谨的态度对待自己的工作,字斟句酌,一丝不苟,认真负责,精益求精。编辑学本身就是一门综合性的科学,而且当代自然科学与社会科学之间是相互渗透、相互交织在一起的,任何一门学科的书稿,都可能涉及其他有关学科的知识,如果编辑没有这方面的修养,就很难判断稿件中的问题,甚至改错。这种事例是举不胜举的。

【案例 1.4】

一部书稿中提到孔子的学生"子项",可是孔子的学生中有名字记载的并无"子项"这样一个人,一定是错了。从五笔字型输入法上看,"项"与"贡"的拼形拆字方式相似,只是在拼形时多拼了中间的字根"冖",在键盘上多敲了"D"一下,才把"贡"误输为"项",使"子贡"变成了"子项"。联系后面所讲的内容,也确实应该是"子贡"。"一阐提人"的"阐"字误为"间"字,也是因为两字在拼形拆字上相似,"阐"字在拼形时少拼了字根"丷",在键盘上少敲了一下"U"键,输入的字就变成了"间"字。这种错误是文字输入过程中常有的,编辑若不及时、正确地改过来,其错误的严重性是可想而知的。

4)创造性

编辑工作是一项创造性的工作,邹韬奋创办《生活周刊》时曾说过:"刊物的内容如果只是'人云亦云',格式如果只是'亦步亦趋',那就是刊物的尾巴主义。这种尾巴主义的刊物,生存已成问题,发展更没有希望了。"这段话对今天的编辑工作同样有指导意义。

编辑工作的创造性既有原创的成分,又有再创的成分。主要表现为:

①发现社会的文化需求,设计、策划精神文化产品的选题,开拓和发展精神文化产品的新空间;②选择、优化具体精神文化产品,或把优秀的作品组合起来,创造精神文化产品的整体效应;③设计、组织文化精品的生产或精神文化重点工程的实施;④协调和促进精神文化产品的总体发展,参与精神文化生产的宏观调控。编辑

工作的创造性的特点之一是编辑工作人员的独自创新性。

创新,就是要不断地解放思想、实事求是、与时俱进。媒体之间的竞争,说到底是创新能力的竞争。

要做好编辑工作,如果缺乏想象力,缺乏创造性思维,缺乏创新意识,那就只能被人理解为:不过是拾遗补缺,只能囿于原作进行加工。现实中,许多人只看到了编辑默默无闻地奉献的一面,看不到其独立创造的一面,这是很片面的。事实上有大量的创造性的一面存在于编辑的工作之中,与人类的任何一项智力活动相比较,编辑工作需要的创新成分都毫不逊色。它绝对不是一项简单的劳动,由它产生的附加值甚至连原作者都无可否认,甚至是心悦诚服。它不单是创造了一部作品的外表,在许多情况下,它更能使得原作品的灵魂得到升华。

【案例1.5】

如果把发现有价值的书稿比作发现金块,那么,发现书稿的潜在价值就好比发现含金的矿石,后者更能反映编辑的学识和功力。许多优秀图书的初始稿,只是含金的矿石,经过编辑与作者"创造性的合作过程",剔杂提纯,雕琢成器,才成为优秀图书,它里面潜藏着编辑无私的创造性劳动。美国编辑舒斯特说:"不要就稿子目前的状况匆匆下判断,而是就它未来可能呈现的面貌来作决定。"发现"未来"才能真正体现编辑发现的作用。

发现"未来"的事例,在中外出版史上是很多的。小说《林海雪原》曾经是我国文坛上一颗璀璨的明珠,作者曲波因此而一举成名。这部小说的初稿叫作《林海雪原荡匪记》,作者名不见经传,是第一次拿笔创作小说。人民文学出版社的编辑龙世辉,透过一大摞很乱的稿子,发现了有着深厚浪漫色彩的传奇英雄故事,便建议接受出版,然后使出浑身解数帮助作者改好这部小说。

《故宫里的大怪兽》系列童话的作者,冰心儿童文学奖获得者常怡,也曾经是这样的亟待"伯乐"的"千里马"。当时,还是文学新秀的她带着自己的书稿寻求出版,却到处碰壁,直到遇到出版人、中国大百科全书出版社副牌社知识出版社社长姜钦云,才发现这一个个欢乐的、令人拍案惊奇而又温暖的故事的神奇力量。截至2019年,《故宫里的大怪兽》系列已出版4辑,累计热销300万册,已经成为近年强势崛起的一部现象级畅销书。

5)专业性

编辑工作作为一种专门的社会职业,具有很强的专业性。它有专门的理论、知识和技能,并不是具有一般文化知识的人可以胜任的。这种专业性具体体现为选择性、加工性和中介性。

编辑工作的选择性要求,编辑人员要选择、优化信息,策划出高质量的选题;同时要搜集、选择作者创造的文化产品,以使其在社会上传播,满足大众的需求,促进社会进步。

编辑工作的加工性要求,编辑工作人员要对已有的作品追加创造性劳动;要对经过选择、准备社会传播的作品,进行审读、修改、加工,或提出意见请作者修改,使文化产品符合复制和传播的要求。这种工作不是制造作品,而是完善作品、优化作品,因此具有明显的加工性。

所谓编辑工作的中介性,首先体现为文化产品的精神生产过程和物质生产过程的中介。作者创作的作品,只有经过编辑工作人员的选择、加工,才能进入物质生产过程,才能转化成社会产品。而转化成社会产品的精神产品只有被读者使用和接受,才能实现其社会价值。因此,编辑工作的中介性又体现为作者和读者的中介。这种中介性的作用,使读者与作者相适应,从而保证了文化生产与文化消费的平衡和协调。

(4)编辑人员

所谓编辑人员,指的是从事编辑工作的人员,即通称的编辑。但由于编辑一词既可当名词称编辑人员,又可当动词称编辑工作,其词义具有多义性,为精确起见,故分别称之为编辑人员与编辑工作。

作为出版工作中心环节的编辑工作,是由编辑人员承担的。因此,编辑人员毫无疑义地是出版业务的骨干力量。在众多的社会舆论中,编辑常常被赞誉为"人类灵魂的工程师""优秀作品的助产士""善识千里马的伯乐""为人做嫁衣的无名英雄"等。这不仅反映了社会对编辑工作的重视和对编辑人员的尊敬,同时也说明了社会对编辑人员社会职能的承认及对编辑人员的期望和要求。

编辑用以称编辑人员时,同样也具有多义性。

例如,广义的编辑人员不仅可以包括不同性质、不同专业、不同技术职务、不同工作职务的各种书刊编辑人员,还可以包括报纸、广播、影视的编辑人员,以及各种如雨后春笋般出现和发展起来的新媒体编辑人员等。狭义的编辑,在出版社、期刊社中,则专指不担任部门负责职务的一般编辑人员,或技术职称为编辑的编辑人员。

所以,编辑用以称编辑人员时,其指称范围也有相当大的伸缩性。在广义与狭义指称之外,还有多种介乎二者之间的或广或狭的,指称编辑人员中的某一部分或某几部分。例如,指称不担任单位或部门负责职务的一般编辑人员——包括具有编审、副编审、编辑、助理编辑等专业技术职务的编辑人员,就是较为普通的指称之一。

1)编辑人员的类别

在我国,编辑人员有许多类别,不同的编辑有不同的岗位,承担不同的任务。

以职责分,可分为文字编辑、美术编辑、技术编辑。三者分别对出版物的内容和形式负责。文字编辑负责选题策划、组织稿件和对原稿的审读加工,美术编辑负责书刊的封面、图片图像等的设计和出版物整体艺术效果的把握,技术编辑则负责纸张、材料、印制工艺等的选择和版式的设计。

以专业分,可分为文艺编辑、古籍编辑、教育编辑、科技编辑、辞书编辑等。

以媒体分,可分为图书编辑、期刊编辑、报纸编辑、网络编辑等。不同媒体有不同的用武之地,也有不同的编辑要求。

以功能分,可分为策划编辑、组稿编辑、加工编辑。策划编辑负责项目的总体构思,组稿编辑和加工编辑分别负责联络作者和案头加工。这种分工是在出版业改革的过程中出现的,目的是要扬长避短,充分发挥不同编辑的长处。

以专业技术职务分,可分为助理编辑、编辑、副编审、编审。这是有关部门根据编辑职务评定条例,对编辑的资历、水平和业绩的一种认定。

以体制分,可分为专职编辑、兼职编辑。兼职编辑又称特约编辑,有长期聘用的,也有临时特聘的。编辑人员的分类具有层次性。依据不同系统进行划分后,同一系统内又可分为若干层次。如文字编辑还可分为中文编辑、少数民族文字编辑和外文编辑,少数民族文字编辑和外国文字编辑还可按文种再分。

2)几种图书编辑的名称、含义和作用

在图书编辑工作中,经常使用这样几种编辑名称:文字编辑、美术编辑;责任编辑、特约编辑;策划编辑、组稿编辑等。这些名称的含义是什么,它们的作用如何?

①文字编辑和美术编辑。文字编辑和美术编辑是按照工作性质来分,是相对应的编辑名称。

文字编辑是指处理文字稿的编辑。一般来说,文字编辑工作范畴不仅仅只是从事文字处理,即包括书稿的选题策划、组稿和选择、审读加工、整理发排和审读清样等一系列编辑工作,而是负责从选题列选申报到图书出版的全部工作,除此之外,还要参加图书宣传推介、收集反馈信息等工作,以上就是通常所讲的编辑工作所涵盖的所有工作。现在也有逐步将文字编辑从编辑中独立出来之势,这是因为随着策划编辑和组稿编辑的涌现,使一部分编辑专门致力于文字处理工作,主要负责书稿的编辑加工。在国外有些出版企业早就设立了文字编辑,他们又称案头编辑。我国平常称文字编辑,大多是为了与美术编辑区别开来。

美术编辑是指处理美术稿件和从事图书装帧设计工作的编辑。他们既是编辑工作者，又是美术专业工作者。非美术专业出版社，一般都设立了装帧设计室或美术编辑室，他们负责全社所有的图书装帧设计，也负责美术稿件的组织和处理，其主要任务是美化图书。社会越发展，人们对美的欣赏水平也越来越高，图书的装帧设计也越来越重要。装帧设计对于出版社建立自己的图书风格和提高图书的社会效益及经济效益，具有不可低估的作用。

②责任编辑和特约编辑。责任编辑是出版社指定的对一部书稿的初审编辑，并对该书稿出版有关事宜负责，全面负责该书的编校质量。特约编辑是指非本社工作人员，由出版社聘请担任某种书稿的编辑工作。

责任编辑和特约编辑都不是编辑专业技术职务，而是某种图书责任人的称呼，并可在图书的版权页上署名。

责任编辑的主要作用是：一是负责处理该书出版的有关事宜。如商定和草签组稿和出版合同，参与营销策划、成本估算、装帧整理设计、调控出书进度、宣传推介、征订、撰写书评、给作者填写稿酬单、寄送样书、收集图书反馈信息等。二是负责该书出版质量，如组稿、审读书稿、加工、整理发排、审读清样；改正书稿和付印样中的错误；吸收并处理好复审、外审和终审的意见，提高书稿质量；检查图书成品印制质量；搜集、研究、处理读者对自己所编图书的意见和反应；从自己所编图书中选出"双效"书提出重印、再版选题等。

责任编辑的工作是整个出版社编辑工作的基础，可以由具有不同职称的人担任。但根据新闻出版署1997年颁发的《图书质量保障体系》规定，责任编辑"应由具有编辑职称或具备一定条件的助理编辑人员担任"。"一定条件的助理编辑"应理解为熟悉编辑工作，具有编辑图书的水平和能力，开始可以担任难度较小的书稿的责任编辑，学科范围不超过自己所学专业知识，这样才能保证图书的编校质量。

坚持稿件的三审制度，是出版图书质量的根本保证。担任一审的就是责任编辑，所以，每一部书稿都有责任编辑。一般一部书稿指定一人担任责任编辑。某些部头大、卷数多、内容复杂的书稿可以由两人或两人以上担任责任编辑，分工负责。某种书的责任编辑大多是在制订选题计划时就明确了谁是责任编辑，不过也有一部分书是由出版社组稿和策划人组稿后指定谁担任责任编辑。不论何种情况，责任编辑都要对该书出版的编校质量负责。

特约编辑担负的任务有两种情况。一种是从组稿开始，参与组稿方案的编制，审读、加工整理，直到图书出版。另一种是从审读、编辑加工到图书出版。出版社需要聘请特约编辑，一般是特约编辑具有某种优势，如对某个问题有独到的见解和研究,且具有独立的编辑能力,有利于提高图书质量。或者套书、丛书、大型工具书,需要聘请某方面的学者,且其又有独立的编辑能力。有时也因为图书的周期问题,人手不够,需聘特约编辑。不论何种情况,特约编辑都应当更合适编辑该图书。聘请了特约编辑的图书,还要指定社内责任编辑,负责特约编辑以外的其他编辑任务,并负责联系特约编辑,协调进度,沟通三审之间的意见。

③策划编辑和约稿编辑。随着出版业发展竞争的激烈,出版社都对选题的重要性认识更加清楚,把选题视为"出版社的生命线",十分重视对选题的策划。因此,一些出版社设立了策划编辑室,明确了一些编辑作为策划编辑,并在图书的责任人上标明了"策划编辑某某某"。策划编辑有专门从事选题设计和策划的,也有兼做文字编辑而以策划为主的两种情况。

策划编辑的工作重点是调查了解图书市场信息,每年能独立地提出几种图书选题,并对选题实施提出方案,经过出版社组织充分论证决定通过以后,交由策划人落实执行。如果提出的选题较多,可交其他编辑协助实施。如组稿、审议、编辑加工、清样审读等。如果提出的选题较少,则自己担任责任编辑。

组稿编辑是指组织书稿或向社会物色书稿的编辑。国外一些出版企业较早就有组稿编辑,与我国的策划编辑相同。通过了解信息,提出选题,然后组织作者撰写书稿。有的国家出版社数量比较多,规模比较小,出版社的老板就是组稿编辑。他们利用自己的各种关系和掌握的信息,组织和选择适合自己出版社利益的书稿,然后交文字编辑或称案头编辑加工整理出版。

我国目前虽有策划编辑、组稿编辑和文字编辑(也称案头编辑)之称,其实没有截然分开,大多数编辑是集三者于一身,因此,本书提到的编辑工作就是整个编辑过程,所提到概念都是从整体出发的。

任务 2 认知编辑历史

【案例导入】

"图书"溯源

"图""书"二字最早来源于上古的传说。《易·系辞》说道:"河出图,洛出书,圣人则之。"有人进一步解释说:"伏羲统治天下时,有龙马从黄河出现,背负'河图';有神龟从洛水出现,背负'洛书'。伏羲根据这种'图'和'书'画成八封,就是后来《周易》的来源。"我们今天所见到的《河图》《洛书》,是由一系列的神秘符号所组成的数字方阵,它们在经周、秦、汉几代儒生方士们之手加工后,其原始面貌已无法知晓了。但"河洛文化"被认为是华夏文化的源泉,它所建立的辩证思维的模式,对后世的思想、哲学、文学和科学都有重要的影响。孔子曾说过:"河不出图,洛不出书,吾已矣夫!"

徐康在《前尘影录》一文中提及"古人以图书并称,凡有书必有图,故有'图书'一说",可见书籍的形态是由图和文两部分组成的。有了文字的抒写和图画的创作,便有了对其的加工整理,这便是我国早期的编辑工作。

但最初我国的编辑出版事业并不是为百姓服务的,而是帝王为巩固阶级地位所专有的,历代帝王专设史官负责记录其言行和军国大事、负责管理政府档案图籍、从事宗教事务、负责占卜和祭祀等档案文书资料。随着朝代的变迁,史籍种类繁多,体例多变,为前朝修史成为更换朝代的传统,编修规则由历代最高统治者亲自拟定,并挑选博学大臣参与编修活动,而修史则成为我国编辑出版事业产生的前沿。

【课程内容】

1.2.1 古代时期的编辑活动

早在公元前 13 世纪至前 10 世纪的殷代和西周早期,人们就将占卜的卜辞和重要历史事件等用文字记录下来,形成了甲骨文。随着社会生产力的发展,人们的文化水平在进步,文字载体也变得越来越丰富,后来便出现了青铜器铭文、玉石刻辞、竹木简牍、缣帛等原始的图书典籍。有了文字和书籍,必然会有对其记录和整理工作,这便是早期的编辑活动了。

(1)正考父校准《商颂》

西周时期,人们将文字刻在竹简上,并用线穿串起来编成一束,即收集编连简策,顺其次第成书。周宣王时的宋国大夫正考父是我国有史料记载的最早的校雠家,他也是孔子的七世祖先。《国语·鲁语下》说:"昔正考父校商之名颂二十篇于周太师,以《那》为首。"经正考父校雠编撰的《商颂》至孔子时只保存了五篇,现收录于《诗经》中。正考父的编辑工作仅限于"校",即校正文字错误。

(2)孔子编《六经》

孔子(公元前551—前479),名丘,字仲尼,鲁国人。中国春秋末期伟大的思想家和教育家,儒家学派的创始人。纵观古代的编辑活动和编辑学家,孔子算是有记载的编辑鼻祖了,他是我国第一个大量编辑古代文化典籍的编辑家。

孔子在奔走游说于诸侯列国,竭力推行仁爱德治的为政之道屡屡受挫之后,即转而努力传播儒家学说,整理古代文化典籍。由于教学的需要,他将《周易》《诗》《书》《礼》《乐》《春秋》进行删选、整理、加工等编订成教材。其整理成果,当时称为"六艺",后世尊为"六经"。

在孔子的编辑活动中,最具争议的当数他将《诗》编辑成了《诗经》。关于《诗经》的编辑,司马迁《史记·孔子世家》有夫子删诗之说:"古者《诗》三千馀篇,及至孔子,去其重,取可施於礼义,上采契、后稷,中述殷周之盛,至幽、厉之缺,始于衽席,故曰:关雎之乱以为风始,鹿鸣为小雅始,文王为大雅始,清庙为颂始。三百五十篇孔子皆弦歌之,以求合韶武雅颂之音。礼乐自此可得而述,以备王道,成六艺。"于是有人对孔子的这种编辑方式表示极不能理解,但是从孔子整体的编辑活动来看,孔子秉着"述而不作,信而好古",明确编辑意图等科学的编辑方法,为后世保存了比较系统的中国古代历史资料,他的编辑方针及思想也对后世的编辑工作产生了深远的影响。

(3)吕不韦编纂《吕氏春秋》

《吕氏春秋》又名《吕览》,是战国末年(公元前239年前后)秦国丞相吕不韦集诸门客集体编纂的一部著作。吕不韦认为其中包括了天地万物、古往今来的事理,所以号称《吕氏春秋》。《吕氏春秋》编辑的方法、特点有:

1)编纂分离、博采众长

从编、纂关系来看,《吕氏春秋》是一部典型的编著分离的著作。该书由吕不韦担任主编,其门下客任作者合作完成。其编辑方法为我国图书编纂之先例,为后世书籍整理工作提供了宝贵经验。《吕氏春秋》内容包罗万象,涉及易学、阴阳、五行、干支、养生、军事学、政治学、音律、星象、农业生产、气象、自然、历史、地理、工艺、机械等多个方面,全书共26卷、160篇,约20万字。

2)不尚空言、择而采之

《吕氏春秋》以客观、公正的态度遍采百家文化,对国家、君主、诸侯等问题进行叙述。另外《吕氏春秋》的内容不是随意凑合,而是采用现实和科学的手段取舍信息,如它继儒家"德政""重民"的思想,摒弃其不切实际的说教;吸收法家"变法""耕战"的主张,反对其强调"严刑峻法";选取墨家"节葬""尊师"之说,批判其"非攻""救守"的主张等。

3)编排有序、章法严谨

全书分纪、览、论3部分,下又分12纪、8览、6论,共26卷、160篇,全书体系严谨,排列有序。另外,它所独创的两级分目法也为后世图书编辑整理工作提供参考和借鉴。

该书编纂完成后,吕不韦将它"布咸阳市门,悬千金其上,延诸侯游士宾客有能增损一字者予千金",引来众人观看和抄录。

(4)刘向、刘歆校书活动

汉成帝河平三年,皇帝诏令由刘向统领,组织专家学者对国家收藏的图书进行一次大规模的整理,这是我国历史上第一次由官方组织的大规模校书活动。

刘氏父子是中国西汉著名的经学家、编辑家、目录学家、文学家,西汉古文经学的开创者。

1)刘向

刘向(约公元前77—前6),字子政,初名更生,沛(今江苏沛县)人。汉皇族楚元王(高祖少弟刘交)四世孙。

刘向受命整理图书后,与任宏、尹咸、李柱国等人组成一个书籍编辑班子。他们将图书内容分为六艺、诸子、诗赋、兵书、术数、方技等几个内容,然后再按各人专长或爱好进行分工,其中,步兵校尉任宏主持兵书类,太史令尹咸主持术数类,侍医李术国主持方技类,而他本人则主持六艺、诸子和诗赋3类。

公元前26年,国家藏书之多如丘山,其书大多有民间版本和政府版本。刘向等人校书的第一步,就是将同一内容不同版的书籍搜集进行选删、校勘、汇集并编定篇章。如他在校对《易》时,他将天子读的本子与施孟、梁丘、京氏的3种本子加以比较校正,得出了正确的本子。校正《尚书》时,他发现了许多脱简脱字的现象,且校出了 700 多字的记载不同,于是便择善从之,将文章中的错字、假借字加以纠正。另外,他还在文中增设虚词和语气助词,为疏理文章语气。

自孔子以来,六艺次序总是以《诗》《书》为先,之后是《礼》《乐》《易》《春秋》。而刘歆认为:"六艺之文……《易》为之原。"因此,刘氏父子把《易》经提到首要的地位。在每一部书籍定稿、确定书名(篇名)、编好目录、誊写之后,刘向都要撰写一篇叙录,介绍作者生平、评说思想、辨别真伪、评论学术价值、叙述校雠的过程及目的等。

杀青,指定稿并书于竹,在这里引申为把校对过的书籍写定在竹简上;缮写,指经皇帝审定后书于缣帛。如《管子书录》云:定著八十六篇,杀青,而书可缮写也。刘向等人校定新书后,都用简和帛抄写两部清本储存秘阁,作为国家权威版本。

刘向等人校书直到建平三年,历时 21 年之久,共计整理了 596 家 13 269 卷,许多简策经战乱后纷乱无序,经他们厘定后编辑成书。另外,为方便图书的汇集,刘向在编校群书的同时,还编纂了我国第一部有解题的综合性藏书目录《别录》。

2)刘歆

刘歆(约公元前 53—公元 23),字子骏,后改名秀、字颖叔。建平元年刘向去世,其子刘歆继承父业。刘歆在其父亲《别录》基础上编撰完成《七略》——我国第一部综合性图书分类目录。

《七略》分为七大类:辑略、六艺略、诸子略、诗赋略、兵书略、数术略和方技略。

辑略为说明其他六略的意义与学术源流,阐述六略的相互关系和六略书籍的用途,是六略之总最,诸书之总要,相当于全书的概要。

六艺略分易、书、诗、礼、乐、春秋、论语、孝经、小学 9 种。

诸子略分儒、道、阴阳、法、名、墨、纵横、杂、农、小说 10 种。

诗赋略分屈原赋之属、陆贾赋之属、孙卿赋之属、杂赋、歌诗 5 种。

兵书略分兵权谋、兵形势、兵阴阳、兵技巧 4 种。

数术略分天文、历谱、五行、蓍龟、杂占、刑法 6 种。

方技略分医经、经方、房中、神仙 4 种。

以上六略共 38 种,刘歆创立出的分类法和著录法对我国图书馆目录的发展产生了深远影响。

(5)蔡邕校正经书

中国刻于石碑上最早的官定儒家经本,又称"汉石经"。其字体为一字隶书,故又称"一字石经"。

汉武帝采纳董仲舒"罢黜百家,独尊儒术"建议后,儒学被定为官学,儒家书籍被奉为法定教科书。汉武帝在洛阳设立太学为最高学府,设专门博士官讲授儒学经文,儒学成为判断是非标准与决策依据。

后来,人们在孔子故宅壁间发现一批以古篆字书写的儒家书籍,为区别两类经文,人们把在孔子旧宅中发现的书籍称为古文经,之前的称为今文经。人们发现古文经和今文经在篇章、文字上出入颇多,又因今文经残章断句多,人们学起来比较费劲,故而产生了今经文与古经文两大学派之争。"私贿兰台令史,偷改漆书经文"事件发生后,蔡邕向汉灵帝提出校正经书,刊刻于石的奏请得到准许。因经文始于熹平四年刻于石碑,故称熹平石经。

熹平石经的意义有四:①平息了社会纷争,维护文字的统一,并使得儒家经典长久流传;②开辟了石经刻写的先河,在这之后,魏三体石经、唐开成石经、宋石经、清石经,佛、道等诸家也刻有石经,并构成我国独有的石刻书籍林;③捶拓方法的发明是我国雕版印刷术发明的铺垫;④石经精美的字体、严谨的结构为后人研究汉代书法史提供了重要的资料。

(6)司马光编《资治通鉴》

司马光(1019—1086),北宋政治家、文学家、史学家,主持编纂了中国历史上第一部编年体通史《资治通鉴》。

1066 年(朱英宗治平三年),司马光向英宗上疏:"凡关国家之盛衰,系生民之休戚,善可为法,恶可为戒,帝王所立知者,略依左传春秋体,为编年一书,名曰《通志》。"四月,英宗命他在崇文院设立书局,司马光自选助手范祖禹、刘恕、刘攽、司马康等人参与编撰。1067 年(宋神宗治平四年),制序并赐名《资治通鉴》,意为:"鉴于往事,资于治道",即以历史的得失作为鉴诫来加强统治。至 1085 年(元丰七年)全书编撰完毕,历时 19 年,全书共 294 卷 300 多万字,书中记载着由周威烈王 23 年(公元前 403 年)直到五代的后周世宗显德六年(959 年)征淮南的历史,取材于 17 史、野史、传状、文集、话录等 222 种有关资料;其内容以政治、军事为主,略于经济文化。

司马光主持《资治通鉴》的编撰工作特点有:

1)分工明确,各尽其长

他所选的助手都是当时有名的史学家,如范祖禹对唐史有着很深的研究,唐五代部分由他负责编纂;刘恕是当时一流的史学家,他负责编纂魏晋南北朝部分;刘攽对两汉史事极为熟悉,负责编纂两汉部分,而他自己则负责先秦部分的编纂。

2）科学编纂、取材考证

为顺利完成《资治通鉴》的编纂,司马光采用"三步编纂法":第一步编制从目,即以务求详尽的原则,从搜集的材料中精选出重要的事目,并编成大纲;第二步组织长编,即以"宁失于繁、勿失于略"的原则,对丛目认真整理决定取舍,并以时间为序让其前后相接联为一体;最后删定成书,全书统稿。全书完成后司马光肩负主编将众稿修改润色,删其繁冗,统一体例。

为保证《资治通鉴》的真实和权威,司马光首创考异法。司马光对取材中的人物、时间、地理、历史事件进行考订。考异方式有 6 种:一曰参考众书而从长者;二曰两存其说者;三曰两弃之;四曰两疑而节取其要者;五曰存疑;六曰兼存或说于《考异》中者。精心的考异工作和严谨的工作作风,大大增强了《通治通鉴》的可靠性和可读性。而这种著史方式,为后世史家沿用。

3）开编纂体例之新

司马光将我国盛行的正史体裁(纪、传、表、志)合成于一体编纂《资治通鉴》,并由此创造出我国第一部编年体通史。《资治通鉴》编纂时将原本杂乱无序的历史记载分三格(即上为纪年,中为事目,下为卷数)进行有序编排。全书内容丰富,横跨中国 16 个朝代,共 1 362 年的历史,但重点突出,各种史事的变化、前因后果都以时间先后顺序编次,便于读者把握历史事件的来龙去脉。

从内容与写作手法上来讲,《资治通鉴》无疑是我国历史文化上的一朵奇葩;从其科学的编纂方法来讲,《资治通鉴》对后世史书的编纂产生了极大的影响。司马光开创的三步编纂法更为历代编辑工作者所推崇,而《资治通鉴》的风格统一、内容精当,也成为集体编辑作品的典范。

在我国古代编辑活动中,除了上述所列外,还有著名的编纂活动和杰出的编纂家,如司马迁编著《史记》、萧统编《文选》、杜佑编《通典》、解缙编《永乐大典》、冯梦龙编纂"三言"、欧阳修主编《集古录》、荀勖编《中经新薄》等,还有如植物学编辑陈咏、医药编辑王叔和陶弘景、艺术理论编辑张彦远、书法编辑朱长文和梁诗正等。他们严谨的工作作风和科学的编辑方法不仅使我们的文化得以积累和发展,也为我们近现代的编辑活动提供了宝贵的经验。

1.2.2　近现代时期的编辑和编辑活动

19 世纪中叶,西方列强用大炮轰开了清帝国闭关自守的大门,挟势而来的西方传教士通过出版各种书刊,加强西学传播,中国的知识分子和开明官吏则在西学中撷取新知识。

（1）马礼逊

马礼逊(1782—1834)，英国人，第一个在中国境内把《圣经》完整地译成中文并予以出版的传教士。1807年，受伦敦传教会的指派来到中国传教，先后在广州、澳门和南洋马六甲从事编译中文书籍和传教活动。

马礼逊来华的主要使命，就是将《圣经》完整地翻译成中文。从1807—1819年将新旧约《圣经》全部翻译成中文，1823年在马六甲将全部《圣经》以《神天圣书》之名出版，共21卷，自此，马礼逊将基督教文化完整地介绍到中国。

此后，马礼逊还主持编纂了《华英字典》(又译为《中国语文字典》)，以供其他传教士到中国传教之方便，而这部《华英字典》，成为以后汉英字典编撰之圭臬；他创办《察世俗每月统纪传》，为中国历史上第一份中文近代月刊，在中国报刊发展史上位居首尊；他开办"英华书院"，开传教士创办教会学校之先河；他又和东印度公司医生在澳门开设眼科医馆，首创医药传教的方式。他所开创的译经、编字典、办刊物、设学校、开医馆、印刷出版等事业，使其成为开创近代中西文化交流的先驱，马礼逊也因此被誉为"中国近代报刊的开山鼻祖"。

（2）伍廷芳

伍廷芳(1842—1922)，清末民初杰出的外交家、法学家。1874年自费留学英国，入伦敦学院攻读法学，获博士学位及大律师资格，成为中国近代第一个法学博士，后回香港任律师，成为香港立法局第一位华人议员。

1857年，伍廷芳和黄胜在香港租借了英文报纸《孖剌报》的一套中文铅字，以《孖剌报》中文晚刊的名义创办了《香港船头货价纸》，后改称《香港中外新报》，这是中国人创办的第一家近代报纸。《中外新报》改变了以往中国报纸所采取的书本形式，第一次采用西方的报纸形式进行编排。初为晚刊，两天出版一次，后改日刊，以四开白报纸单张印刷，内容多以广告及各种商业消息为主。

晚年伍廷芳回忆起这事，自豪地说："自我们第一张报纸，以小小的纸张出版，到现在它领导及塑造了公众的舆论。"①

（3）《新青年》

《新青年》是陈独秀在20世纪20年代创办的中国具有影响力的一份革命杂志，在五四运动期间的文化宣传中起重要作用。1915年9月，陈独秀在上海创办并

---

① 五邑籍全国报界名人群星璀璨[N].江门日报,2006-11-08.

主编《青年》杂志(一年后改名《新青年》)。该杂志实行编辑集议制,由陈独秀、钱玄同、高一涵、胡适、李大钊、沈尹默、鲁迅等人担任《新青年》的编辑工作。

《新青年》的编辑特点:一是编创白话文,刘半农首先提倡文章应分段,同时建议使用标点符号。二是创造我国现代期刊的媒体模式,《新青年》设置"国内大事记""国外大事记""小说""传记"等固定栏目,打破了以前期刊的版面没有栏目设置、文章连排的现象,且这种栏目设置排版方式一直沿袭至今。三是注意读者反馈,《新青年》"特辟通信一门,为质析疑难抒发意见之用。凡青年诸君对于物情学理有所怀疑,或有所阐发,皆可直诚表示",广泛听取读者意见,再后来又设置"读者论坛",以"不问其主张、体裁是否与本志相合,但其所论有研究之价值者,即皆一体登载"鼓励读者来稿。

鲁迅作为《新青年》的编辑者之一,在他的编辑出版活动中十分重视图书的装帧,讲究封面和内饰的和谐统一。他认为:"书籍的插图,原意是在装饰书籍,增加读者的兴趣的,但那力量,能补助文字之所不及,所以也是一种宣传画。"

(4)《申报》

《申报》原全称《申江新报》,是旧中国历史最长、影响最大的一份报纸。1872年4月由英商安纳斯·美查(Ernest Major)同伍华德、普莱尔、麦基洛等人在上海合资创办,最后产权归美查一人所有。1909年为买办席裕福收买,1912年转让给史量才,次年由史接办,先后创办《自由谈》等副刊,发表民主自由言论。

《申报》秉着"独立之精神、无偏无党、服务社会"办报理念发展成中国影响最大的报纸之一。创办初期,《申报》聘用举人、秀才为主笔,聘请黄远生、邵飘萍、戈公振、俞颂华等人担任记者、编辑。在内容上主要宣传孔孟思想;还针对市民切身利益的一些问题发表了不少社论,在有限的范围内对某些不合理的社会现象进行了揭露。

《申报》出现了中国新闻史上最早的战事通讯员和最早出版的"号外",此外,《申报》还十分重视新闻插图,后来扩展到出版画报。申报的版面分新闻、评论、文艺(副刊)和广告,由此奠定了我国中文报纸四大块的基本结构。这一系列改革既服务了社会又提升了报纸声誉,促进了报纸销路,但是申报的民主进步取向和爱国举动却触怒了国民党反动当局,1934年国民党特务杀害了史量才,此后,言论重趋保守。上海沦陷时,曾在日伪控制下出版。抗战胜利后,为国民党接收,1949年5月,经历了七十年的风雨《申报》在上海解放时停刊。

作为全国享有盛誉的大报,《申报》在抗日战争期间用文字鼓舞人民的抗日信心,为中国共产党的前进指明了方向,以牺牲生命坚持新闻客观公正的态度为我国现代新闻媒体所敬仰。

（5）邹韬奋

邹韬奋（1895—1944），我国卓越的新闻记者政论家、出版家。江西省余江县人。原名邹恩润，乳名荫书。韬奋是他后来主编《生活》周刊时所用的笔名。

《生活》周刊创办于1925年10月。它在初期主要关注青年修养与职业教育，此外就是关于平民职业状况和生活状况的调查。其内容枯燥乏味，形式单调，读者很少，影响力也很小，初期发行量只有2 000多份。1926年邹韬奋接任《生活》周刊后便对其进行了大幅度的革新，他接编的首期就新辟了《读者信箱》专栏，随后又不断充实内容，革新版面。此后，又增设"小言论""人物介绍""小新闻"等栏目。他确定该刊的宗旨为"暗示人生修养，唤起服务精神，力谋社会改造"，《生活》周刊从单纯讨论"职业教育"和"青年修养"转而讨论社会问题。自此，《生活》周刊发行量迅速上升，受到读者热烈的欢迎，对读者与社会产生了很大影响。

1933年12月，《生活》周刊因多次载文抨击蒋介石政府的妥协行为，引起反动派的仇视而被查封，邹韬奋也被迫流亡国外。1935年回国后，邹韬奋先后在上海、香港创办《大众生活》《生活日报》周刊，但均受到国民党的查封及阻止。后由于"七君子事件"被捕，在狱中，邹韬奋写下了《经历》《读书偶译》等著作，坚持用笔战斗。1937年《抗战》三日刊创刊，一度改名《抵抗》。

邹韬奋从事新闻出版工作长达20多年，在长期的办报实践中，积累了丰富的办报经验。他主持《生活》周刊"以读者的利益为中心，以社会的改造为目的"的宗旨也成为一种"韬奋"精神，值得我们每一位编辑出版工作者学习。1944年，邹韬奋病逝，毛泽东题写挽词："热爱人民，真诚地为人民服务，鞠躬尽瘁，死而后已，这就是邹韬奋先生的精神，这就是他之所以感动人的地方。"

（6）叶圣陶

叶圣陶（1894—1988），现代作家、教育家、文学出版家等。江苏苏州人，字秉臣。

1915年，叶圣陶任上海商务印书馆尚公学校国文教员，为其编写小学国文课本。1921年与胡愈之等人创办《公理日报》，主编《光明》半月刊。1923年，叶圣陶进入商务印书馆，参与编纂小学国语课本、中学国文课本、学生国学丛书等。1931年初，叶圣陶加入开明书店编辑部工作，编辑出版了《开明国语课本》《开明新编国语读本》《进步青年》《中国作家》《开明少年》《中学生》《文心》等书刊。新中国成立后，叶圣陶历任出版总署副署长、教育部副部长、人民教育出版社社长和总编等职务,编审新中国中小学教科书。

叶圣陶的编辑思想:一是将编辑工作和教育工作相结合。从 1915 年至新中国成立前,叶圣陶编纂中小学各类教科书十余种,自觉肩负起以文化教育启蒙大众的社会责任。二是以读者为中心。他在《开明国语课本》"编辑要旨"中提到:"词、句、语调力求与儿童接近。"为了增强课文的可读性,叶圣陶在教材选编时既贴近读者现实生活,又讲究语言的生动性,以清新活泼的语言和叙事策略呵护童真、激发童趣、滋养童心,陶冶儿童读者的情操。此外,他还编纂和规范了现代汉语包含规范的语法、修辞、词汇、标点、简化字和除去异体汉字等,提倡使用白话文,极大地方便了读者的阅读和使用。三是帮助新人并培养新作者。叶圣陶既是教育家,也是我国现代文学史上的"伯乐"。他从浩如烟海的稿件中寻找优秀作品,悉心指点丁玲修改《莎菲女士的日记》《暑假中》《阿毛姑娘》,亲自为巴金的长篇小说《灭亡》撰写连载预告,倾力推荐戴望舒的《雨巷》,鼓励茅盾创作,选用丰子恺、林风眠、徐悲鸿等人的作品为插画,竭尽全力服务于作者和读者。并以宽广的胸襟和开放的态度包容各种风格和流派创作,挖掘并培养了沈从文、施蛰存、胡也频、鲁彦、秦牧、孙幼军等优秀作家。叶圣陶先生因为热爱编辑出版事业而产生的使命感和责任感,为新中国的文化教育出版事业作出了杰出贡献。

编辑活动促进了文学的向前发展,许多文学作家也都参与到编辑活动中来,如巴金、茅盾、老舍、郁达夫、鲁迅、郭沫若、丁玲、沈从文、郑振铎、戴望舒、林语堂、胡风等。

新中国成立后,编辑出版活动激发了人们对编辑出版科学理论的思索与积累。1949 年,广州自由出版社出版了李次民的《编辑学》,1956 年,中国人民大学新闻系翻译并出版了苏联教授倍林斯基的《书刊编辑学教学大纲》,时代出版社翻译出版的苏联学者瓦罗夫《书籍、杂志和报纸的校对工作》等著作,创建了我国编辑出版理论基础。编辑出版实践活动同时催生了该行业对编辑出版专项人才的需求。1956 年,中央工艺美术学院、中国人民大学分别开设了书籍装帧设计、出版专业,1958 年,文化部文化学院设立印刷工艺系。

改革开放以后,编辑出版事业步入正轨,编辑出版学科专业建设、理论专著和学术活动飞速发展,武汉大学、北京大学、南开大学、复旦大学等高等院校陆续创办了图书发行学、编辑学、新闻传播学专业,编辑出版人才快速发展。《编辑学通论》《中国编辑史》《选题论》《编辑心理论》《科技期刊编辑学导论》《编辑之友》《中国编辑》《编辑学刊》等百余种书报刊编辑理论相继出版,使得编辑研究向具体业务专业化、纵深化、系统化推进。成立了中国出版工作者协会、中国编辑学会、中国科学技术期刊编辑学会、全军医学期刊编辑学会等,创设了中国图书奖、全国百佳出版工作者、韬奋出版奖、韬奋杯图书编校大赛等活动,通过表彰优秀出版物和在新闻出版领域做出突出贡献的先进单位和个人,吸引了大批优秀高层次人才进军出版界。

"互联网+"时代,博客、微博、微信、手机等移动多媒体的介入为编辑工作提供便捷性的同时,也向编辑的知识结构、操作技能、理念创新、职业素养等方面提出了更高的要求,这既是新时代编辑工作面临的重大挑战,也为编辑职业发展提供了更广阔的空间。

(7)抗日战争和新中国开始时期的编辑活动

1937 年 7 月 25 日,上海的编辑工作者组织了"编辑人协会",同年 9 月 1 日创刊《文化战线》。该刊由施复亮等主编,为该刊撰稿的有胡愈之、邹韬奋、郭沫若、钱俊瑞等人,以反映抗战形势、宣传国共合作、要求实现国内政治生活民主化以动员民众抗战为宗旨,1937 年 11 月停刊,共出 8 期。

在抗日战争和解放战争期间,《解放日报》《新华日报》《群众》《文萃》《大公报》《新民报》等刊物和新闻出版编辑工作人员在重重障碍和阻挠下,为新中国的诞生付出了艰辛的努力,甚至是血的代价。

1949 年《光明日报》在北京创刊,毛泽东题词:"团结起来,光明在望"。章伯钧任社长,胡愈之任总编辑,在创刊号上发表了题为《人民新历史的开端》的发刊词,提出《新华日报》的任务是"记录新中国人民的历史"。素来讲究办报风格和特色的胡愈之围绕知识分子这个主体做文章,把《光明日报》办成发表知识界言论的论坛,进行思想学术交流和开展对知识分子教育的阵地,报道科技、教育、文化、卫生、体育、新闻出版等各条战线成就和动态的窗口,受到知识界的欢迎。

【案例分析与实训】

1.认真对待读者来信,是邹韬奋坚持大众化的办刊立场、一切为民众服务精神的最集中的体现。1926 年 10 月,邹韬奋在《生活》周刊中开辟了《读者信箱》专栏,热心地为读者解答生活、恋爱、求学中的各种问题。"每天差不多要用半个全天来看信",1931 年前后,《生活》周刊每年收到的读者来信有三万余封,他力求自己亲自看信、回信、签章。而读者来信的内容五花八门,甚至有南洋读者要求编辑部帮忙买"几尺什么颜色的什么布",他都尽可能地满足读者的要求。通过与读者的交流互动,帮助邹韬奋更加深入地了解到读者的需求。邹韬奋认为,报人脑子里要时时刻刻想着读者,报刊要顾及一般读者的需要,只有这样,读者才会信任报刊,报刊才能赢得市场。试分析邹韬奋在《读者信箱》经营上的意义?

2."如果我们的编辑一生中能出几本立得起来、传得下去的图书,传 10 年、50 年、100 年,甚至更长时间,无疑他就是有影响的名编辑。因此,多出精品,奉献传世之作也是名编辑的最高追求",①谈谈你对这句话的理解。

【综合实训】

1.著名编辑张季鸾在《大公报》撰写言论,每日晚间坐于排字车间外,写一段发排一段,边写边问还有多少版面,每次必定不多不少,而且无须删改,绝无削足适履或拖泥带水之感。与张季鸾写言论有异曲同工之妙的是邓拓,翻阅邓拓写作社论的原稿,经常可以看到这类文字说明:"先排一半,后半另发。邓";"即排,未完稿即送发。邓";"即排,续稿即发占。邓";"即排,继续送稿。邓"……可见,写作时间之紧迫和写作之神速。在当代,广东著名报人、名编辑、《街谈巷议》的作者微音的写作水平也让人赞不绝口。他的评论文辣于药、言快于刀,简明扼要,《街谈巷议》多年来一直都是不少学校老师眼中的议论文范文,甚至成为许多广东考生高考备战必修课。

从这段话中你能看出来什么?

2.古代有个故事,说是有个人善于画龙,一天,他在众人面前画了一条龙,人们看了他的龙问为什么没有眼睛,他说,他还没敢画,一画完它就腾空飞走了。人们不信,他就上前点了两点,果然,轰的一声,那龙就飞上天了。这个故事还有一个说法,说是画家画的龙,眼睛只是两个圆圈,无神,有个人上前小声告诉画家,龙眼中应点上一点,画家受到启发,上前一试,果然龙活了。那个启发画家点点儿的人,其实就是个高明的编辑。还有一个小故事,说的是画蛇添足,只是说法与流传的也不同。说是一个人画了一条蛇,感觉不错,旁边另一个人却小声告诉他,如果再增加四条腿,岂不跑得更快!画家无知,就添了四条腿,结果,作品自然要闹笑话了。据说,这个旁边的人也是个编辑,只不过也属无知而已。

这几个故事虽然荒诞夸张,但我们可以从中看出什么?

【课外拓展】

利用网络资源查找国内外出色的编辑出版人和出版活动,并在班上进行演讲。

---

① 汪家熔.出版的性质和出版人的追求[J].出版科学,2004(2).

模块2

编辑的素质与基本技能

学习目标

知识目标

1.理解现代编辑所需要的素质与修养;

2.掌握编辑工作的几项基本技能。

能力目标

1.能熟练运用编辑的基本技能分析出版物的编校质量;

2.把握稿件的技术规范,懂得不同类型的问题应该查阅什么样的工具书;

3.能辨识常用字体与字号。

任务 1 培养现代编辑素质

【案例导入】

美国《纽约时报》对采编人员进行训练时,往往要求他们到采访部门实习几个星期。具有一定决策权的主管编辑大都出身于记者。通常来说,记者优秀而资深者,均会外放国内或国外特派员,特派员有杰出表现且有行政能力者,则会内调编辑部为主要新闻编辑主管。

国内知名报纸如《南方周末》《新民晚报》等用人情况也有类似的规定:一个大学毕业生到了报社后,一般总让他做"外勤"(即记者),然后选择一些比较优秀的回来做"内勤"(即编辑),过一段时间再挑选一些有培养前途的人去做"外勤",最后从中选择确实优秀者回来做要闻版编辑。

从这两段文字中你能得出什么信息?

【课程内容】

编辑工作的性质和任务,决定了编辑工作者只有在政治、思想、业务等方面都具有较高的素质,才能胜任自己的工作。

编辑人员的素质的一个总体要求就是能够胜任现代图书编辑工作所具备的基本素质。虽然编辑人员有专职分工,如分策划(组稿)编辑和文字(案头)编辑,不同身份的编辑人员的素质要求应当有所差别,但大致来说,可以分为政治素质、思想素质、业务素质和职业素质4个方面。

2.1.1 政治素质

任何国家的出版业都具有鲜明的政治性。我国的出版业是为人民服务、为社会主义服务的,目前就是为社会主义现代化建设和社会主义精神文明建设服务。图书编辑人员要有正确的立场、观点和方法等基本素质,以及敏锐的政策观念、强烈的社会责任感。

（1）正确的立场、观点和方法

不论是哪种编辑，首先要懂政治、讲政治。要坚持正确的政治方向，站稳正确的政治立场；要学习党的方针政策和国家的法律法规，保持旺盛的政治热情，在出版工作中自觉地和党中央保持一致；要熟悉、研究出版工作的各项政策规定，严格遵守政治纪律。

其次，编辑要有基本的理论素养，能掌握正确的政治观点，不但要分清什么是社会主义、什么是资本主义，什么是唯物史观、什么是唯心史观，什么是科学、什么是迷信，而且要能联系编辑工作实际，做好政治把关工作。对涉及政治原则的问题，一定要保持政治警觉，注意防止有害倾向的萌发，善于及时发现和防止错误的政治内容在出版物中出现。

【案例2.1】

某家出版社曾为外国学生编写了一部商务汉语教材，编者是一位在美国从事对外汉语教学多年的华裔教授。他在介绍中国对外贸易时引用了美国一家媒体上公布的一组数据。这组数据采用列表的形式，其标题是：Top Partners of the Mainland of China（中国大陆的主要贸易伙伴），在表中 country（国家）这一栏下有 USA（美国），Japan（日本），Germany（德国）等国，此外，还有 Hong Kong（香港）和 Taiwan（台湾）。显然，这里存在着一个非常严重的政治错误：香港和台湾都不是国家，而是地区。编辑发现了这一问题，于是在 country 的旁边加上 or region（或地区）两个单词，这就避免了一个重大的政治错误。

（2）敏锐的政策观念

政策是党和国家为实现一定历史时期的路线而制定的行动准则。从党和国家的根本政策到各个领域具体政策，如总路线、总方针到发展教育事业、发展科学事业、发展文化事业，以及有关出版工作的方针政策等，无所不包，无所不有，这些都是编辑的行动准则。我国正在全面建设并完善各个方面的法制，在一个法治的国家里，每个公民都要遵纪守法。那么，作为从事图书出版的编辑，不仅自己要守法、遵纪、执行方针政策，还要宣传、教育大众提高遵纪守法的自觉性。编辑的导向作用的发挥要以政策为依据，以法律为准绳，能不能紧跟时代步伐有预见性地策划选题，能不能发现和防止书稿中的政治性错误，也有赖于对各种政策的了解、领会和把握。所以，编辑人员要经常学习有关政策，以便跟上形势的发展。由于出版事业的政策性很强，政策多而复杂，编辑更要培养自己敏锐的政策观念。

Albert N. Greco 在他的《*The Publishing Industry*》一书中说,一位资深编辑被问到他认为编辑应该是什么样的人时回答说:"在水上走的人。"当然,"在水上走的人"这只是一种夸张的说法。这个比喻不一定是表明没有人可能成为一名真正合格的编辑,但对于编辑要具备政治的敏锐洞察力却是一个很好的说明。编辑只有具备高度的政治敏锐性,对涉及邪教、迷信、色情淫秽、丑化党和国家领导人、危害青少年身心健康等方面的出版物才能自觉地加以抵制,坚持把社会效益放在首位。通过出版优秀的作品,用它去感化人、教育人,使人们树立起正确的人生观和价值观。

(3)强烈的社会责任感

编辑工作具有导向性和倾向性,但不是以个人意愿来进行工作,而是代表社会、代表读者的意愿来编辑出版工作。那么,给社会、给读者奉献什么样的作品,与编辑密切相关,从这方面的意义上来说,体现了编辑的主体性。因此,编辑要认识自己在科学文化的传播和社会进步中的重大责任,时时刻刻不要忘记肩负的重任。

读鲁迅最后一年的日记,在重病缠身的 9 个月里,据不完全统计,他共"编辑杂文集 5 本,校勘杂文集和翻译 8 本,写文章 20 篇,为青年改稿 44 篇,为人题字 2 幅,收阅信件 515 封,复信 21 封,客人来访 395 人次,访友 18 次,求医 115 次。"这就是责任,这就是使命,这就是编辑精神。

要做到这一点,在市场经济条件下,其难度会增大。社会的诱惑、急功近利的浮躁心理,会影响编辑工作的重心,有时甚至会忘记肩负的重任。特别是在处理社会效益与经济效益矛盾的时候,不要见利忘义。"君子爱财,取之有道",要始终坚持把社会效益放在第一位,不能不顾社会效益一味去追求经济效益。经济效益当然是要追求的,但不是每种出版物都有足够的经济效益,有的出版物读者面比较窄,但很有价值,也应出版。我国的出版行业,始终是社会主义精神文明建设的前沿阵地,任何置社会效益于不顾而单纯追求经济效益的做法都是行不通的。

【案例 2.2】

叶圣陶一生做过很多重要工作,但当别人问他一生做过什么事情时,他说:"我一生就做过一件事,当编辑;如果说还有第二件事,那就是当老师。"他并没有提他当过人大常委会副委员长、民进主席、出版总署第一任副署长等职务。外研社原社长、中国出版集团原党组书记李朋义说过一句很经典的话:"如有下辈子,我还干出版。"被列为新中国 60 年百名优秀出版人物之一的唐浩明,因为编辑《曾国藩全集》成了曾国藩专家,写出了驰名海内外的长篇小说三部曲《曾国藩》《杨度》《张之洞》，但在名片上从不标出"湖南省作家协会主席"和两届"全国政协委员"，而只标"岳麓书社首席编辑"。人的一生有机会从事提高人的灵魂和促进人的全面发展的编辑工作，是非常幸运的。高度的社会责任感和历史使命感一旦内化为编辑职业精神，就会形成一种强大的力量，变为自觉自发的行动。

2.1.2　思想素质

出版物的品位往往决定于编辑人员的品位。某些内容荒诞、情趣庸俗、文字浅薄的文稿，为什么有些编辑嗤之以鼻，有些编辑却趋之若鹜？为作者改拟书名、编写提要，为什么有些编辑追求的是准确、得体和艺术性，有些编辑却把书名拟得暧昧、香艳，把提要写得充满挑逗意味？这里显然是思想素质在起作用。大量实践证明，要提高出版物的境界，先要提高编辑人员的思想境界。

社会主义出版工作应该代表先进文化的前进方向。编辑和教师一样，都是人类灵魂的工程师，应该具有文化的追求，科学的信仰，高尚的道德和美好的情操。然而在现实生活中我们也看到，同为编辑，有的人爱岗敬业，无私奉献，一身正气；有的人却敷衍塞责，心不在焉，一脸冷漠；更有甚者，自恃掌握稿件的生杀大权，把商品交换的原则引入到编辑工作之中，以对稿件的取舍来牟取个人的私利，损害出版工作者的形象。这同样反映了思想素质问题。

在我国的编辑队伍中，曾出现过像鲁迅那样为年轻作者呕心沥血、"俯首甘为孺子牛"的编辑家，出现过像邹韬奋那样全心全意为大众、发奋提高出版物质量的编辑家，出现过像叶圣陶那样一心耕耘、"俯仰两无愧"的编辑家……他们都在编辑工作中表现出自己的高风亮节。今天我们强调编辑的思想素质，应该以这些前辈为楷模，继承他们的优良传统，认真解决怎样做人的问题。

2.1.3　业务素质

面对现代编辑活动的复杂化和快节奏，编辑还必须强化自己的业务素质。格罗斯指出："几乎每一种事情都需要编辑。今天的编辑和老一辈编辑不同的是，他们必须十八般武艺样样俱全，既要精通书籍制作、行销、谈判、促销、广告、新闻发布、销售、心理学、政治、外交等，还必须有绝佳的——编辑技巧。"

（1）合理的知识结构

罗竹风称编辑是"杂家"，因为出版社不可能像高校那样有专业性很强的分工，编辑要面对各种各样的来稿，不"杂"是不行的。据有关统计材料，《鲁迅全集》中引证过的中外古今的图书有500多种，涉及的人物有1 000多位。别说整个中国文学,也别说现代文学史,单是一个鲁迅,就对编辑的知识结构提出了多么高的要求。

编辑从事的工作是科学文化知识的传播工作,而传播成功的关键在于正确地鉴别、选择和加工书稿,这就要求编辑人员具有学科专业、编辑业务知识结构,缺一不可。

编辑的专业知识需要一专二博。

一专,指学有专长,专于某一学科。任何图书都属于一定学科的范畴,没有学科知识是无法做好编辑工作的。某个学科的图书必须由具备该学科专业知识的人来担任编辑,或者由具有相关学科专业知识的人来担任编辑,如果出版社没有适合的人担任编辑,就需聘请外审或外编。

例如,现行的《出版专业人员职务试行条例》在关于任职条件中规定:可聘任编辑职务的学识要求是"具有本专业扎实的理论知识","有较高的文字水平,掌握一门外语"。可聘任副编审职务的学识要求是"有较广博的科学文化知识,对某学科有较深的研究,有一定水平的著译(或编辑过一批好书),熟练掌握一门外语"。可聘任编审职务的学识条件是"科学文化知识广博,对某学科有系统的研究和较深入的造诣,有较高水平著译,有较高的政策理论水平"。由此可见,不管什么层次、类型的编辑人员,专业知识都应该学有所长。

二博,是指广博的知识。编辑的知识面越广越好,懂得的东西越多越好。

为什么要博?有4个方面的原因:

一是出于编辑接触的书稿,大多数要超越编辑个人所学专业范围,仅仅自己熟悉的学科范围的书稿很少。

二是由于现代的学科体系既是高度分化的,也是高度综合的,学科发展迅猛,新学科或学科分支不断涌现,学科又交叉渗透,产生各种各样的交叉学科、边缘学科和综合学科,不少学科的界限模糊,这就迫使编辑人员必须不断拓展和更新自己的知识,以适应现代科学知识的发展。

三是由于现代编辑的工作范围拓展,不是像过去传统的编辑那样,只伏案做文字加工工作,而是要参与图书出版营销等全过程,"十八般武艺俱全"才能够搞好编辑工作。所以,除了掌握专业知识、编辑业务知识以外,还应懂得马克思主义理论、中外历史、文学艺术、科学发展史、经营管理、逻辑、外语、现代科学方法论等;还要学会使用工具书、学会谈判。

四是"博"可以使"专"深。专与博是相互促进的。专要求博,博促进专。知识广博者站得高看得远,能更好地把握学科发展的动态,能更准确地鉴别和选择书稿,能更好地驾驭不断翻新的书稿内容,这也是职业的需要。

熟谙编辑业务的吕叔湘先生对此也有一致的看法,他说:"哪一位编辑都不可能像百科全书那样,样样都懂,但却是需要相当广博,既要是个通才,又要是某一方面的专家,结合起来。"

【案例2.3】

在专和博方面,鲁迅、茅盾、叶圣陶等老一辈编辑家为我们作出了榜样,他们都是既专又博的"杂家"型编辑。钱钟书先生的《管锥编》被公认是一部具有世界声誉的学术巨著,但当初送往中华书局出版时,责任编辑周振甫就提出了不少修改意见,钱老认为所提意见持之有据,便一一加以接受,并对周振甫表示感谢。按照一般人的观点,钱钟书是泰山北斗,其著作一字千金,而周能提出修改意见,一方面足见其认真负责的态度,另一方面则显示他身后的学术功底,因为他本人就是一位著名的学者。试想,如果当初《管锥编》落入一位平庸的编辑之手,不也可能会留下一些令人遗憾的地方吗?

(2)扎实的语言文字功底

编辑工作就是与语言文字打交道,对编辑来讲,首先要有深厚的语言文字素养,能准确地运用字、词、成语,力求成为驾驭文字的工匠,而不能望文生义。

媒体上屡屡可见的用"七月流火"形容炎热的夏天,用"差强人意"表达不令人满意,以及"梅开二度""红杏出墙"等一系列词的错用、误用,都反映了作者、编辑语言文字功底不足。

其次,编辑还需要有广博的文学知识,勤学多读,不断提高文学修养。

【案例2.4】

著名作家孙犁写过一篇《改稿举例》,讲报刊编辑给自己改稿,其中有这样一个例子:"《谈爱书》是一篇杂文。此稿投寄《人民日报·大地》。文中有一节,说人的爱好各有不同,在干校时,遇到一个有'抱粗腿'爱好的人,一见造反派就五体投地,甚至栽赃陷害他以前抱过后来失势的人。又举一例,说在青岛养病时,遇到青年时教过的一位女生,常约自己到公园看猴子,文二百余字,被删除。"孙犁接着说,"既是谈爱书,以上二爱,与书有何瓜葛? 显然不伦不类。"孙犁认为这些改得很好,这位编辑是有逻辑头脑的,看出了这两个例子是不伦不类,毅然删去。这说明,编辑对于语言文字的驾驭能力对于提高出版物的质量,确保读者的直接利益,具有重要的作用。

我国近代史上杰出的编辑出版家邹韬奋说："关于编辑方面的工作,虽有其特殊的技术,基础仍在写作能力和学识的充分修养。"而写作能力事实上是驾驭语言文字能力的前提,只有写作能力提高了,修改能力才能相应提高。因此,为了提高驾驭语言文字的能力,编辑主体必须多读、多练、多思,做到"笔不怕练,文不怕改。"

编辑的文字能力大致包括3个方面。

1)文字规范能力

作者写稿,一般都在文字上做过推敲,但百密一疏,有时也会留下漏洞,如用了错字、别字以及不规范字,还会出现用词、用语、造句不当等语言方面的问题。这些都是编辑加工时的规范对象。编辑要在语言文字方面建立自己的职业优势,就必须比作者更熟悉《中华人民共和国通用语言文字法》《简化字总表》《第一批异体字整理表》《汉字常用字表》《标点符号用法》等有关的规范性文件,认真掌握并能熟练运用文字、语法、修辞、逻辑方面的知识,还要了解并能敏锐识别语文运用中的常见差错。

2)文字加工能力

纠正文字差错,做好规范工作,当然也属文字加工的范畴,但编辑还要通过字斟句酌、精心润色,提高稿件的文字表达效果。比如,删去可有可无的字、词、句,合理调整语序和节奏,保持语言风格和文体风格的统一,以及避免可能产生的歧义现象,等等。文字加工的目的是锦上添花,因此一定要认真审读原稿,体会作者的表达意图,尊重作者的文字风格,不要自以为是。

3)文稿写作能力

编辑当然不能越俎代庖,代替作者写作,但写作能力同样也是编辑的基本功。这不但因为编辑业务中有许多写作要求(如图书辅文、图书评论、审读报告、选题报告等的撰写),更重要的是,自己写作能力的有无或强弱,在审读、加工中的感觉和作用是不一样的。凡是写作能力强的编辑,往往审读、加工也能独具慧眼,妙笔生花,哪怕只是一字一词的改动,也能改得恰到好处,仿佛与作者"心有灵犀一点通"。

(3)较强的策划能力

编辑策划的内容包括选题策划、营销策划、出版单位形象宣传策划等,其中选题策划是主要内容。策划的目的或是为了提高选题质量,或是为了创造出版物销售机会,或是为了塑造出版单位形象。因此,策划能力就是全面设计、关注出版过程的能力。编辑重视策划能力,反映了对出版工作规律的正确认识,同时也展现了自己适应激烈的市场竞争的主体意识和主动精神。

成功的策划有助于出版物质量的提高,有助于竞争实力的增强。

【案例2.5】

2019年4月,《故宫里的大怪兽》(第4辑)新书发布暨系列畅销300万册纪念活动在北京举行。这套书入选原国家新闻出版广电总局第二届向全国推荐中华优秀传统文化普及图书、国家新闻出版署向全国青少年推荐优秀百种读物等近20项榜单,获得包括毕淑敏、曹文轩、沈石溪等在内的著名童话作家、儿童教育家鼎力推荐,更在全国小读者中收获了一个庞大"小怪兽粉丝"团。

《故宫里的大怪兽》系列童话销量如此火爆,出乎作者常怡的意料。当时,还是文学新秀的她拿着书稿寻求出版,却到处碰壁,直到遇到出版人、中国大百科全书出版社副牌社知识出版社社长姜钦云。在其帮助和鼓励下,常怡终于将其童话带给了她的"小怪兽粉丝"们。

"我们非常重视和看好常怡的作品,但并没有预估过它是否会成为超级爆品,只是踏踏实实地做好每一步。"该书责任编辑刘小蕊介绍说,他们努力做到三点:首先,专门成立项目组,配备核心编辑团队,包括编审、副编审、骨干编辑、美术编辑等,稿件审读除了保证三审三校,还要进行交叉通读,对作品反复打磨,几乎每次重印都会修订前一次没有及时发现的问题,最大程度地保证品质。其次,线上线下同时加大图书曝光度,比如在线上争取渠道资源,多次进行直播分享;大量发布相关的微信推文;线下结合国际和国内大型书展、订货会、学校、书店、图书馆、童博会等,参加多个书展,做好读者服务。第三,积极对《故宫里的大怪兽》图书项目进行立体化开发,如在多个自媒体平台播出音频故事,使这本书成为睡前读物;如授权同名行李箱、同名舞台剧等……不同媒介不同时间和不同层面的曝光,均在一定程度上助推了图书的销售。

编辑策划能力的大小,取决于3个方面:一是信息的收集和分析是否充分;二是能否别出心裁,富有创造性;三是是否熟悉出版实务,懂得经济核算。3个方面的能力越强,策划成功的可能性就越大。

(4)组织活动能力

所谓组织是使分散的人或事物具有一定的系统性或整体性;而活动是指为了达到某种目的而采取的行动。将组织和活动结合起来就全面了,活动是前提,组织是目的。编辑工作是一项组织性很强的工作,涉及选题的组织、书稿的组织、图书出版的组织等。要把选题组织好,就要进行调查研究,走访书店,召开专题座谈会,获得读者需求信息和市场信息;进行组稿,要有作者的资讯,与作者打交道;书稿交来以后,还要经过多人合作、多个环节才能出版。组织活动贯穿图书出版的全过程;编辑的组织活动能力主要表现在能够团结作者、读者和社会各界人士,只有这种凝聚力,人们才会为他提供信息,提供或推荐书稿,出点子、尽力量。

编辑要有意识地把自己培养和锻炼成为具有组织能力的社会活动家。主要靠社会实践,在实践中锻炼和提高,在实践中培养组织能力,锻炼公共活动能力。良好的组织活动能力还与人格魅力、工作作风有关系,具有良好的道德品质、严谨诚信的工作作风,可形成良好的人格魅力,会赢得作者、读者和同事们的信任,无疑会有利于进行组织工作和活动公关。编辑的组织活动能力不仅表现在量,更表现在质,在于高效的组织活动,在于活动的成功率和价值。

编辑工作"既要坐得住,又要走得出"。也就是说,编辑人员必须具有甘于寂寞、埋首案头的工作精神,同时又必须与社会建立广泛的联系,有积极参加社会活动、进行社会调查的热情和能力。编辑人员若要不断提高自己的社会活动能力,必须在以下方面有所突破:第一,要积极与各部门沟通、协调,增强合作;第二,以积极的姿态接近和参加各种学术文化团体,参加各种类型的学术活动,及时了解文化创造的前沿动态;第三,积极进行市场调查,了解出版物市场走势;第四,要创造条件接近读者,通过多种途径调查读者的需求,倾听读者的意见;第五,积极广交出版界的朋友,了解他社的出版动态,以便对自己的工作有所帮助;第六,更要广交社会各界朋友,扩大社交面,加强同各界人士的情感交流、信息交流和智慧交流。

(5)现代化操作能力

现代化操作能力主要是指编辑使用现代通信手段的能力。

过去,在人们眼里,编辑只是选择加工作品的工作,是"和文字打交道的人"。随着全球先进技术和高科技的迅猛发展,出版业告别了"铅"与"火"的年代,迎来了"声""光""电"的数字化、网络化和多媒体等高新技术的新时代,单纯的"文字"正朝复合的"信息"和"数字化"转变。

现代科技的发展使编辑处于崭新的技术环境,许多出版社已经采用电子采编系统,数码相机、卫星传稿也广泛使用,因特网成为庞大的信息资源库。电脑和网络技术的发展,要求编辑具有使用电脑和互联网等信息化工具的操作技能。编辑要具备通过检索功能快速寻找有关新闻背景资料的能力,能够运用各种在线资源如辞典、百科全书、地名索引、年鉴和汇编等,进行数据和事实的交叉验证,要善于运用论坛、E-mail等形式和受众进行沟通和交流,了解受众欲知和关心之事,为策划和报道提供参考。此外,由于目前因特网是英语的天下,而且今后相当长的时间内还会如此,因此,要想充分利用网上资源和网络技术,编辑就必须能熟练地运用一门外语最好是英语,能用英语熟练地查询和阅读网上资源,用英语进行环球语音和可视采访,用英语写作、报道、发电子邮件。

同时,在一些特殊的情况下,如新闻编辑还要奔赴一线参加采访报道,因此,编辑和记者一样,还应掌握现代化的通讯工具和交通工具,如会使用数码相机和便携式电脑、懂得卫星传稿技术、能够驾驶汽车等。

2.1.4　职业素质

不同的职业有不同的特点,对从业人员有不同的要求。所谓职业素质,是在职业实践中逐渐形成的一种专业素养。演员的舞台感觉,运动员的坚韧性格,教师循循善诱的态度,科学家的观察能力和分析能力,都和职业素质有关。

编辑的职业素质包含出版理论修养和编辑实务经验,它分别表现为职业追求、职业敏感和职业作风[①]。

编辑的职业追求是一种文化追求。具有良好素质的编辑,以推动文化发展为己任,不计较个人的得失。一旦获得有价值的组稿线索,他们可以"三顾茅庐""程门立雪",即使吃闭门羹仍不言退;他们希望自己编发的稿件具有文化传播价值和文化积累价值,为此,不惜在稿件中倾注大量的心血,身为无名英雄却充满创造的快乐,以作者的成功为荣;为了提高文化产品的传播效果,他们更是充满了创新的欲望,从内容到形式敢于大胆变革。正是由于这些编辑的努力,出版工作才会不断出现新的面貌。

编辑的职业敏感既是一种文化创造的敏感,也是一种市场敏感。有了这种"感觉",编辑在工作中就会处于主动地位,诸如选题的捕捉、稿件的判断、营销的策划,都会得心应手。"灵感"来自有准备的头脑。编辑具有的职业敏感,是对文化发展和市场变化认真调查和积极思考的结果。

编辑工作是一项严肃的工作,编辑的职业作风是一种一丝不苟的求是作风。凡是干编辑这一行的,都应该拒绝想当然,拒绝侥幸和浮躁,拒绝粗枝大叶。面对稿件,编辑要像战士进入阵地一样全神贯注。编辑要学会独立思考,养成查工具书的习惯,无论是审稿、加工还是读校样,都不能放过一个疑点。编辑工作的每一个环节,都要发扬"一丝不苟、字斟句酌、作风严谨的'辞海'精神"。

---

①　全国出版专业职业资格考试办公室.出版专业基础知识[M].北京:中国大百科全书出版社,2002.

【案例分析与实训】

1.中国纺织出版社招聘图书编辑一职,对其岗位职责描述为:

①根据图书市场信息,进行服装专业或艺术设计类图书选题策划;

②负责建立与维护服装专业领域的作者队伍,对优秀选题进行跟踪、执行;

③制定自己所属产品线的经营计划并组织实施;

④对产品线进行规划和维护,定期对产品线的工作进行总结;

⑤负责组织图书的整体策划,含选题、内容、包装、营销等;

⑥掌握本产品线图书市场的出版、销售情况;

⑦部门领导交办的其他工作。

岗位要求:

①至少有三年以上出版行业工作经验。

②具有良好的文字功底,熟悉创意、策划及执行工作流程,能独立撰写方案和执行方案;熟悉编辑流程,有选题策划及稿件运营能力;熟悉纺织服装行业情况,善于挖掘联系行业内知名作者;熟悉互联网语言,熟悉一些图文或视频工具更佳,善于整体包装或宣传推广一个产品。

③为人真诚、稳重、耐心细致,有活力,积极向上,勤于思考、富有创新能力,具有高度的责任心及团队合作精神,有良好的跨部门沟通能力。

从这段职位描述中,你觉得编辑需要哪些素质与修养?

2.阅读下面一则通讯,谈谈你的感受。

河南教育报刊社编审曹增渝先生为青年编辑们举办了主题为"谈谈编辑的语言文字修养"的讲座,令年轻编辑们获益匪浅。他结合自己丰富的工作和语言实践,从青年编辑们的工作实际出发,着重阐述了编辑工作对语言文字修养的要求,并指明了提高语言文字修养的途径,为青年编辑们指明了努力方向。

他强调,要想在编辑工作中成长为一位全面发展的编辑,成为一个不可替代的人,就要具有相关学科的知识储备,能与作者进行良好沟通、按时组稿、了解读者,能策划选题及营销宣传,这一切,都以具备较高的语言文字修养为基础。而语言文字的修养,包含两个方面:一方面要规范正确,另一方面要新鲜生动。

他以河南省著名文学评论家孙荪两本关于李准的学术论著《李准新论》《风中之树》为例,说明图书命名中,语言文字修养所起的作用,并谈到他多年的助手郭萍老师的一本书《无花果树看着无花果树》的取名。从该书所引阿拉伯格言"一棵无花果树看着另一棵无花果树,就结出果子来了"谈起,盛赞该书名中包含着一种十分耐人寻味的大智慧。既有一种读书的智慧,更有一种人生的智慧。这样的书名,就能够激发读者的阅读兴趣。

曹先生认为,语言文字的修养,归根结底是一种文化修养。古人讲厚积薄发,积的是文化,发出来的才是语言文字。没有深厚的文化修养和文化积淀,语言文字的功夫终归过不了关。围绕怎样才能使语言变得新鲜生动,曹先生从3个方面进行讲解:

一是要继承一点古典的因子。古汉语不但能给我们提供大量的语言材料,而且一些修辞手段也值得我们学习。

二是要吸取一点生活的营养。丰富自己的语言,还需要向生活学习,向千百万普通群众学习。民谣,还有好多网络短信,语言精练、精彩,都值得重视。对于学生报刊来讲,向小读者学习,向孩子们学习,也是相当重要的。

三是要注入一点时尚的元素。所以我们一定要注意在报刊的语言中恰当地注入一些时尚的元素,让语言变得更有时代感,更有青春气息。编辑在一定程度上都是语言文字工作者,我们要有对语言的敏感,对于好的语言要敏感,对于新鲜的语言也要敏感,要注意吸收新语词。适当地吸收和运用新的语汇,能够显示一种新的风采、新的做派,便于展现报刊的时代风貌,也更容易受到读者特别是青年读者的欢迎。

最后,曹先生以八个字:"广采博取,精雕细刻",勉励大家使自己早日成为一名出色的编辑。

任务 2　运用基本编辑技能

【案例导入】

　　社科文献出版社视专业出版为立社之本,以接轨国际的专业化生产机制与学术素养深厚的专业编辑队伍彰显核心竞争力与创新能力。根据不同的专业学科与出版方向,社科文献出版社共设置 15 个分社、1 个出版中心和电子音像出版社;实施编辑分类管理——将编辑队伍分为组稿编辑、营销编辑、文稿编辑、技术编辑四大系列;开创名编辑工程——在行业内率先推行高端人才评价制度;设置首席编辑岗位——打造社科文献最高专业任职岗位和编辑最高荣誉;提倡编辑参与学术科研——进一步形成"编而优则研,研而优则编"的学术出版旋转门机制。作为中国学术出版规范与标准的倡议者与制定者,社科文献出版社代表全国 50 多家出版社发起实施学术著作出版规范的倡议,承担学术著作规范国家标准的起草工作,并严格执行匿名评审和编审分离专业制度。

　　从上述做法中,你能看出编辑对于其专业领域秉持什么样的理念和原则?

【课程内容】

2.2.1　把握稿件的技术规范

　　无论写稿、改稿都要注意稿件的技术规范。有些出版物层出不穷的排印错误在很大程度上与作者提交的原稿不无关系,例如,手写稿潦草,难以辨认,电子稿格式不规范,无形中都对出版物的质量造成了影响。为了让作者了解基本出版规范,有的新闻出版部门干脆编印了《著作者手册》《著译者须知》等发给作者,当然,编辑本身更要以身作则,熟知稿件的技术规范。

(1)书写

1)用字

一定要使用规范汉字。

这里所说的"规范汉字",主要是指 1986 年 10 月国家语言文字工作委员会根据国务院批示重新发表的《简化字总表》所收录的简化字和 1988 年 3 月国家语言文字工作委员会和新闻出版署发布的《现代汉语通用字表》中收录的汉字。除特殊情况外,一般不要用繁体字。不得随意制造简化字,也不要使用虽曾经发布过但后来又被禁用的某些简化字。对于形似易混字更应认真书写或录入,以免出错。

外文用印刷体写(或打字),要分清大小写。

2)数字和标点符号的写法

稿件正文每段首行应空两字(格),回行顶格。回行时,下列各项不能分拆:①用阿拉伯数字书写的多位数、年份;②连点(省略号);③数码前后有附加符号,如 67%、-45 ℃。

数字一般在每个格子内写两位数,有时为避免数字分拆,可挤紧写。每行之首,不能见句号、分号、逗号、顿号、感叹号,也不能见书名号、引号或括号的后半个。每行之末,不能见引号或括号的前半个。

稿件中数字的写法要统一。中华人民共和国国家标准《出版物上数字用法的规定》一文中,规定了出版物在涉及数字(表示时间、长度、质量、面积、容积等量值和数字代码)时使用汉字和阿拉伯数字体例。

标点符号也要写得标准、清晰。最常见的毛病是句号、逗号、顿号三者混淆不清,引号用得不标准,表示范围的连接号和表示解释说明的破折号两者长短不加区分,等等。中华人民共和国国家标准《标点符号用法》规定了标点符号的名称、形式和用法,对汉语书写规范有重要的辅助作用。

表示范围的连接号要用"一字线"(又称"全身划"),排版时占一字位置。如用于表示生卒年:"鲁迅(1881—1936)"。

破折号要用"两字线"(又称"双连划"),排版时占两字位置:"你的生日——四月十八日——每年我总记得"。

(2)标注

标注即在原稿上用铅笔做必要的批注,写明对排印的特殊要求。主要有两种情形:

①在使用简化字的出版物中,若某字必须排繁体字,应标注予以强调。否则,排字工人或打字员可能将它简化,使句子不知所云。如果某字必须排异体字,也要标注。

②对外文的标注。英文的缮写,要用印刷体,并明确区分大小写。在一般情况

下,可不必标注。但有些英文字母在单独出现时,大小写极易相混(如 C 与 c,P 与 p),应标注大小写。要求排斜体者,亦应标注。

英文以外的其他文种,除注意用印刷体分清大小写外,尚须标注"日文""法文""俄文""德文""希腊文"等,予以强调,否则很易排错。

如日语中有"和制汉字",又称"国字",与多数日本汉字直接借自中文汉字不同,它们是由日本人利用六书自创的。其中的"辻",指"十字路口,十字街,路旁,街头"之意。在稿件中若不特别标注,很可能将它误写为"迁"或"过"。

(3)名词术语、计量单位与公式

1)名词术语

稿件使用专业名词术语应当规范化,并且要前后一致,凡已有国家、部或行业正式颁布的标准名词术语者,均须按标准统一称谓。未经正式审定的专业名词术语,可参考权威性工具书(如《中国大百科全书》《辞海》等)书写,或选用约定俗成的写法。其他情况可按行业习惯处理,遇有问题时,可与有关专家和出版社商定。

对于科技术语、名词或名称,采用全国自然科学名词审定委员会公布的名词或国家级名词术语标准。该委员会未公布的名词或没有国家级名词术语标准的名词采用各有关专业规定的标准名词。尚未作出规定的名词,可以根据"名从主人""行业习惯""约定俗成"等原则自拟或采用比较合理的暂行名词,但必须全稿统一。对于从国外文献引入且国内尚无标准称谓的名词术语在稿件中第一次出现时,可加括号注出相应的外文。

作者首用的名词术语,在书稿中首次出现时,应酌加注释。引进的新名词在文中首次出现时,应注明外文。

外国人名、地名、学校、企业、科研机构、学术团体的名称,应译成中文,必要时括注外文(只需在首次出现时括注)。同一名称的译法,全稿必须统一。

外国人名,除知名者沿用习惯译法外(如"达·芬奇"),一般只将姓译成中文,名用外文缩写(正体大写)写在前面,用脚点(下圆点)隔开。如:H.T.狄金森、E.M.茹科夫。

用拉丁字母拼写的外国人名的通用译法,可参考商务印书馆出版的《英语姓名译名手册》和德、法、西班牙、意大利等语种的姓名译名手册。

外国地名的译法,应参考《外国地名译名手册》《世界地名译名手册》等工具书。稿件中的地图和国家、地区名称,必须按照我国的有关规定一一核对。

2)计量单位的书写

出版物要全面贯彻执行国务院 1984 年 2 月 27 日发布的国发〔1984〕28 号文

《统一实行法定计量单位的命令》和中华人民共和国国家标准 GB 3100～3102—93《量和单位》中的原则与规定。

例如,1984 年 2 月 27 日,国务院发布的《关于在我国统一实行法定计量单位的命令》;1984 年 6 月 9 日,国家计量局发布的《中华人民共和国法定计量单位使用方法》。

1986 年,国家标准局发布有关量和单位的十多项标准,其中有:GB 3101—86《有关量、单位和符号的一般原则》,GB 3102.1—86《空间和时间的量和单位》;GB 3102.2—86《周期及其有关现象的量和单位》,GB 3102.3—86《力学的量和单位》,等等。读者需要时可查阅中国标准出版社 2017 年出版的《作者编辑出版常用国家标准》(第四版)。它汇编了与编辑出版有关的国家标准 54 项,行业标准 5 项,语言文字方面的规范文件 14 个,是一部很重要的书籍。

(4)标题

书稿标题的排列,必须注意逐级展开,井然有序。同级标题在书稿中的定位及题序的表示方式,应当前后一致,这样,才能确切地反映全书的逻辑结构和作者清晰的思路。

我国目前对图书标题层次顺序的编排,主要有两种方式:一是传统式,二是编号式。

1)传统式编排法

题序以汉字表示,细目则用阿拉伯数字分列,符合我国目前多数读者的阅读习惯。

```
        第一篇□××××××× ⎫
        第一章□××××××× ⎬ 居中标题
        第一节□××××××× ⎭
    □□一、×××××××   ⎫
    □□(一)××××××× ⎬ 占行标题,(一)层可设,可不设
    □□1.×××××××    ⎭
    □□(1)×××□×××× ⎫
    □□1)或①×××□××××× ⎬ 不占行标题
```

绪论一般放章前,与章同层次,当内容较多时可编为第一章。

附录与参考文献放在末章后,与章同层次。以章为单位单独编码的参考文献放每章末,与节同层次。

2）国际标准编排法

```
0  引言                    顶格，占行标题
1□×××××××              引言或绪论部分也可不编"0"号
1.1□×××××××            当内容较多时，也可编为"1"号
1.1.1□×××××            此后的序号递加1
1.1.1.1□×××            此层也可标题后空格接排
□□(1)××××□××××         不占行标题，空格接正文
□□a.××××××□××××
```

以章为单位单独编码的参考文献放每章末，与节同层次。附录与参考文献与"1"同层次者，放末章之后。

3）混合编排法

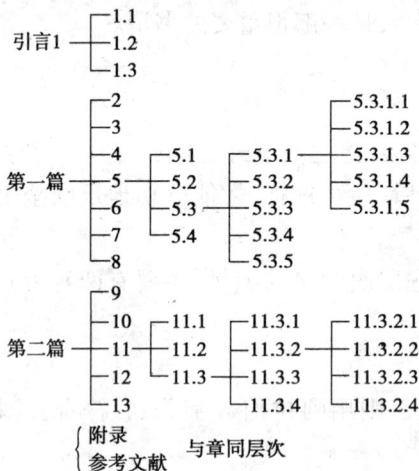

以章为单位单独编码的参考文献放每章末，与节同层次。

（5）参考文献

文后参考文献，就是"为撰写或编辑论著而引用的有关图书资料"。在学术论文或专著后列出参考文献，有重要的学术意义。

参考文献的著录应执行 GB 7714—2005《文后参考文献著录规则》及《中国学术期刊（光盘版）检索与评价数据规范》规定，采用顺序编码制，在引文中引用文献出现的先后以阿拉伯数字连续编码，序号置于方括号内。一种文献在同一文中反复引用者，用同一序号标示，需要标明引文出处的，可在序号后加圆括号注明页码或章、节、篇名，采用小于正文的字号编排。

文后参考文献的著录项目要齐全，其排列顺序以在正文中出现的先后为准；参考文献列表时应以"参考文献："（左顶格）或"［参考文献］"（居中）作为标识；序号

左顶格,用阿拉伯数字加方括号标示;每一条目的最后均以实心点结束。

几种常见的文献类型的著录格式。

1)专著的著录格式

主要责任者.题名:其他题名信息[文献类型标志].其他责任者.版本项.出版地:出版者,出版年:引文页码[引用日期].获取和访问路径.

示例:

[1] 迈克尔·巴斯卡尔.内容之王:出版业的颠覆与重生[M].赵丹,梁嘉馨,译.北京:机械工业出版社,2017.

[2] 高萍.当代媒介素养十讲[M].北京:中国人民大学出版社,2015.

2)专著中的析出文献的著录格式

析出文献主要责任者.析出文献题名[文献类型标志].析出文献其他责任者//专著主要责任者.专著题名:其他题名信息.版本项.出版地:出版者,出版年:析出文献的页码[引用日期].获取和访问路径.

示例:

[3] 马克思.关于《工资、价格和利润》的报告札记[M]//马克思,恩格斯.马克思恩格斯全集:第44卷.北京:人民出版社,1982:505.

3)连续出版物中的析出文献的著录格式

析出文献主要责任者.析出文献题名[文献类型标志].连续出版物题名:其他题名信息,年,卷(期):页码[引用日期].获取和访问路径.

示例:

[4] 李强.从大象融媒看电视媒体的融合发展[J].中国广播电视学刊,2017(04):121-124.

[5] 付伟棠,张志强.我国数字阅读行业的新发展:基于2017年数字阅读报告的分析[J].图书馆杂志,2018,37(04):4-11.

2.2.2　善于查找文献资料[①]

编辑在写稿或审稿的过程中,常会遇到一些问题需要查找、核对文献资料。为了提高查找资料的效率,要善于利用工具书、"检索期刊"和"工具书的工具书"。

(1)利用工具书

工具书是根据特定需要,汇集某一范围的知识或资料,按一定方式编排,以备查考的图书。工具书具有信息密集、编排有序等特点,便于我们迅速、准确查到所需知识与资料。

---

① 潘树广.编辑学[M].苏州:苏州大学出版社,2010:64-71.

工具书的种类很多,其中,百科全书、年鉴、词典、书目、索引是与编辑人员关系最为密切的五类工具书。

1)百科全书

百科全书是概要记述人类一切知识门类或某一知识门类的工具书,主要供人们查检必要的知识和事实资料,其完备性在于它几乎包容了各种工具书的成分,囊括了各方面的知识。常被誉为"没有围墙的大学"。

百科全书可分为两大类:一类是综合性的,如《中国大百科全书》《不列颠百科全书》(旧称《大英百科全书》)等;另一类是专科性的,如《中国企业管理百科全书》《中国经济百科全书》等。

《中国大百科全书》是中国第一部大型综合性百科全书,全书按学科或知识门类分 74 卷出版,以条目形式全面、系统、概括地介绍科学知识和基本事实。内容包括哲学、社会科学、文学艺术、文化教育、自然科学、工程技术等 66 个学科和领域。共收 77 859 个条目,计 12 568 万字,并附有适量的随文黑白图、线条图和彩色插页,各学科分卷的条目按汉语拼音顺序排列。在正文条目前一般有一篇介绍该学科卷内容的概括性文章,并附有反映该学科体系的条目分类目录。在正文条目后有介绍对该学科发展有重大影响的事件的大事年表和供寻检的条目汉字笔画索引、条目外文索引、内容索引。卷内条目有完备的参见系统,部分条目附有参考书目。

《简明不列颠百科全书》国际中文版由中国大百科全书出版社和美国不列颠百科全书公司最新合作的版本,这是一部大型的综合性参考工具书。该书素以学术性强,权威性高著称。全书共二十卷,第一卷至十八卷是条目正文,第十九卷到二十卷为索引。共收条目 81 600 余条,附有图片约 15 300 幅,地图 250 幅,内容包括社会科学、自然科学、工程技术、文学艺术等各学科的概述和专名、术语、人物、团体、机构等的介绍,侧重西方的文化、科技成就和当代知识,总字数约 4 300 万字。

2)年鉴

年鉴是以全面、系统、准确地记述上年度事物运动、发展状况为主要内容的资料性工具书。汇辑一年内的重要时事、文献和统计资料,按年度连续出版。它博采众长,集辞典、手册、年表、图录、书目、索引、文摘、表谱、统计资料、指南、便览于一身,具有资料权威、反应及时、连续出版、功能齐全的特点。一般来说,年鉴封面和书脊上标明的年份,是指出版年,记载的是上一年的内容(少数年鉴例外),使用时应注意。

年鉴大体可分为综合性和专业性两大类。前者如《中国百科年鉴》,后者如《中国新闻年鉴》《中国出版年鉴》《中国广播电视年鉴》等。

3)词典

词典是汇集字词,按一定方式编排,并逐一予以解释的工具书。编辑人员常用的词典,大体有语文词典、专科词典和综合性词典三大类。

①语文词典,是以一般词语(又称普通词语)为主要收录对象,着重对词义本身进行解释的工具书。常用的有《现代汉语词典》《汉语大词典》等。

②专科词典,是以一个或若干个学科中的专业词汇为收录对象,着重解释事物概念、专业知识的工具书,以知识的部门分类,各类的关系是在人类知识总汇中各组成部分之间的关系,即部分与整体的关系。

③综合性词典,是兼收一般词语和各种专业词汇的词典,可视为语文词典与专科词典的有机结合。《辞源》和《辞海》是这类词典的典型代表。

4)书目

书目即图书目录,是记录图书的书名、著者、出版等项目,或叙及图书内容、收藏情况,按一定方式编排的工具书。

古人编的书目,以《四库全书总目提要》为代表。清代纪昀等人在编修《四库全书》时,把抄录入库的图书 3 461 种和抄存卷目的图书 6 793 种都写出提要,共计10 254 篇。提要分经、史、子、集四大类,大类下又分小类,小类下又分子目。每大类与小类前面均有小序,子目后面有按语,简要说明此类著作的源流以及划分类、目的理由。

今人编的书目,数量众多,学科覆盖面广。如果要了解民国期间出版的图书,可以查《民国时期总书目(1911—1949)》。了解新中国成立以来的图书出版,反映我国每年图书出版的总貌,可以查《全国总书目》。

要想钻研某一学科,应当先查阅了解该学科已出版了哪些书,以便有目的地阅读。

5)索引

索引是把一定范围文献资料中的有关项目(篇目、专名、词句、事项等)按照一定方式有序编排起来,以供检索的工具书。旧称通检、备检或引得。组成的基本单位是索引款目。款目一般包括索引词、说明或注释语、出处 3 项内容。所有索引款目实现有序化编排。其本质特征是只揭示内容出处或文献线索,并不直接提供事实、资料本身。主要功能是为人们准确、迅速地获得文献资料提供线索性指引。常见的索引主要有报刊论文资料索引、文集篇目索引、语词索引、文句索引、关键词索引、专名索引、主题索引等。

索引种类繁多,这里只举出两类:论文索引和传记资料索引。论文索引是篇目索引中的一种。它可以让你了解某一问题已发表过哪些论文,这些论文发表在什么报刊或收在什么书籍中。

传记资料索引,是把分散在各种文献中的传记资料进行集中的、条理化的揭示,让读者迅速知道某人的传记资料可以在哪些书中找到。

电视连续剧《宰相刘罗锅》播映后,有位记者问:史书上记载的刘墉是怎样的人? 从什么地方可以查到刘墉的生平资料? 其实,只要从《三十三种清代传记综合引得》这部索引中就可查到:

刘墉,1/308/8a;2/26/26a;3/30/la;7/16/13b;20/3/xx;23/32/25a;26/2/4a;29/5/6a。

以上共 8 组数字,说明有 8 种书籍记载着刘墉的事迹(当然只限于 33 种书的范围内:每组数字分三层,第一层是书名的代号,第二层是卷次,第三层是页码。)

(2)利用"检索期刊"

查找文献资料,还可以利用"检索期刊"。通俗地说,检索期刊,就是以期刊形式出版的书目、索引或文摘。它与上面介绍的工具书的主要区别,是连续出版(多数为定期),报道及时。

《全国新书目》(月刊)由中国版本图书馆等单位编辑出版。这是逐月报道全国新书出版情况的检索期刊。20 世纪 90 年代中期一度停刊,1997 年复刊,由新闻出版署信息中心主办,每月发布最新图书书目近千条,选摘新书 15~20 部。

《全国报刊索引》(月刊)由上海图书馆编辑出版,分"哲社版"和"科技版"。该索引逐月报道全国主要报刊发表的论文资料。其中"哲社版"已有机读版——《中文社科报刊篇名数据库》,平均每月录入 1 万余条。

《新华文摘》(月刊)由新华文摘社编辑,人民出版社出版。该刊每月选载全国重要报刊上的文章,或全文转载,或摘录。内容有政法、哲学、经济、历史、文学、文化教育、科技等。该刊不是严格意义上的文摘,而是"文选"加"文摘"。有些文章是全文转载的,属文选;每期都有"论点摘编"专栏,属文摘;"报刊文章篇目辑览"专栏,属篇目索引。还有文学作品、美术作品、"台港澳学术""读书与出版""国内外大事记"等专栏,形式活泼,信息量较大。经常查阅该刊,可大致了解全国的学术动态。

(3)利用"工具书的工具书"

以上仅仅介绍了百科全书、年鉴、词典、书目、索引共 5 类常用工具书。但这远远不能概括工具书所含类型的万一。怎样才能较全面地了解工具书的类型呢? 怎样才能知道解决某种问题有哪些工具书可用呢? 这就要利用"工具书的工具书"。

"工具书的工具书",又称为"工具书指南",是工具书的书目。它能帮助我们了解已经出版了哪些工具书,解决某类问题,是否有相应的工具书可利用,在同类工具书中选用哪本为宜。

目前已出版的工具书指南有很多种,这里仅介绍一种,以见一斑。

《中国工具书大辞典》(正续编)徐祖友、沈益编,福建人民出版社,1990/1996年版。本书介绍了古代至1994年我国出版的工具书2万余种。按照学科内容分类编排,学科内容相同者,再按工具书的类型编排;内容和类型都相同的工具书,按出版时间先后编排。附录有工具书名词术语简释、辞书学论文要目、工具书书名笔画索引。

2.2.3　熟悉字体字号

无论是进行版面设计还是校对,都要熟悉排版印刷字体和字号。这里仅作一般性介绍。

(1)印刷用字的字体

目前使用的印刷字体很多,下面列举最常用的四大类:

宋体字　　　楷体字　　　仿宋字　　　**黑体字**

1)**宋体**

宋体又称老宋体、书报标准体。系明人取法宋刻,并加以严格的规律化而成,后来成为我国最早的铅字字体。这种字体的笔画特点是横平竖直,横轻竖重(横细竖粗),点如爪,撇如刀,字形方整,结构谨严。它给读者的感觉是庄重、大方、稳定。用于正文、标题都适宜。

2)**楷体**

楷体又称活体,间架结构和用笔方法近似手写楷书,柔和悦目。这种字体的铅字创制于1909年。因近似手写,初学文化者易于辨认,故常用来排印小学低年级的课本和一般通俗读物。亦常用于副题、分级标题、编者按语和短文的正文。楷体给人以轻松感,但又有一种涣散感,所以报纸上很少用它排印长篇文章。

3)**仿宋体**

仿宋体模仿宋代精刻本字加工而成。仿宋体铅字创制于1915年,笔画粗细匀称,横笔略向右上角倾斜。这种字体清新秀丽,有书卷气,适宜排印图书的序、跋、图注和报刊上的诗歌、短文、小标题等。报刊发表古体诗词时,有时用仿宋体竖排,并配以"文武边"和栏线装饰,古朴典雅。文件的排版,也常用仿宋体。

4)**黑体**

黑体又称文体字、方头字。笔画粗壮,横竖一致,起笔和落笔处不作装饰且结构紧密,突出醒目,看上去好像比同号的其他字体大得多。常用于标题和重点文句。不宜于排书籍正文和报刊长文,以免黑压压一片,给人以沉重之感。

余也鲁对上述 4 种基本字体曾作过生动的比喻:宋体"朴朴实实,若平民百姓";楷体"柔中带刚,美丽中一派端庄,是女性的";仿宋体"眉清目秀,好像书生";而黑体是"十足男性化的字体,横直一样粗壮,像勇士,屹立如山"。

上述 4 种基本字体,又可派生出各种变体。例如宋体、黑体,可派生出宋、扁宋、长黑、扁黑等;电脑字库中的字体更为丰富,还可以进行各种修饰,如倾斜、镂空、阴影、加底纹、反白等。

(2)印刷用字的大小

印刷用字的大小的计量主要有号数制、点数制和级数制。这里仅对号数制作简单介绍。

号数制是将铅活字大小不同的规格用号数来称谓。基本字号是从一至七,一号又称大号,七号字最小。这种指称方法在我国最为通行。后来人们觉得,每一号之间相差较大,便增添了"小×号"(又称"新×号")。如"小四号"略小于四号,略大于五号;"小五号"略小于五号,略大于六号,大报的正文,一般用小五号字排。

人们嫌一号字还不够大,便又在一号之上增加了初号和小初号;嫌初号不够大,又增加了以"行"为计算单位的字,它的大小,是小五号字的倍数。如"四行宋"一边的长度,相当于小五号一边的四倍。

2.2.4 掌握校对技术

校对是书刊付印之前用以保证出版物质量的最后一道编辑工作程序。校对对保证出版物的质量起着非常重要的作用。

校对的主要任务,是消灭校样上与原稿不符的文字、公式、标点符号、数据图表以及格式等方面的错误,核对校样页码顺序、注文和注码等。消灭版面上的一切错误等。

有的出版社设有专职校对人员,有的出版社则无专职校对人员,校对由编辑或外校负责。但是,无论何种情况,书刊出版均应该坚持"三校一读"制,即除了印刷厂的校对之外,出版社的有关人员均要对文稿校对三次通读一次才可付印。

校对首先应忠实于原稿,不能擅自改动。但是,我们又提倡校对人员要有质疑的态度。如果发现原稿上有疑问(这是经常会遇到的),可以用铅笔在校样上写下具体的处理意见,由编辑最后决定(有时还要和作者商量)。

校对程序和校对方法将在后续内容作介绍,此处不赘述。

【案例分析与实训】

1.叶子铭先生在为《编辑家茅盾评传》写的序文中说:"翻开一部中国现代文学史、文化史,我们会发现许多著名的作家、文艺评论家、思想家同时也是卓有成就的资深编辑。"你怎么理解这句话?

2.日本著名的少儿出版人松居直说过,他编少儿科普读物的目的不是为了向孩子们传输知识,而是要让孩子们通过阅读有趣的科普读物,从小就受到科学精神的熏染。从而激发出对科学的热爱和对科学知识探究的欲望。科学知识孩子在学校中会逐步学到,但对科学的热爱却是要从小培养。这样的编辑理念正确吗? 体现了编辑的什么素养?

【综合实训】

根据文中所阐述的编辑的几项基本技能知识,到图书馆查阅书籍,如有不规范处请予以记录,并写出查阅报告。

【课外拓展】

课外与某位资深编辑进行交流,了解其职业素质与职业技能,并分析如何培养自己的编辑素质和能力,试列出自己的3个以上想法。

模块3

编辑的信息采集与选题策划

学习目标

知识目标

1.识记编辑采集信息的内容；

2.掌握信息采集的途径和利用信息的方法；

3.了解选题的基本概念；

4.理解选题的要素；

5.掌握图书选题策划的程序和基本方法。

能力目标

1.能运用相关知识采集图书选题信息；

2.能够分析图书选题的基本要素；

3.能够利用所采集到的信息初步进行选题策划。

任务 1　采集选题信息

【案例导入】

《人民就是江山——庆祝中华人民共和国成立 70 周年连环画集》西安首发

2019 年 7 月 28 日,中国美术出版总社《人民就是江山——庆祝中华人民共和国成立 70 周年连环画集》(以下简称《人民就是江山》)首发式暨主题访谈活动举行。

在庆祝中华人民共和国成立 70 周年之际,用连环画的形式开启回望与前瞻的窗口,《人民就是江山》的出版在中国美术出版总社内部也经历了一场思想洗礼。

2018 年年底,中国美术出版总社社长周伟提出,要做一套连环画,作为庆祝中华人民共和国成立 70 周年的献礼书,并且"规模要大,文学水平要高,要有新作品"。作为国庆 70 周年献礼书,这部连环画集的出版比以往任何一次要求都高。首先是书的命名。书名决定了书的定位、内容和体量。经过反复讨论,确定从老一辈革命家习仲勋"江山就是人民,人民就是江山"这句话中选取后半句,即以"人民就是江山"作为这部连环画的书名。《人民就是江山》就是力求用一本本图文并貌的连环画,记录时代留下的一个个典型形象和典型环境,串联起 70 年的光辉岁月。

编辑刘泽介绍,选择的标准就是"人民"二字。这套连环画选材涉及的人物,既有人民公仆、英雄模范、科学家、体育健儿,也有普通百姓,表现中华人民共和国成立 70 来不同行业的建设者们的辉煌成就及感人事迹。

2018 年 1 月,《人民就是江山》通过了选题立项,紧接着就是推敲体例、精选作品。经过编辑们的反复讨论,根据中华人民共和国 70 年发展历程,对连环画精品作梳理归纳,将该书体例确定为"见证""筑梦""情怀""风采""记忆"五辑共 50 册。

在这 50 册作品中,有很多曾多次荣获全国性大奖,以较高的艺术价值和广泛的影响力载入当代中国美术史册,如"风采"里的《中国女排》《飞向太空梦——杨利伟》《金牌工人——许振超》,"记忆"里的《沸腾的群山》《我们村里的年轻人》,"情怀"里的《朝阳沟》《红嫂》,"见证"里的《高山下的花环》,以及"筑梦"里的《人民公仆孔繁森》《贴心民警邱娥国》《太行新愚公李保国》等。这些作品中的主人公社会知名度高,以他们为题材创作的连环画影响了几代中国读者的成长。

《人民就是江山》也体现出新的时代气象。首先是加入了《太行新愚公李保国》《贴心民警邱娥国》等新作品。此外在装帧设计上,适应新一代读者的审美需求,采用红、蓝、绿、紫、褐五种色彩代表五个专辑,并把代表人物形象作为封盒的正面图像,增强了视觉冲击力,这一大胆的尝试得到了读者的认可。

思考:在这个案例中,《人民就是江山——庆祝中华人民共和国成立70周年连环画集》的选题策划在前期搜集了哪些必要的信息?

【课程内容】

信息科学认为,信息是物质的普遍属性,是一种客观存在的物质运动形式[①]。随着社会的发展和科学技术的进步,人类对信息的认识和利用日趋深入和广泛。当下,人类已经进入信息社会,信息成为社会发展中的一个主导因素,信息资源的地位与作用空前凸显,政治、经济、文化的进步发展都离不开信息。

对编辑工作而言,信息采集是选题策划的直接基础和重要依据。在瞬息万变的信息时代,编辑必须细心留意、主动把握各种社会信息,从中发现、调整、确定选题。选题是对采集到的信息进行提炼、集中、升华的结果。因此,采集信息是为出版物的选题策划在信息资源方面作准备的工作,而选题信息是指选题赖以产生的那一部分信息,或者说是对选题策划有用的那一部分信息[②]。

3.1.1 编辑采集信息的内容

选题往往源于编辑在信息采集过程中产生的某种意向。在采集信息并对这些信息进行整理、加工的基础上,通过对读者需求、市场前景、自身条件等诸多因素的考量,一个选题的雏形才得以形成。

一般情况下,为出版物的选题策划而采集的信息主要包括以下方面:

(1)社会信息

现代社会,发展速度加快,社会变化的节奏也在加快。为紧跟社会发展的步伐,编辑不能闭门造车,必须时刻追逐最新的社会信息。很难想象,一个不接触社会、不接受新生事物、离群索居、孤陋寡闻的编辑,能具有对信息敏锐的感受力、判断力和洞察力,能寻找到独具特色、适销对路的好选题。这就要求编辑比较全面地采集并比较准确地掌握一定时期国内外政治、经济、文化等各个方面的最新动态与

---

① 郭庆光.传播学教程[M].北京:中国人民大学出版社,1999:4.
② 易图强.图书选题策划导论[M].北京:中国人民大学出版社,2009:283.

发展趋势,以此为参照,编辑才能具有宏观的眼界和先进的思想,及时体现社会发展的最新面貌,及时引导社会发展的正确方向,从而不断找到适应或引领社会需求的选题。

【案例 3.1】

2018 年,一批反映改革开放 40 年主题的图书集中出版发行,既有理论读物,也有大众普及性读物;既有对改革开放历史的回顾与记录,也有对改革开放宝贵经验的总结;既有各领域知名专家的解读,也有普通人生动的回忆,题材丰富多彩、形式多种多样,成为纪念改革开放 40 周年的一道亮丽风景。如:中国统计出版社出版的《改革开放 40 年》用数据和图表盘点 40 年经济社会发生的巨大变化,见证 40 年改革开放的坚定步伐;新华出版社出版的《巨变:改革开放 40 年中国记忆》选取了800 多幅珍贵照片,生动展示了改革开放 40 年来中国代表性城市乡镇的巨大变迁;中国社科出版社出版的《四十不惑:中国改革开放发展经验分享》,以通俗易懂的语言解释了中国改革开放的内在逻辑和经济学原理;山东画报出版社出版的《中国时刻:40 年 400 个难忘的瞬间》以 400 幅经典图片反映中国 40 年发展历程。

(2)科学文化信息

反映科学技术、文化思潮及各门类学科的发展变化是出版物的一个功能。科学文化信息的含量大小、层次深浅,直接关系到出版物的内容高低、质量好坏。当今科技的飞速发展和文化的日益繁荣,需要编辑自身具有领先的各学科专业水准和对本专业、本行业发展趋势的积极探索意识。因此,编辑不仅要及时采集与出版物内容直接或间接相关的国内外科学文化的总体发展信息,还要对自己专业学科领域的前沿信息有精准的把握。这样一来,编辑也才能具备既"博"又"专"的科学文化素养。

【案例 3.2】

从 2019 年全国图书选题分析情况来看,在科技选题上,大部分出版单位能够把握时代脉搏,密切注意科技热点动向,既紧盯具有国际领先水平或国内一流水平的研究成果,又重视对科普知识的推广。以围绕"健康中国"主题的选题为例,既有研究性专著,如人民卫生出版社的《实用临床药物治疗学》、上海交通大学出版社的《精准医学出版工程》;又有多角度为医药行业和家庭提供医疗知识的选题,如人民卫生出版社的《基层合理用药指导丛书》《康复治疗师临床工作指南》,华龄出版社的《老年健康生活》,北京出版社的《梅奥家庭医学丛书》;还有深度挖掘传统医学宝藏,如中医古籍出版社的《流失海外中医珍善本丛书》、科学出版社的《〈本草纲目〉研究集成》、人民卫生出版社的《全国名老中医药专家学术传承系列》、广西科学技术出版社的《广西中药民族药资源大典》等。

(3)出版市场信息

改革开放以来,我国出版业得到快速发展。特别是党的"十六大"以来,出版市场主体逐步形成,产业规模迅速壮大,产业结构日趋合理。随着出版市场逐渐繁荣和出版竞争日益激烈,为了做到选题的"人无我有,人有我优",编辑需要在第一时间了解各类出版物的出版信息,如出版物目录、出版物评论、出版物市场需求、出版物价格、出版统计资料等。当下,在新闻出版产业"走出去"战略的推动下,我国出版业对外贸易、版权输出、合作出版的力度空前加大。因此,要加入到国际出版市场的竞争中去,开展全方位的国际文化合作,还必须掌握并研究国际出版信息,为我所用。

【案例3.3】

2019年,外文出版社推出《论语》(中英双语·诵读版)。《论语》是一部中国儒学经典著作,习近平总书记在很多重要讲话中都曾引用《论语》经典原文。《论语》(中英双语·诵读版)是国内第一部中英双语《论语》音频书,该书将传统出版与新兴媒体相融合,除了极具中国风的内文版式设计和插画,还配备了英汉双语音频,让古老的经典借助现代科技焕发出新的活力。新中国成立70周年之际,该书中英诵读版的推出是对外传播领域的一次创新性尝试,读者可以用英语表达《论语》中的名言,向全世界传播中国文化与文明。

(4)竞争对手信息

竞争是市场经济的基本特征之一。"知己知彼,百战不殆"。出版的竞争,说到底是选题的竞争;而选题的竞争,说到底是信息的竞争[①]。竞争对手的信息便是其中重要的一类信息,包括存在竞争关系的其他出版单位的出版规模、品种构成、出版特色、经济实力、出版策略、竞争战略、出版计划等。特别要注意的是,竞争对手之间的竞争首先就集中表现在同类出版物上。所以,对竞争对手所出版的同类出版物的销售情况、读者反映、市场分布等进行调查摸底,掌握其市场占有率、读者构成、装帧形式、价格定位等方面的信息然后加以分析、甄别和判断,对于发掘尚未

---

① 易图强.图书选题策划导论[M].北京:中国人民大学出版社,2009:285.

被占领的市场空间,确定自己的选题方向,具有举足轻重的作用。

【案例3.4】

由浙江教育出版社出版、林崇德教授主编的《中国少年儿童百科全书》,曾经风靡书市,多次被评为全国优秀畅销书,累计销售超过 300 万套,被称为 80 后、90 后的"百度百科"。2017 年,浙江教育出版社和北师大再度联手,升级换代后的经典版中少百科重新出版。浙江教育出版社是 1983 年从浙江人民社划分出来的一家专业出版社。1986 年国内已出版或正在编写的不同名目的"少儿百科"至少有 7 种,但不是成人百科的缩小版就是翻译引进版,没有一部是中国自己的少儿百科全书。正是基于这一点,1987 年浙江教育出版社提出了《中国少儿百科全书》的选题,恰在此时,青年编辑邱连根在成都获悉北师大拟编写一部《中国少儿百科全书》的信息,为社里酝酿已久的选题找到了求之不得的高质量的作者资源。正在北京组稿的资深编辑许乃征当天到北师大与主编林崇德教授达成口头协议,正式约稿,北师大交叉学科研究会立即组织作者编写计划纲要,至此《中国少儿百科全书》的选题开始正式启动。截至 2006 年底,《中国少儿百科全书》3 次大改版,42 次印刷,发行量超过 300 万套,创下了同类书销售之最,不仅填补了少儿百科图书出版的空白,产生了极大的社会影响,同时也创造了可观的经济效益。2017 年 5 月,新版《中国少儿百科全书》问世,截至 2018 年 11 月,发货已超 6 万套。依托于浙江教育出版社已有的数字出版平台"青云在线"和新媒体平台"青云端",新版《中国少儿百科全书》可以实现更多的互动功能,如知识竞答活动等。

(5)作者信息

从选题的角度出发,编辑需要精心采集作者的相关信息,包括姓名、联系方式、工作简历、主要成果及代表作、写作优势及风格、研究或写作计划、性格爱好等。作者信息必须靠积累,这其中既要有知名作者,也要有刚冒头的作者;既要有熟识的作者,也要有值得关注和结识的作者。更重要的是,编辑要善于发现作者、挖掘作者,真诚地与作者交朋友,由此建立起自己的作者库,定时对作者群的分布情况、结构情况等内容进行更新,以便从作者中获得新选题,为选题找到合适的作者。

【案例3.5】

2018 年江苏人民出版社推出《邓小平在1984》,以 1984 年中华人民共和国成立 35 周年为节点,多视角记述了改革开放总设计师邓小平的丰功伟绩。作者刘金田在回忆《邓小平在1984》的出版故事时说:"两年前,我在江苏人民出版社出了一本《邓小平与第二次历史决议》。这本书出版以后,江苏人民出版社的领导在一起交流的时候,他们开始策划并希望我能写一本庆祝改革开放40周年的书。这与我的想法不谋而合,因为我做邓小平研究大约有20年了,编辑过《邓小平文选》的第三卷,写过邓小平的传,写过邓小平的年谱,写过邓小平的电视剧、电影。所以他们找到我,我也想把我了解的邓小平写出来,就形成了今天我写的这本书《邓小平在1984》。"

(6)读者信息

编辑是连接作者与读者的桥梁,同时读者也是编辑的服务对象。编辑需要掌握的读者信息主要包括读者的需求信息和读者的反馈信息。读者对出版物的需求具有多样化的特点,编辑应根据年龄、性别、职业、学历、地域等标准对读者群进行划分,并有针对性地进行选题策划。而读者的反馈信息,无论是对某一个别出版物的看法,对某种类别出版物的反响,对某个阶段出版物的总体评价,还是对出版单位的整体认知,都对编辑工作起着尤为关键的调控作用。可见,读者信息不仅反映出读者的现实需求,还昭示出编辑工作的未来努力方向。

【案例3.6】

随着社会经济的快速发展和人民生活水平的不断提高,近年来出版界出版了一批养生保健类图书,基本满足了读者的阅读需求。不管是针对中老年、孕产妇等特殊人群的图书,还是人人适宜的普及型健康读物,各类养生保健类图书成为生活出版领域最受关注的主题。但也有少数出版社出版的养生保健类图书在社会上引发争议。例如2009年11月出版的《把吃出来的病吃回去》是一本销量百万的养生畅销书,其作者后来却被媒体披露并无医师资质。为了保障读者权益、满足读者需求,2010年6月9日,新闻出版总署表示将采取四项措施,通过评选推荐、资质管理、定期检测、加强审读等办法规范养生书市场。

3.1.2 编辑采集信息的途径

要想获得以上各个方面的信息,编辑必须注意拓宽获取信息的渠道。常用的途径包括采集直接信息的途径与采集间接信息的途径,以下分而述之。

(1)采集直接信息的途径

1)出版物交易场所调研

这是编辑获取第一手信息的主要途径。各种类型、各种规模的出版物零售店、书市、书展、图书订货会等,都属于出版物交易场所。逛书店、报刊亭,向店员、读者作口头或问卷调查;到全国书市、全国性图书订货会上进行出版物调研,了解出版社实力;参与国际性书展,获取国际出版业动向,这些都是编辑采集选题信息的惯用方式。国内重要的书市、图书订货会有全国图书交易博览会、北京图书订货会、长沙图书交易会、上海图书交易会等;国际图书博览会(书展)主要有德国法兰克福国际图书博览会、日本东京国际书展、美国书展、意大利皮洛尼亚儿童书展、香港图书博览会、台北书展、英国伦敦国际书展、阿根廷布宜诺斯艾利斯国际书展等。

【案例3.7】

曾成功策划出畅销书《弹痕》《第五部队》等军事题材小说的策划人魏童认为,促使他决定把军事题材文学作品作为选题开发主要方向的一个原因,就是逛书店时及时捕捉到了军事题材图书深受读者欢迎的出版趋势。

2)人际交往

在编辑采集直接信息的过程中,人际交往具有无可比拟的优势。在与作者的密切交往中获得选题的灵感,在与读者的互动中搜集选题的线索,在与出版界等社会各界朋友的联系中广泛接触各方面信息,在参加学术会议、社会活动的经历中扩展人际交往面,都能为编辑的选题工作提供潜在资源或直接帮助。

【案例3.8】

2018年,作为中宣部年度重点主题读物的《试点:改革的中国经验》出版。该书系统梳理了我党从陕甘宁边区建设时期以来开展试点改革的情况,提炼其对我国建设发展的规律性经验,以及对其他国家改革发展的启示。作者郑剑在介绍《试点:中国的改革经验》一书的面世过程和体会时说:"我们这本书的作者和编辑为什么能走到一起来?是因为一个共同目标,就是纪念改革开放。这批年轻人为什么能力这么强,表现这么棒,也得益于改革开放,他们是改革开放中成长起来的一代新人。"

(2)采集间接信息的途径

1)关注大众传媒

在信息时代,大众传媒已经全面渗透到人类生活的方方面面。由于报纸、期刊、广播、电视、互联网等大众传媒传递的间接信息具有及时、广泛、权威、深入等特性,它们成为了选题工作的"千里眼""顺风耳":在第一时间了解国内外大事、方针政策、学科动向、行业信息,浏览最新书目、介绍和评论,掌握销售数字、畅销排行、统计资料等。尤其是互联网的普及,为编辑的信息采集提供了极大的便利。

【案例 3.9】

随着读者的成熟与图书市场竞争的激烈,图书选题策划的视线开始转移到电视栏目上,将电视栏目的品牌效应转借到图书上。从央视的《东方时空》《焦点访谈》到《新闻会客厅》《新闻调查》等,以及地方台许多名牌栏目,均纷纷结集成书。此外,专题性电视栏目也是图书选题的重要资源,其中的佼佼者非央视《百家讲坛》莫属。阎崇年的《正说清朝十二帝》、刘心武的《揭秘〈红楼梦〉》、易中天的《品三国》、于丹的《〈论语〉心得》等,本本畅销,也掀起了精品电视栏目出书高潮,充分展现出电视栏目与图书联袂的发展潜力。

2)文献检索

图书馆、档案馆、情报所、政府机关、研究所、出版单位的资料室、大学相关专业以及一些专门为出版业提供服务的信息中心,储存着大量的传统文献和电子文献,是编辑获取信息的重要来源。

【案例 3.10】

2021 年是中国共产党成立 100 周年,各出版社围绕这一主题进行出版布局,其中的选题策划之一就是在挖掘整理党史文献上发力。人民出版社的《中国共产党党报史话(10 卷本)》从党报的角度切入,全面展示了中国共产党从建立到发展壮大的历史进程;该社《中国共产党百年纪检监察大典》(8 卷)全面梳理了百年来中国共产党纪检监察的发展脉络;河北教育出版社的《解密档案——从建党到建国》全面、系统地使用共产国际解密档案中的珍贵史料;福建人民出版社的《福建中央苏区口述史》对尘封多年的史料作系统整理与研究,从民众角度丰富了福建中央苏区史;安徽教育出版社的《中国共产党根据地解放区书目史料丛刊(4 卷)》为国家社科基金项目研究成果,全面阐述了革命时期中共领导的出版机构的发展历史;广东人民出版社的《1921—1949 年广东珍贵革命历史文献汇集》分辑汇编了革命时期广东地区共产党发展历程中的革命文献;湖北人民出版社的《中国共产党湖北革命历史文件汇编(1921—2021)》(50 卷),全面展现了党在湖北各个时期的重大决策历程。

3)专业市场调查

信息采集工作除编辑或出版单位自行完成外,还可以委托专业的市场调查机构,如市场调查公司、版权代理公司、图书信息咨询公司、出版经纪公司等。这种机构在国外早已出现,国内的北京开卷信息技术有限公司是全球最大规模从事中文图书市场零售数据连续跟踪服务的专业公司,保持着国内图书产业信息和咨询服务第一提供商的专业地位。

【案例3.11】

2018年,"广西出版60年60种好书"集结了广西壮族自治区成立60周年来出版的最优秀的桂版图书。60种好书既包括《百鸟衣》、"少儿万有经典文库"系列图书这样的新作精品,也包括《订单——方圆故事》、《万物简史》、"神脑聪仔"系列卡通丛书等获得世界级或国家级大奖的图书。以"神脑聪仔"系列卡通丛书为例,接力出版社成立之初,委托广东一家广告公司进行中国卡通市场的品牌定位调查,为其进入中国动画出版市场起到了重要作用。后来接力出版社又委托开卷图书市场研究所对"神脑聪仔"卡通系列的认知度、阅读度、接受率以及儿童卡通消费心理等主题进行了广泛的市场调查,参考调查结果而后出版"神脑聪仔"。"神脑聪仔"系列图书曾获得第三届国家图书奖、第五届全国优秀少儿读物编辑奖,奠定了接力出版社成为全国五大卡通基地之一的基础。

3.1.3　编辑信息的利用方法

广开信息渠道,全面收集各类信息之后,就要对收集到的信息进行筛选、分析、加工、存储,并使信息为我所用,把有用的信息运用到选题策划之中,实现信息到选题的转化。

（1）筛选

信息时代,在信息爆炸的同时,信息超载、信息过剩等问题也随之而来。因而编辑采集的信息往往是零散的、杂乱的、鱼龙混杂的,必须经过一个去伪存真、去粗取精的过程,把其中虚假的、过时的、重复的、多余的信息剔除出去,留下对选题有价值的信息。这个过程要求编辑具有精准的眼光和专业的态度,进行严格的识别、整理、核实、提炼,避免盲目性和片面性。

（2）加工

在筛选的基础上,对信息进行整理、组合、分析,由表及里、由此及彼地形成系统的、有序的信息资料,生产出价值含量高、方便利用的二次信息,这就是信息的加工。经过相关技术处理,加工过的信息还可以制成统计分析表、几率分布图、数据分析表、趋势走向图等,以直观的形式指导实际的选题工作。

【案例 3.12】

人民文学出版社在策划部中设专人专项,对每月人文版图书以及同类书的书店销售情况进行搜集整理,形成表格、报告。数据主要分为出版前同类书的调查跟踪以及出版后的销售跟踪,最常提供的是各大书城前 100 名出版社销售情况排行榜以及本版书目销售情况排行榜。

(3)存储

由于信息具有无限使用的特性,而且有的信息当即使用,有的信息日后使用,有的信息还可以反复使用,所以信息的存储是一个着眼于长远的工作。随着信息存储技术的进步,其存储设备已从以前的纸质卡片,演变为计算机或其他磁、光、电介质存储器。因此,编辑除熟练掌握现代信息存储手段外,还必须建立分门别类的数据库,如社会信息库、科学文化信息库、出版市场信息库、竞争对手信息库、作者信息库、读者信息库等。这些都是有形存储,还有一种无形存储,那便是存储在编辑的头脑中。无形存储在利用时同样得心应手。

(4)使用

把采集来的信息进行筛选、加工、存储,为的就是很好地使用这些信息。更为重要的是,使用信息这个步骤延伸下去,便是选题策划的开端。为了使单个的、静止的、孤立的信息互相融合、互动、碰撞出火花,编辑要努力做到融会贯通、举一反三,不因循守旧,不故步自封,在信息使用过程中以编辑目的为参照,注意编辑经验的积累和多种信息的交融,将思维作多元化、多角度的延伸,将信息化成求新求变的理念,化成丰富的想象力,从而为选题策划和其他编辑工作做好准备①。

【案例 3.13】

2018 年,机械工业出版社图书产业销售收入首次突破 10 亿大关,在"日出十书、日销十万册"品牌特色的支撑下,年销售码洋突破 16 亿。机械工业出版社从 2000 年 3 月开始成立市场部,由市场研究中心负责整个出版社的市场信息反馈工作及战略规划和分析,从全国经销机工版图书的主要书店获取本版图书动销情况,然后对这些第一手的销售数据进行分析。比如各品种的动销码洋以及定价、动滞

---

① 中国编辑学会,全国出版专业职业资格考试办公室.出版专业实务:中级[M].2007 年版.上海:上海辞书出版社,2009:11.

销百分比等,并列出相关类别图书在主要地区或书店的销售排行,每月编制一份《市场简报》分发给社领导和各个编辑室,每半年在简报基础之上作出一份完整的分析报告,内容包括对自身的核心竞争能力分析、产品销售分析、相关产品领域的类别分析、竞争对手的态势分析等。市场部为编辑部选题策划提供量化依据和建议,为发行部有效控制市场销售,避免不必要的库存和重印等方面,都起到了一定作用。

【案例分析与实训】

中国建筑工业出版社在策划一套岩土工程图书选题时,首先在网上调查已有岩土工程专业图书的情况,发现一些经典手册出版时间都比较早,有些甚至已经不卖了,而新的图书大多都是单册出版,系统性不够。为了解读者对这些图书的反映,中国建筑工业出版社利用各种与专业人员接触的机会,征询他们对目前图书市场的看法。

通过调研了解到以下信息:工作时间较长的技术人员在工作中经常翻阅的主要是经典手册,但由于长时间没有修订,碰到一些新问题没有合适的参考资料;一些一线的工程技术人员平时忙于工程,没有太多的时间看书,但希望能有些具备案例内容的图书,在需要的时候可以参考,详细介绍新技术的图书也受他们关注;一些刚工作不久的技术人员在开始独立承担项目时,还是有很多情况不知道如何处理,目前的图书有关这方面的内容很少。

根据所了解到的初步信息,中国建筑工业出版社首先形成初步的选题思路,设计了调查问卷,进行进一步的调研。

这一阶段主要通过座谈会形式进行专门调研。中国建筑工业出版社在国内不同地区走访了一些有代表性的科研院所及设计院,参加座谈会的都是这些单位的一线技术人员,也是该图书的主要读者。为保证座谈会议题的集中,中国建筑工业出版社事先将调查表传给他们,然后再召开座谈会,听取他们对选题内容的一些建议和意见。

此外,中国建筑工业出版社还利用参加专业会议的机会,对参会人员也发了调查表并收回调查结果。这种方式主要是为了扩大调研范围,增加反馈的调查表的数量,是对座谈会调研的一种补充。

通过这两种方式,中国建筑工业出版社收回几十份调查表,再对返回的调查表信息进行详细的分析后,对初步的选题方向进行了重新调整,形成了新的选题方案。

最后,将新的选题方案再作一次调研。这次的调研对象以专家为主,他们既能为选题内容最后把关,也是该社的潜在作者。通过这种方式,最终确定了选题内容及作者。

在这个案例中,中国建筑工业出版社为策划一套岩土工程图书选题,分别调动了哪几种途径来采集相关信息? 采集到的信息主要包括哪几类? 这些信息又在选题的确定过程中起到了什么作用?

任务2　策划出版物选题

【案例导入】

不断优化选题——外研社快速发展的关键原因之一

20 世纪 90 年代伊始,社长李朋义提出"优化选题,在夹缝中求生存,以质量求发展,向特色要效益"的方针,要求全体编辑人员树立市场观念,做到心中有读者,眼中有市场。在此思想指导下,外研社深入调查研究,力革图书品种芜杂、选题平庸的积弊,优化图书选题,出版了一批精品图书,如《许国璋英语》《大学英语教程》《英语口语教程》《英语听力教程》等,取得了每种图书年销售数十万册的佳绩。1995 年,李朋义提出"选题是出版社的生命线",提出在选题策划上,强化精品意识,靠精品群体去赢得市场;在选题开发上,讲究超前而不滞后,创新而不守旧,开拓而不仿效;在选题特色上,充分发挥资源优势;在品牌规模上,力求打造系列成套的图书品种。对于"精品战略",李朋义曾形象地将其比喻为多播"龙种",少留平庸。通过产品系列化、精品化,外研社逐步形成了品牌规模与专业特色。1996 年,第一批"书虫·牛津英汉双语读物"系列图书出版,至今已销售上千万册。1997 年,由外研社与英国朗文出版集团两家共同策划选题,共同邀请中英两国专家修订,出版后共同进行市场推广的《新概念英语》出版至今,据不完全统计已销售 700 多万册。2019 年又推出"一书一码"版,扫码后可获取正版音频。2002 年,《新编大学英语》《新视野大学英语》《现代大学英语》《新编大学德语教程》《当代大学英语》等 20 种教材入选普通高等教育"十五"国家级规划教材。外研社超常规发展起来。2013 年发布面向全年龄段的"阅读季"计划,提供从启蒙阅读、分级阅读到通识阅读、专业阅读的解决方案。2018 年 10 月,外研社第三次入选"首都文化企业 30 强"。2019 年 8 月,入选 2019—2020 年度国家文化出口重点企业。被评为国家一级出版社。

外研社不仅从高等英语教材向基础英语教材、职教英语教材、对外汉语、少儿出版等领域扩展,还积极运用现代信息技术,为用户提供更丰富立体的教与学资源。同时,外研社陆续成立了中国英语阅读研究院、中国外语测评中心、中国外语教材研究中心等教研机构,让自己拥有持续发展能力。发行码洋从 1990 年的

1 000万元发展到1999年的3.6亿元,从2009年的19.2亿元到2019年的33亿元。外研社用脚踏实地的发展创造了令人称道的"外研奇迹",被国内媒体称为中国外语图书市场上"真正意义的产业领导者",被国外媒体称为"中国出版改革与发展的缩影"。

外研社超常规发展给我们的启示最主要的是什么?

【课程内容】

选择——把关是现代编辑的最重要特征。随着出版物的品种增多,市场竞争更加激烈。从选内容、选作者到选材料、选作品等都离不开编辑的"选择"。编辑工作的日益社会化,原来由编辑承担的任务,编辑加工、校对等,有一部分可委托别人代做,唯独选题的策划、稿件的选择别人只能协助而不能代替编辑作出决定。一个出版社的成败受多种因素的制约,但归根到底取决于选题策划和稿件选择。稿件的选择也与选题和采取信息息息相关。编辑在掌握了大量信息的基础上,就可以进行选题的策划和稿件的选择了。

3.2.1 选题策划的概念和要素

(1)选题概念

选题概念具有多义性。狭义的选题,指所出图书(作品)的题目。随着市场经济体制越来越占据主导地位,从而引起选题概念内涵的深化。选题是编辑出版工作的第一步,是起点,如果没有选题这个起点,就没有后面一环扣一环的工作;选题又是整个编辑出版工作的基础,制约着全部编辑出版过程,是统帅整个编辑出版工作的灵魂。

广义的选题有3个层面的内容:一是指出书的题目和构想,是一本书或一套书的主题思想、主要内容和书名的总体设计;亦指出版社为准备编辑出版的图书或杂志文章所预先拟订的题目及内容要点。二是指选题计划,即按照一定的出版观念和编辑方针对出版社的全部选题进行的总体安排和整体部署。选题计划决定着出版社的发展方向,选题计划的意义对于出版社犹如生命,它不仅决定本社事业的成败,而且出色的计划可提高整个社会出版文化的水平。三是指策划者(编辑)为了完成某项特定的出版任务而主动进行的有意识、有目的的编辑策划活动,因此又称为选题策划、选题设计。①

①② 苗遂奇.现代出版选题学引论[M].苏州:苏州大学出版社,2005.

（2）选题的构成要素②

选题构成的要素主要包括下面6个方面（以图书选题为例）。

1）题目和书名

题目即选题的名称,是反映图书主题内容、风格类型和写作特点的标志性构成要素。书名是图书出版时所呈示给读者的名称。题目和书名有时候不一样,但题目与书名存在着某种内在的一致性和关联性。著名心理学家西奥迪尼在《说服力》中有这样一段话:"不要低估了简洁的影响力。即便是名字上的简洁,也能有意想不到的收获。然而,人们常常只看重事物本身的影响力,忽略了名称的重要性。要知道,名称可是你们最先接触到的信息。"书名是整个图书策划的重要部分,因为对读者来说,书名是一个最直接、最简单、最有效的认知方式,书名会透露书的内容,激活读者的想象,唤起读者的阅读欲望,建立读者对书的预期,当然就会引发购买行为。一本书能否畅销,书名非常关键。好的书名不仅能推动书的销售,甚至能将滞销书变为畅销书。日本出版者井狩男春在其所著的《这书要卖100万:畅销书经验法则100招》中就指出:不能成为畅销书的失败原因大多出在书名,不少图书光靠书名就能成为畅销书。

【案例3.14】

世界推理小说三大宗师之一松本清张的代表作《球形的荒野》引进我国多年来备受冷落。后来出版者仅将书名改成《一个背叛日本的日本人》,封面重新设计为纯白背景下一面血红的旗帜被一把刀硬生生划出一道口子,该书就跻身畅销书行列。因为该书名准确概括了故事内涵,简单、清晰。

【案例3.15】

读客图书公司将一本介绍西藏文化的小说《最后的神庙》,改名为《藏地密码》,清晰传达了小说内容,全套八本书,销量已超过400万册。《藏地密码》这个书名,利用了书名制胜的几个关键点,一是寄生在西藏这个大品牌上,书名中的藏地意指西藏;二是在书名中植入购买关键词,《藏地密码》卖的是"藏地"这个关键词;三是书名简洁、神秘。

2）读者与购买对象

读者即具有阅读能力的人。在市场经济条件下,读者的阅读趣味便是选题开发者的风向标。购买对象就是具有购买能力的读者,读者可以转化为购买对象,图书选题开发者最终锁定的目标也是购买对象。对读者而言,他们也许并不太在乎是哪家出版社在满足他们的阅读需求;而对选题开发者而言,他们必须对所开发选题的目标读者和潜在读者的阅读兴趣有足够的了解,以此确定该选题的特殊制作要求和目的。读者来信、意见、反馈是非常重要的,所以,要建立一个良好的信息反馈渠道,有一套严格的信息处理制度。策划编辑更要具备对读者意见的敏感性,长久重视,不断改进,不断积累。

【案例 3.16】

上海世纪出版集团的"上海系列"丛书,就是因为牢牢抓住了生活、工作在上海这个国际大都市的海外人士的庞大需求,得以一举成功。上海的发展为全球提供了巨大的机遇,正吸引着越来越多世界各国人士及知名企业的关注。而随着经济社会的发展,越来越多的外国人来上海投资、经商、办学、留学,与中国人一起分享中国经济发展所创造的各种机会。为此,有必要出版一系列能够全面介绍上海的发展状况,为前往上海工作生活的人士提供全方位衣食住行指导的图书,以便于世界各地人士更好地了解上海、认识上海,为他们到上海投资、工作、求学、旅行、生活提供参考。"上海系列"是对当今上海发展状况进行全景介绍的一套丛书。丛书包括《上海产业》《上海金融》《上海城市规划》《上海教育》《上海浦东》《上海世博》《上海手册》,共 7 种。各书的内容全面,数据翔实,信息新颖,具有很强的前瞻性,受到读者的欢迎。

3)编辑意图与编辑形式

编辑意图与编辑形式既是选题开发所要实现的宗旨目标,又是引导选题达到其预期目标的方法手段。一个好的选题必须体现出版编辑明确的编辑意图,也必须以一定的编辑形式来确保其意图的真正实现。

【案例 3.17】

开发《唐诗三百首》,有的出版社是为专业研究人员开发的,对版本、注释、开本、版式、繁简字体都有很专业的考虑;有的出版社是为大众普及准备的,就在开本、版式、注释、译文、插图、繁简体字上作了大众化的安排。

4)主题内容

主题内容主要是针对选题本身所属的学科门类、知识层次和语体特征而言的,这是选题开发者把握某一选题主旨内容的基本部分,是选题构成的基本要素。

【案例 3.18】

"家是最小国,国是千万家",注重家庭、家教、家风同样是家国情怀主题选题的重要组成。2019 年出版相关图书选题善于挖掘古今圣贤和文人志士智慧,给今人提供教子的名言、治家的良方。中国古代的家庭教育中,家长往往通过家训、家书的形式,向后代灌输古圣先贤的思想,勉励后代确立坚定的志向,选择正当的处世之道。商务印书馆出版的《中国古代家训三百篇》从上起汉代、下至清末的历代圣贤的家训和家书中,撷采能体现中华很好传统文化、民族精神和很富教育意义的内容,分立志、气节、修身、为学、处世、节俭和治家七个单元,编成三百篇。每篇家训配有"解题"介绍作者概况,"译文"帮助读者理解原文,"评点"指出其文化内涵和现实意义。本书为读者提供了教子的名言、治家的良方和处世的箴言。

5)作者与写作要求

选题开发者设计、构思某一选题的过程,也是选择和确定作者以及对作者提出写作要求的过程。对选题策划者来说,能够物色到合适的作者,选题就成功了一半。一些重要选题的构思都是与作者密不可分的,即使一些选题一时没有确定作者,也应有写作上的具体要求。编辑是作者和读者之间的桥梁,是两者之间的组织者。选题策划者对著作界动态、作者的理论修养、专业水平、写作能力和风格,以及工作条件、个人特点等,要尽可能了解清楚,以便为选题策划选择作者提供依据。

【案例 3.19】

黑龙江少年儿童出版社出版的《音乐漂流瓶》是一本专门为中国琴童打造的音乐励志书。它的策划目的是让中国的琴童走出功利误区,真正地在快乐中学习音乐。该书自出版以来,儿童文学专家、音乐爱好者、普通读者、琴童及家长,都给予了极高的评价。读了这本书,很多琴童的状态发生了改变。这本书的成功 90%来自该书的作者——著名作家肖复兴。肖复兴是中国当代作家中为数不多的几位堪称"骨灰级"的爱乐人士之一。由于他在国内享有很高的声誉,很多读者喜欢他的作品;加上他的爱乐情结,他的作品能从根本上打动琴童的心,也能从专业的角度说服读者。正因为这样,他的作品像一曲曲动人的乐章,深深地感染着读者。

6)宣传营销方式与方法

完整的出版选题策划应该将宣传营销方案包括进去。目前的图书营销形式多样,包括新书发布会、广告、作者现场签名售书、图书评论、赠品、折扣、展销会、订货会、直销人员促销等。

【案例 3.20】

"富爸爸　穷爸爸"系列图书在营销方面可以给我们一个很好的借鉴。这是一个充分体现现代图书运作的案例,在第一本《富爸爸　穷爸爸》推向市场的时候,就已经具备通畅的渠道(订货会的推广)、有特色的附加品(现金流行游戏)、网站俱乐部(www.fubaba.com)、不厌其烦的宣传(各地演讲交流)等,在拥有充分读者群的基础上,接连推出了《富爸爸财富自由之路》《富爸爸投资指南》《富爸爸年轻退休》《富爸爸聪明孩子》等一系列新产品,把畅销书做成了持续的系列品牌。

3.2.2　选题策划的程序（以图书为例）

选题策划的基本程序大约为以下 7 个步骤[①]:

确定选题目标→采集与加工选题信息→产生选题创意,策划初拟选题→选题论证(室内论证、社内论证、集团论证)→选题决策,形成选题计划→上报审批选题→实施选题。

这是从出版社的角度来探讨选题策划的基本程序的,即把出版社作为选题策划的主体来进行论述。当然,出版社的选题策划建立在各个编辑室的选题策划的基础之上,因此,它自然包含了编辑人员个人的选题策划。但编辑人员个人的选题策划的程序还是略有差别的。

（1）确定选题目标

确定目标是整个选题策划过程的起点。没有一个明确的目标,选题策划就无从展开,就没有继续存在下去的意义。

选题策划对象是选题策划目标的具体体现,因此,可以把策划畅销书、常销书、精品书与品牌书视为选题策划的具体目标。

（2）采集与加工选题信息

确定了选题目标之后,接下来要做的事情是采集和加工选题信息。

选题信息是选题策划的基础。也有人说是编辑工作的起点,是选题策划的直接基础和重要依据。"不是缺少美,而是缺少发现。"选题信息无处不在,无时不有,关键就看选题策划人能否注意到,能否捕捉到,能否提炼,能否加以利用。

---

① 易图强.图书选题策划导论[M].北京:中国人民大学出版社,2009.

（3）选题设计

在提炼选题信息的基础上，编辑人员产生选题创意，然后对构成选题的十个基本要素进行构思，最后草拟出选题策划方案。要指出的是，从选题创意到选题策划方案的形成，是进一步调查的过程，是进一步思考的过程。

【案例3.21】

著名编辑出版家赵家璧编辑《中国新文学大系》，最初的念头是汇集"五四以来文学名著百种"，但当他对这一选题创意作深入调查和冷静思索时，发现一百种名著的版权问题很难解决，于是转而想到以单篇文章结集为主的"大系"。

不言而喻，这一程序的工作由各个编辑人员分散进行。它基本上是编辑人员个人的行为，他们各自策划的选题（我们称之为初拟选题）可纳入也可不纳入出版社的出书计划之中。

（4）选题论证

编辑人员各自策划的初拟选题，只有通过选题论证与选题决策，才能纳入出版社的计划之中。

选题论证过程是对图书出版过程的可行性论证。选题论证要素大致分为4种类型，分别为品牌类要素、编辑类要素、营销类要素和生产印制类要素。品牌类要素论证是从战略角度对选题进行论证，该要素适用于对本社具有品牌效益的重点选题论证。重点论证是否符合本社中长期发展规划。编辑类要素是指图书品牌、同类书比较、内容、外观、读者、作者等方面的要素。营销类要素论证是对如何在市场中实现产品价值进行论证，特别是对图书初版印数和有无重印价值进行论证。图书营销集中表现在"为读者找书，为书找读者"。出版者"为读者找书"，是要为自己的特定读者群主动提供产品，为市场需求"量身打造"产品，发掘市场潜在需求；营销还要"为书找读者"，将自己的产品推销出去，包括推广引导市场需求的创新产品。生产印制类要素论证是对如何保证生产印制的周期、印制质量和如何控制印制成本进行论证。

（5）选题决策

选题决策与选题论证有联系，但更有区别。联系在于，都是一种"判断"和"选择"的行为，即都需要对选题的价值作出判断，以取舍选题。选题决策，就是出版社的社长或总编辑在选题论证的基础上对选题的把关、定夺和进一步优化。它是一种宏观上、全局上的行为,而选题论证基本上是一种微观上、局部上的行为。选题论证可看作是选题决策之前的一道必经程序。

选题决策的直接目的是为了制订出科学的选题计划。在我国出版界,"选题计划"已成为具有特定含义的习惯用语,是指经过论证、决策及审批后可以付诸实施的各种选题的集合体,是出版社在一定时期里(一般为一年)图书出版的总体规划。制订选题计划是出版法人的权利行为,是出版社共同意志的体现。

选题决策的优化,即对各个编辑室提交的选题作进一步的完善。此时的优化不同于选题论证阶段的优化,那时的优化是对选题的个体优化,而此时的优化是对选题的整体优化。整体优化的目的是为了使选题结构科学、合理,使选题计划能够产生系统效应。

【技能提示】

经过全社的选题论证会议之后,已经形成了全社的选题计划初稿。在此基础上,由社长或总编辑主持召开选题决策会议,与会人员是全社所有领导人、发行部负责人和专职的策划编辑,进一步讨论全社的选题计划初稿。社长或总编辑充分听取与会者的意见,作出最后决定,形成全社的选题计划定稿。

(6)上报选题

经过选题论证与选题决策后,形成了全社的选题计划定稿。这个选题计划还须上报上级行政主管机关(如省、市、区的新闻出版局、出版广电总局),待其审批通过之后,才成为出版社正式的选题计划,至此方能付诸实施。某些"重大选题",不但要上报上级主管部门或所在地党委宣传部门审核,还要报国家新闻出版广电总局备案。否则,不能出版发行。

(7)实施选题

出版社上报的选题计划和重大选题得到审批通过之后,就可以正式付诸实施了。

当然,在实施选题策划方案和选题计划的时候,可以根据具体情况的变化,适当地作出调整与修订。对选题的调整与修订,无非有3种情况:一是撤销计划中原有的选题;二是增补新的选题列入计划;三是修改计划中原有的选题,如修改内容,推迟出版时间等。对选题计划的调整,出版社大多一个季度进行一次。

【技能提示】

增补选题的申报与正常的选题申报程序基本相同,如果是特别紧急的选题,一般出版管理部门设有"绿色"通道,专门办理审批手续。

3.2.3　选题的基本要求

(1)针对性

选题要有明确的读者定位。以满足读者需要为出发点,认真开展读者调查,处理好读者局部需求与全局需求,目前需求和长远需求,特殊需求和一般需求的关系。要有明确的对象和目的,解决什么问题,预期达到什么目的。

【案例 3.22】

首届"中华杯"多媒体作品大奖赛文化奖获奖作品《江南古镇——同里》,其作品的读者对象是来同里旅游的游客,因此,在策划这个选题时,将旅游活动中所涉及的衣、食、住、行、游、购物、观、玩、赏,都用独立的模块组织起来,且每一模块中内容信息的完整性和系统性都得到较好的表现。这些内容完全覆盖了到同里旅游的游客所有的信息需求,针对性强,专指性好。其中特别值得一提的是,该选题在内容信息的编辑上,还通过专家将其丰富的地方传统文化内涵进行了深度梳理和挖掘,使其不仅具有一般意义上旅游产品的性质,更具有强烈的文化产品内涵,因而使其成为同里走向全国、走向世界的一张全息名片。

由于读者定位准确,内容的专指性、系统性和完整性好,这个产品从出版以来,年年再版,长销不衰。

(2)预见性

对未来一个时期市场需要进行选题构思与谋划,做到适当超前。在选题策划中必须对市场形势及其发展趋势进行预测,对其可能产生的社会效益和经济效益作预测。通俗地说,就是根据现有的信息和图书选题出版中的随机现象对其可能产生的直接和间接效益进行分析,预测未来图书市场的走向和发展趋势,在最恰当的时机以最小的投入获得最大的收益。

【案例 3.23】

人民邮电出版社 2017 年出版的《深度学习》中文版,一上市就吸引了众人的目光,两个月内接连 5 次印刷,迅速登顶京东、亚马逊等网络书店的畅销榜,并在开卷统计的 2017 年全年计算机类新书榜上名列第一。该社编辑早在几年前就重点关注人工智能、机器学习、深度学习的图书选题。该社就是因为预测并抓住了互联网时期读者的新需求，得以一举成功。

（3）创新性

出版单位要想推出高质量和高效益的图书，就必须不断地推出具有创新意义的选题。创新就是要有新意，在内容、形式或其他方面体现出鲜明的独特风格。"人无我有，人有我优。"选题策划要想有所创新，就必须在新思路、新方法、新信息、新理论、新题材、新知识上多下功夫。另外在策划过程中，要在继承前人的经验、借鉴别人的成果的基础上产生新的策划思路，从而策划出符合时代特征，具有新颖性、价值性和先进性的编辑成果。

【案例 3.24】

上海文艺出版社在出版丛书《话说中国》时，在图书编辑过程中吸收了杂志的编辑方式，每几页就是一个独立的阅读单元，在图书中配上了大量的图片，还特地为读者准备了"故事导读""故事段落标题""故事编号"等。形象的故事、生动的图片、新颖的版式，使这套丛书很快从已近饱和的此类题材的图书市场中脱颖而出，取得了良好的社会效益和可观的经济效益。

（4）可行性

选题策划的确定、方案的制订都要遵循编辑出版的客观规律，要考虑出版政策、本社的出版方向和本社的出版编辑的人力、物力、财力等主客观因素，也要考虑读者和市场的需要，综合分析各方面的因素，使选题策划切实可行，真正具有可操作性和有实现的必要条件。如制订选题时的政治背景、文化背景、著译者力量、编辑力量、印制条件、资金投入、销售渠道等。

【案例 3.25】

外语教学与研究出版社引进的《新概念英语》连续多年位居引进版总体排行榜前列，众多英语学习者在接受《新概念英语》的同时也接受了外研社的品牌。根据开卷与《中国图书商报》的读者调查，在英语图书市场，外研社占据明显的品牌优势。

（5）时效性

时效性要求出版单位要能够恰到好处地把握出版时机，在人们最关心、最关切的时候,及时地将图书出版出来送到读者手中。这一切都要求出版单位在选题策划上的工作要做到位,做得及时。

【案例 3.26】

2019 年 7 月,广东广播电视台等单位及时推出《青年强　中国强》并献礼新中国成立 70 周年。该纪录片共 10 集,38 分钟/集,在广东卫视、优酷网站、触电新闻、荔枝网等平台进行推送。该纪录片以有一种力量叫作"为中华之崛起而读书、而奋斗!"为主题,通过对"官之稻"品牌创始人官照鑫,青年指挥家张镇,"全国数控冠军"杜华楠、刘赛阳,科研创业博士明伟杰等 10 组人物故事的讲述,凸现当代青少年报效国家的志向与决心。该纪录片推出后入选国家广播电视总局 2018 年"记录新时代"纪录片精品项目,获得 2018 年度广东省广播电视节目创新创优重点扶持项目,入选中宣部 2019 年主题出版重点出版物选题。

3.2.4　选题的基本要素

选题一般是由选题名称、作者简介、责任编辑、开本、字数、预测印数、出版时间、出版意图、内容提要、选题特色、选题级别、读者对象等要素组成。

图书选题申报表基本上包括上述内容,见表 3.1。

表 3.1　图书选题申报表

××出版社图书选题审批登记表

责任编辑:　　　　　　　　　　　　填报日期:　　　年　月　日

稿　名				组　稿		自来稿	
著译者简况		职　务		职　称		主要著述	
	工作单位						
估计篇幅	开本	字数　万字		插图(页)照片	装　别		版权所有者
读者对象		发行范围		预计发稿时间		授权情况	

续表

内容提要、特点及出版意图						
同类书比较分析	书　名	作　者	出版者	版　次	印　数	备　注
	评述（由责任编辑根据市场调查情况写出）					
社会需求分析	市场预测					
	发行部门意见					

续表

出版预测	社会效果预测						
	编书单位需要	册	印数预测	册	盈亏预测	盈亏	元或元
选题审批意见	责任编辑意见 签字：　年　月　日						
	编辑室主任意见 签字：　年　月　日						
	分管社领导意见 签字：　年　月　日						
	社长意见 签字：　年　月　日						

3.2.5　选题策划的主要方法

选题策划方法随图书类别的不同而有所不同,是变化的,不存在一个固定的模式,本书综合了多位专家的意见①②,概括为以下几种最常见的方法。至于到底运用哪种方法,要因出版社、图书类别、市场状况的不同,灵活恰当地运用,才能取得预期和令人满意的效果。

---

① 龙仕林.选题策划的四种模式[N].中国新闻出版报,2010-11-22.
② 李炳华.简谈"点式""面式""线式""链式"选题策划延伸法[J].出版发行研究,2009(10).

(1)"立体"策划法

"立体"策划法,就是把某个有价值的选题从多方面、多形式、多介质进行立体开发。

【案例3.27】

社会科学文献出版社坚持"创社科经典,出传世文献"的出版理念和"权威、前沿、原创"的产品定位,策划出版了一大批既有学术影响又有市场价值的系列图书,皮书系列就是其中之一。自1996年首次出版以来,皮书系列至今已走过20多个年头,2016年公开出版发行皮书达600种,累计出版2 000多种,已成为经济效益与社会效益俱佳的人文社会科学领域知名图书品牌。"皮书"成为中国出版界一种全新的出版形态,引领中国的出版潮流。该社在做好图书出版的基础上,先后推出皮书数据库、列国志数据库、"一带一路"数据库等。皮书数据库是深度分析解读当今中国与世界经济社会发展现状与未来趋势的智库成果整合与知识服务平台。2016年获"搜索中国正能量 点赞2015""创新中国科技创新奖";2015年获"出版业百强网站"称号,2013年获"第三届中国出版政府奖·网络出版物奖"提名奖;2016年,"皮书系列"入选"十三五"国家重点出版规划项目。可以说,该社通过20多年努力,使皮书系列这一有价值的选题得到了充分的立体开发并形成了品牌。

(2)"联想"策划法

"联想"策划法,就是由一个选题的成功策划,联想到去策划类似的选题,从而使一个图书选题变为多个图书选题,甚至一个图书板块。

【案例3.28】

丛书往往是在第一种图书成功之后衍生而成,其出版方式能够降低风险,扩大图书影响,进而形成更大的图书品牌。美国约翰·威利父子出版公司的"阿呆"系列品牌图书的第一种是教从未接触过电脑的老人使用电脑,该书图文并茂,通过图示一步步引导老人操作,深受老年读者欢迎。该书成功后逐步衍生出囊括二三百种图书的"阿呆"系列丛书,成为威利公司的一大品牌。

(3)"引导"策划法

"引导"策划法,就是引导作者把某些不能走市场的选题策划成为能走市场的选题,从而扩大作者和选题的影响,取得更好的两个效益。

由于大多数作者对出版行业不熟悉,往往在确定选题和撰写书稿时,对市场因素考虑得比较少。每当遇到这样的作者和获得这样的选题时,编辑要耐心地与作者一起进行重新策划,引导他们按照市场需求来策划选题和撰写书稿。

【案例3.29】

2017年10月,一本讲述女性创业者成功秘笈的励志书《所有开挂的姑娘,都曾努力到跟跄》,一上市即跃居女性励志类新书热卖榜榜首。此书是长江文艺出版社为GirlUp美女创业工场量身定做的图书。该书讲述了16位平均年龄20岁、平均身家1 000万元的美女创业者用创意、智慧和勇气获得创业成功的故事,受到李开复、胡海泉等的力荐。策划编辑出于对新选题的敏锐直觉,决定策划该书并与公司创始人吴静商讨出书事宜。为了让从没出过书的吴静有信心,编辑又展示了大量的成功策划案例鼓励她,并全程策划、参与整个写作过程,找到让作者满意和市场需求的平衡点,加上后续开展了一系列的线上线下营销活动,此书取得了较好的双效。

(4)"挖潜"策划法

"挖潜"策划法,就是要借助作者的努力或帮助作者充分挖掘自身潜力,策划出为市场所认可的选题。有些作者拥有一流的技术专长和丰富的社会资源,但由于信息不对称,没有将其很好地转化为出版资源。有些作者有市场畅销书写作的潜质,但需要编辑去挖掘潜力。这就需要编辑通过挖潜式策划,把他们的优势发挥出来为出版单位所用。

【案例3.30】

北京磨铁图书有限公司之所以能够做到出版的每一本书都具备较高的水准,完成一定的销量的重要原因之一,就是注重挖掘作者潜力。该公司拥有一定数量的签约作家群体,包括畅销书作者和有潜质的新秀作者。打造了诸如春树(《北京娃娃》的作者)、胡兰成(《今生今世》的作者)、孙睿(《草样年华》的作者)、萧鼎(《诛仙》的作者)、曹天元(《量子物理史话》的作者)、当年明月(《明朝那些事儿》的作者)、南派三叔(《盗墓笔记》的作者)、武国忠(《黄帝内经使用手册》的作者)、袁腾飞(《历史是什么玩意儿》的作者)等一大批明星作者群体,充分发掘了作者的潜力并取得了良好的双效。

(5)"点式"策划法

"点式"策划法是指保持书名和基本内容不变,以版次或修订区分版别的一种方法。它具备以下特点:①锁定书名不变,以版次区分版别;②图书内容或技术非常成熟或相对固化;③初版图书受到好评且有一定的销量;④具备经典常销书或畅销书的潜质;⑤一次投入,多次回报;⑥适合辞书、词典等工具书和一些基础知识类精品图书的策划。

【案例3.31】

商务印书馆出版的《现代汉语词典》从1978年12月的第1版至今已出版了6版,其书名、整体内容和结构没有大的变化,只是补充和删掉一些不适用的词条,是一本集经典和畅销为一体的"点式"策划的典型代表,取得了极好的效果,并形成了图书品牌。

(6)"面式"策划法

"面式"策划法是指保持读者群不变,以内容的个性化来区分版别的一种方法。"面式"策划法在大众类图书的策划,特别是在新拓展板块和加大某一领域或板块市场占有率和竞争力时会起到很好的效果。它具备以下特点:①锁定读者群不变;②内容个性化或独具特点来满足读者的需求;③以系列书的形式出现,一般品种较多;④在短期内有很大的总销量,其中还会有单品种畅销书;⑤集中投入,短期回报;⑥适合流行和热门话题等类图书的策划。

【案例3.32】

中国轻工业出版社出版的"现代人食谱系列",在大众生活类图书中是近10年来的佼佼者,总发行量超过300万册。从其《懒人菜》《单身开伙》《30分钟开饭》《快手家常菜》等书名可以看到现代人生活和个性化需求的元素。这种定位读者对象为现代人,以现代人的不同人群细分为目标读者的方法就属于"面式"选题策划的范围。

(7)"线式"策划法

"线式"策划法是指保持书名或主书名不变,以内容和序号的改变来区分版别的方法。"线式"选题策划延伸法比较适合运用于大众类畅销书的策划,特别是在出版社策划出较畅销的图书时,一定要加以利用,以免错失良机。它具备以下特点:①锁定书名或主书名;②内容或序号变化;③一般以丛书的形式不定期出版;④第一本一定是比较畅销或受到好评的书;⑤分次投入,集中回报;⑥适合畅销书的策划运作。

【案例 3.33】

江苏文艺出版社出版的《不生病的智慧》,从《不生病的智慧1》《不生病的智慧2》《不生病的智慧3:易经养生说明书》《不生病的智慧4:易经内病外治法》《不生病的智慧5:来自佛道武药中的养生保命法》书名可以看出,虽然书名和主题没有变化,但内容的角度发生了变化,这在系列3—5的副书名中就很容易区别。将这种书名锁定不变,仅改变内容编写角度的拉开式的选题策划方法定性为"线式"选题策划法是比较恰当的。

(8)"链式"策划法

"链式"策划法是指保持内容领域或板块不变或相关联,以内容的深度或编写形式的变化来区分版别的方法。"链式"策划法比较适用于专业类图书的选题策划,特别是在制订某个板块或领域的选题规划时,会显示出这种方法的重要作用。"链式"策划法在专业类出版社中采用较多。当然,大众图书也可运用此种方法策划选题。这种方法一般是以内容相关联并改变编写形式或内容深度,以递进方式来满足不同读者的需求。它具备以下特点:①锁定内容领域或板块不变;②内容深度递进或递减和编写形式变化;③一般以书名细分读者市场;④比较容易在某个领域或板块做深做透;⑤切入点比较灵活,可以从低到高,也可以从高到低延伸;⑥适合大众类图书某一领域或板块和专业类图书的策划。

【案例 3.34】

中国轻工业出版社出版的《啤酒生产问答》→《啤酒生产工艺》→《啤酒工业手册》,它运用的就是改变编写形式来区分读者对象的"链式"策划法。这正是通过内容深度的递进或改变来定位读者对象的,是领域或板块图书内容递进的"链式"选题策划。

【案例 3.35】

新华出版社一贯坚持利用好各种出版资源,达到信息一次采集多次加工从而策划板块图书或系列图书的目的。2012年"学雷锋"活动成为媒体报道的社会热点新闻,新华出版社十分敏感地抓住了这一选题,先后出版了《雷锋精神学习读本》《永恒的召唤:雷锋精神世纪交响曲》《我的兄弟叫雷锋:24 任"雷锋班"班长倾情讲述》《当代雷锋郭明义》等 12 种有关"学雷锋"活动方面的图书,取得了较好的社会效益和经济效益,其中《雷锋精神学习读本》销售近 10 万册。

【案例分析与实训】

党的十八大以来,习近平总书记多次强调要传承和弘扬中华优秀传统文化。习总书记明确指出:"优秀传统文化可以说是中华民族永远不能离别的精神家园。"他认为中华文化中包含着许多为人类所共同遵循的普遍性生存智慧。因此弘扬中华优秀传统文化类选题一直受到出版机构重视,经久不衰。

2017 年 1 月,中办、国办印发《关于实施中华优秀传统文化传承发展工程的意见》,共提出 18 项具体实施要求,主要任务是深入阐发文化精髓,贯穿国民教育始终,保护传承文化遗产,滋养文艺创作等。《意见》从宏观上突出了巩固中华文明探源成果、正确反映中华民族文明史,同时也强调了中华文化典籍的整理出版,还为民族出版、民间文学和音乐出版,以及出版的国际合作开辟了新空间。在此背景下,传承和弘扬中华优秀传统文化的选题迎来了守正出新的时代契机。很多出版社策划出版了相关选题并引起了较大的反响。2018 年 1 月陕西师范大学出版总社推出的《诗说中国》丛书就是其中一例。

《诗说中国》丛书是"十三五"国家重点图书出版规划项目,陕西出版资金精品项目。丛书用一首首喜闻乐见、耳熟能详的诗歌,引出一段段扑朔迷离、盘根错节的历史。丛书初选了《诗语年节》《情寄人生》《家国情怀》《铁马冰河》《明月松间》《耕读传家》《人间有味》《行吟天下》《乐舞翩跹》九卷,编撰成第一辑,共 300 余万字。丛书从千百年来流传的中华诗歌宝库中精选传颂中国的经典诗作,除了精要的阐释和解说之外,采用学术散文加议论方式解读中国文化。用诗歌捕捉文化的点点滴滴,洞悉诗意的文化源流,引领读者品读文化、享受文化。

问题:阅读上述材料并观看《诗说中国》丛书有关材料,如果你是出版单位的编辑,你如何围绕"中华优秀传统文化传承发展工程"来策划一个相关图书选题?在你申报该图书选题时你将走什么样的流程?

【综合实训】

若你是陕西师范大学出版总社的编辑,你准备策划《诗说中国》丛书的第二辑的其中一个图书选题,要求禀承第一辑的风格,但选题内容不能与第一辑重复,有下面几个问题请你思考:

1. 分析你主要需采集哪几个方面的信息。

2. 为采集到这些方面的信息,分析你可以借助哪些途径。

3. 若采集到的信息与你之前的选题设想有冲突,你应该如何应对?

4. 在进行筛选、加工、存储后,如何将有效信息应用到《诗说中国》丛书第二辑的选题中?

5. 说出你的创意并说明你将采取什么样的策划方法。

【课外拓展】

出版经纪人,现在是非常缺乏的。在作者与出版社之间很需要这样的经纪人,现在,很多作家对出版经纪人不了解,其实现在有很多作者,他们不怎么了解出书事宜,写了书不知道拿到哪里去出版。这些都得需要出版经纪人去协调作者与出版商之间的关系。

还有要把国外的好书介绍进来,把我国的图书介绍出去,在国外与国内之间也需要经纪人。在图书的出口与进口方面,我们也很需要这方面的人才。他要了解外国出版情况,同时要了解国内的出版情况。当然,这就需要具有较高的外语水平,而这方面的人才在留学生中发展比较快,能更好地胜任这份工作。

出版经纪人,他们的收入高,他们很善于发现畅销书作者,甚至一些作者还在写作的阶段就被发现了。在你还在策划一本书的时候,他已经想到下一步了,他已经找好出版社。把你的书,不仅一家,甚至卖到几十家。图书出版就达到很高的境界了。

总之,出版经纪人的主要工作就是撰写选题策划方案,选择出版社并向出版社推荐书稿,组稿和审稿、代表作者、发现畅销书等。

查阅相关资料并思考,你认为出版经纪人是一个什么样的角色?

模块4

编辑的组稿和审稿

学习目标

知识目标
1.识记组稿的概念；
2.理解组稿的各种方式；
3.掌握组稿的方法；
4.理解编辑审稿的意义；
5.理解编辑审稿的制度；
6.掌握编辑审稿的标准和方法。

能力目标
1.能够运用编辑组稿的几种常见方法进行组稿；
2.能针对不同的稿件要求选择组稿方式；
3.能够初步运用审稿的标准和方法对稿件进行初审；
4.会运用稿件三审制的流程。

任务 1　组织稿件

【案例导入】

《知音》有个非常独特的做法,就是编辑必须每月出差组稿。总编辑胡勋璧说:"别的刊物编辑在家里等稿上门,但我们的编辑出差制度从一开始就有了,而且,我们要求所有编辑都要出差,每个编辑每月出差至少一次,10天时间,不允许天天坐在办公室里。要抓独家,必须到现场、一线去找,这些是通过打电话没法获得的。"

找不到新题材、新作者是痛苦的。一次,编辑部主任关前(现任副总经理)到北京出差为编辑们找题材、找作者探路。关前到北京后,用了3天跑报社、出版社,却没有发现一个合适的作者和题材。正在垂头丧气之时,突然有人给他推荐某出版社的一个有些名气的作家。关前喜出望外,第二天约作家见面,那位作家又叫来一帮朋友,他自掏腰包请客,不会喝酒的他"舍命陪君子",喝了一杯又一杯。那位作家终被感动,凌晨3点多钟带着他到办公室,说要送他一篇大稿。然而,这篇几万字的稿件与《知音》风格大相径庭,使他哭笑不得,醉意和过度疲劳使他出门就摔倒在马路边。好在那位作家在酒桌上提到了另一位出版社的编辑,他第二天接着去找,没想到,这是一位很合《知音》风格的作者,当即谈定一个颇新的题材。后来这位作者不仅给《知音》写过多篇稿件,还介绍了不少京城作者。这种做法用雷一大的话说就是:"我们是没有任何垄断资源优势的企业,靠的都是自己百倍的努力。"①

阅读上述案例思考,《知音》编辑是如何能够成功组稿的? 他们采用了何种组稿方式?

【课程内容】

选题关系着出什么书、书的品位、读者对象、体现出版方针政策等诸多重要问题,要进行充分的调查研究才能确立。选题一经确立,随之而来的便是一系列的执

---

① 甘丽华.知音美文是如何炼成的[N].中国青年报,2012-08-27(05).

行选题的步骤,这时组稿便成了第一要务。

组稿,顾名思义就是组织稿源。编辑人员按照预定的选题计划从作者队伍中组织所需要的书稿。组稿是落实选题的重要步骤,是策划编辑在经过了前期的调研、准备之后,将策划思路和内容具体实现为稿件、作品的"物化"过程。

组稿对最终稿件质量、作品质量有着重要的影响。图书产品的最终失败或者不理想,与组稿有着密切的关系。如有时策划编辑会感到自己最后的稿件、作品与原先自己所设想的不一样,"原来策划的不是这样的"。其中原因,多是由于组稿活动发生了偏离,是因为编辑在组稿中,没有能够有效地使其按照预定的方式、计划进行,造成了最终落实结果的不如意。可以说,一个成功的文化产品,往往就是一个成功的组稿结果。我们听到的诸如"这本书内容挺好的""这本书真好""这本书写得不怎么样"等评价,从某种程度上说,包含了对该书组稿的评价。往往很好的选题,由于作者挑选不当而造成失败的例子并不少见。

4.1.1　稿件的来源

稿件来源大致有 4 种形式。

(1)自投稿

自投稿也称自发来稿。这是作者主动向出版单位投寄的稿件。表示希望自己的作品公开发表,同时也表示愿将该作品的出版权授予该出版单位,初学写作者一般都采用这种投稿方式,有些成名作家、学者也常以投稿方式与出版单位联系。如叶圣陶便称自己是"投稿派",当代学者于光远也是一位热心投稿者,有些报刊经常收到他自投的稿件。

【技能提示】

对于自投稿,无论接受与否,都应认真登记并提出处理意见。《著作法》规定,"出版者 6 个月内决定是否采用。采用的,应签订合同;不采用的,应及时通知作者。"

(2)推荐稿

这是由有关单位或个人出面,把作者的稿件转交给出版单位。推荐的用意与作者自投是一样的,推荐有种种情况,或是对作者,对稿件负责,希望引起出版单位的重视,如学术团体推荐会员的研究成果,或是奖掖人才,提携后学。如鲁迅推荐青年作者的作品,高校教师推荐自己学生的毕业论文,也有受人之托、情面难却的。

不论是自投稿还是推荐稿,包括上级领导部门交来的稿件,出版单位应坚持统一的审稿原则和取稿标准。

（3）引进稿

这是通过著作权贸易或者出版交流而获得的稿件。随着我国实行对外开放政策,中国出版界和国际出版界建立了广泛的联系,并日益增多地开展著作权贸易。出版交流则是有关双方交换使用出版权、翻译权等,是一种不以金钱而以相应权利作为交易条件的"贸易"。故实际上也可视为著作权贸易。

（4）组织稿

这是出版单位根据自己制订的选题,主动物色、联系作者而获得的稿件。它是选题得以实现的重要手段,也是图书质量得以保证的有力措施。组织的稿件有着充分的准备和明确的目的,经过了解而选择的作者有着较高的学术水平和较强的写作能力。所以稿件多数都能达到出版要求。如出版大中型丛书、工具书、古籍整理成果等,通常采取组稿的方式。这也是最主要的一种稿件来源形式。

4.1.2　组稿的方式

组稿的方式一般有个别组稿、通过小型会议或其他途径集体约稿、公开向社会征稿几种方式。

（1）个别组稿

个别组稿是编辑约请作者创作稿件的组稿方式。个别组稿是编辑最常采用的一种方式。它既有利于发挥作者的特长,又有利于满足编辑部的特殊需要,组织来的稿件像特意定做的"产品",往往有特色,不是一般的"大路货"。但是,每次编辑个别组稿,一般只能获得单个稿件,不能像其他约稿方式,一次可获得较多稿件。但如果连续约稿也能收获多部稿件。

【案例 4.1】

漓江出版社的李海鸣在编辑工作中,曾组稿过安徽著名老作家彭拜的长篇小说《小巷斜阳梦依稀》,稿件回忆抗战前至"文化大革命"后半个世纪以来的种种邻里之情。后来又得知作者正拟续写以"亲族尊长"为内容的另一部长篇《梨花雨》,编辑立即决定连续约稿,并建议将书名分别改为《斜阳梦》和《梨花梦》。两书出版后获得了各界好评,《斜阳梦》获得了"桂版图书奖"并被出版社赞为"漓江出版社有史以来最佳长篇"。有关于"邻里之情"和"亲族尊长"的选题并不为新,但可以看出,编辑在组稿过程中并没有因循守旧,而是以"梦"为序列,使一个并不热点的选题变成了一本畅销书,真正做到了"旧貌换新颜"。加上作者最后出版的《江月梦》便合而成为了一套"何妨回首"三部曲。

【技能提示】

个别组稿联系作者时,有的是登门拜访,有的是电话相约,有的是便函邀请。表达约稿意图,有的是开门见山,直截了当;有的是迂回曲折,最后提出要求。这要根据作者的情况和编者与作者的关系随机而定。

(2)集体约稿

集体约稿,是编辑在同一场合向一批作者同时约稿的方法。通常是编辑和作者们共同商定若干选题,然后由个人认定或共同商定各自承担的部分。通过这种方法可以组织一批稿件,各篇稿件之间既有联系,又有分工,能使一个较大的选题得到较充分的阐述。

【技能提示】

在集体约稿中,要注意每位作者的特色,要尽可能使作者能扬其长避其短。

(3)公开征稿

公开向社会征稿,是通过一定的媒体和其他传播方式以书面方式及统一要求向更大范围的作者征求稿件的方法。这种约稿往往围绕某一中心或为新辟的某一专栏要求作者撰稿。凡是专、副刊准备拿出较大篇幅纪念某个人物、事件、节目或就某个重要问题展开讨论,或倡导某种文学体裁(如鼓励写小小说),常常采用这种公开向社会征文的办法。作者的范围很广,既包括专业作者,又包括业余作者。事实上,往往后者居多。在较短的时间内,往往可以收到大量稿件。稿源充足,选题质量也就有了保证。

【技能提示】

编者事先对稿件的内容和形式提出统一要求,应征者按此要求写作。向社会公开征稿,是动员各方面力量来投稿,不是比较大的选题,不宜采用这种方法。对于专、副刊容不下的大量可用稿件,也要妥善处理。例如,可以推荐给其他报刊选用,如有条件,也可约请出版单位出专集等。如果图书选题应征稿件太多,审稿的任务就会比较繁重。

4.1.3　组稿的方法

组稿前必须对选题及组稿对象有较为全面的了解。编辑需要较高的学术水平,洞察学术的发展态势,了解作者与读者各自的需求,熟悉市场行情。一旦遇有某种信息碰撞立刻能把潜在的资源开发出来,经过组稿转化为现实的资源。

(1)组稿前的准备

事先要了解选题的要求、阅读有关资料、调查研究和向有关专家请教,对书稿的内容、题材、规模和读者对象等做到心中有数,然后向作者提出写作要求,并征求作者的意见。经过充分协商后达成共识。

(2)全面了解作者

不仅要了解作者的学识水平、专业修养、治学态度、语言文字功底,还要了解作者是否适合承担此项写作任务,对本选题涉及学科的研究水平,以及对特定读者对象是否熟悉。一般可通过阅读作者论著和有关专家推荐选定。作者选择不准,好选题不一定能成为好出版物。

【案例 4.2】

根据选题立意,按照作者所长,单刀直入地商请有关专家、学者或其他有所专长的人员为出版社写书。通常情况下,只要编辑把握情况准确,时机得当,就会取得立竿见影的效果。比如,在选择《中国铁路成本计算》一书的作者时,编辑就毫不犹豫地直接选定了在铁道部长期从事财务工作的清算中心技术人员为作者,收效甚佳。该书按预定周期及时出版,深受铁路财务工作人员的欢迎,被中国铁道出版社评为优秀图书。

(3)审读提纲和样稿

写作提纲要明确具体,有章节安排、主要论点和资料来源,不能只是书稿的内容简介,而应有书稿的框架。试写(试译)稿则要能基本反映书稿的质量和面貌。责任编辑要认真审读写作提纲和试写(试译)稿,复审和终审人员也要参与审读、讨论。经过审读并与作者商量修改写作提纲和试写(试译)稿后,书稿质量就有了初步保证。在组稿过程中要与作者经常联系,了解写作进度。

(4)明确对交稿的要求

交稿要求书写清晰,稿面整洁;语言文字、标点符号使用规范;数字、计量单位用法符合规定;引文、数据经过核对,注明出处和参考书目;体例一致,篇、章、节安排协调。

【技能提示】

编辑制订一个《交稿须知》,在编写前向作者提出。众手合成的书稿,应由主编或专人负责统稿。交稿如是打印稿,字号不能小于五号,行距要宽松;如是电子稿,要附有打印稿,其录入时的编辑排版系统要与出版社编辑排版系统相一致。

(5)签订出版合同

当发现了合适的作者后,接下来就要通过各种方式联系作者,看是否能与其就该选题达成共识,并最终签订约稿合同。书稿经出版社同意接受出版后,要按照著作权法签订图书出版合同。不签订合同,不利于保护作者和出版者的权益,不利于加强出版管理和著作权管理及促进出版繁荣。在合同约定期间,出版社享有专有出版权,他人不得出版该作品。合同期满后经协商同意可以续订。

【技能提示】

编辑首先应当了解作者的出版需求,从选题特色和交际能力方面加强沟通,尽可能用选题的独特性和重要意义来吸引作者,用和颜悦色的态度来打动作者与你合作。最好能和每一位作者进行面谈。面对面可以进一步了解作者,以确定他是否是你想要寻找的最佳人选;另一方面,也可以让作者感受到你的诚意,使作者对你也作一些了解,同时增加对你的信任和好感,为后续的工作打下基础。

(6)催稿和收稿

在签订合同到收到作者书稿为止的全过程中,编辑应注意给予作者帮助和支持,还要适时催稿。编辑收到稿件后,应该清点并检查,同时及时联系作者告知具体情况。

【案例分析与实训】

在对组稿的参与上,华艺出版社是做得比较好的。华艺出版社出版了《日子》《痛并快乐着》等一系列名人畅销书,有人认为名人的书怎么写都畅销,其实完全不是这样的。崔永元在写《不过如此》的过程中,华艺的编辑和他通了100多次电话,进行了30多次面谈。一开始崔永元找不到感觉,就和《实话实说》里的几个策划一起关到冰天雪地的哈尔滨去瞎聊,找素材,找灵感,录了音,回来以后放给编辑听。编辑觉得非常好,让他回去写第一稿,第一稿写出来编辑感觉不太理想,又让他修改。和作家约稿也是如此,比如和迟莉约稿,金丽红对她说:"迟莉,如果你这本书想出到15万册,你的书的题材就不能离开大城市,小城镇都不能去。因为你的读者群就在这些大城市。喜欢你的言情,喜欢你的城市题材,不喜欢你到农民那里去,那是贾平凹的事。如果你硬是要写,我给你的印数起印5万册,你不要有意见。"最后迟莉照她的建议去写,这本书发到了17万册。编辑参与前期创作有很多的方式,既可以是提供思路、把握方向等宏观上的引导,也可以是篇章结构、具体内容的探讨。做畅销书编辑一定要参与到前期的创作中,因为作者和市场是有距离的,大部分的作者都有比较良好的自我感觉,怎么和市场相结合是编辑需要掌控的。

请分析华艺出版社编辑的组稿有什么特色。

任务 2　审读稿件

【案例导入】

阅读下面两个案例,思考并分析,不同的审稿者是如何对待同一部稿件的,最终结果有什么不同。

案例 1:壁炉中抢出的名著

法国作家儒勒·凡尔纳的系列科幻小说《奇妙的漫游》中的第一部小说《气球上的五星期》,讲一位科学家乘气球横渡非洲大陆,完成探险任务。书稿先后寄给 15 家出版社,由于当时的出版商对这类书稿的新的创作感到茫然,均被退回。凡尔纳一气之下,抓起书稿丢进壁炉。他的妻子眼疾手快,把书稿从火中抢了出来,轻声地说:"亲爱的,不要灰心,再试一次吧!"在妻子的鼓励下,凡尔纳振作起来,将书稿又寄给第 16 家出版社。这个颇有眼力的出版社的编辑审稿后不仅同意出版,而且与凡尔纳签订了长期供稿的合同。《气球上的五星期》出版后,成为当时法国最畅销的书。凡尔纳一举成名,从此开始了科幻小说的创作生涯,共出版 66 部作品,后来被誉为"科幻小说之父"。他在作品中的许多预测(如宇宙飞船、电视、潜艇)后来都得到了证实。

案例 2:《万历十五年》和《文化苦旅》之旅

美籍华裔学者黄仁宇的《万历十五年》英文版书成于 1976 年,该书写成后,商业性出版社认为它是学术著作,不肯出版;而大学出版社则觉得它不像学术著作,也不肯低就。结果,此书的出版一拖再拖,直至 1979 年耶鲁大学出版社排除成见,出版了这本"既不像学术著作,也不像通俗作品"的创新之作,最终该书成为至今还在畅销的常销书。余秋雨的《文化苦旅》,当书稿最初转到出版社编辑手上时,被当成一本旅游类图书并且被改得面目全非,屡经磨难。后来书稿被东方出版中心的编辑慧眼看中,很快得到出版,在整个华语读书界引起广泛关注,从而开创了"文化散文""大散文"写作的新局面,给当代文坛和后续写作开创了一条新的道路。

为什么说审稿决定作品的命运和出版社的成败,也影响着作者的前途? 为什么说掌握审稿的标准和方法,正确审稿是一个编辑的基本功?

【课程内容】

4.2.1　审稿的标准

审稿标准:衡量稿件决定其取舍的标准。

对一部书稿的处理,是在对书稿进行不同层级的审稿并作出客观的、科学的评价和判断的基础上作出的。因此,评价与判断标准的客观性和科学性极为重要。以点盖面、以偏概全、带有过多的主观色彩或是较大的片面性,都是不客观的表现,都会影响结论的科学性;同样,评价与判断仅仅停留于表层,对于书稿的精髓或根本缺陷认识不清,缺乏科学性,这种评判显然也不能认为是客观的。两者都无益于对书稿的正确处理。

书稿的正确审读,应该从内容和形式两个方面对其加以衡量和评估。在评估中,一般应以政治性、思想性、科学性、文化积累性、可读性作为基本标准。

(1)政治性

政治性是指书稿中所反映的政治立场、政治观点和政治倾向,主要指涉及阶级、政党、国家、民族、宗教等关系中的现实政治问题。政治、法律、哲学读物和其他一些社会科学读物,其政治内容是直接表达出来的,有明显的政治性;文学艺术读物常常通过人物、情节的描写流露出某种政治倾向性,科学技术读物一般没有明显的政治内容,但某些文字(如前言、后记或概述性文字)中有时也会出现政治性问题。

【技能提示】

我国国务院颁布的《出版管理条例》二十五条规定,任何出版物不得含有下列内容:

反对宪法确定的基本原则的;危害国家统一、主权和领土完整的;泄露国家秘密,危害国家安全或者损害国家荣誉和利益的;

煽动民族仇恨、民族歧视,破坏民族团结的;

侵害民族风俗、习惯的;

宣扬邪教、迷信的;

扰乱社会秩序,破坏社会稳定的;

宣扬淫秽、赌博、暴力或者教唆犯罪的;

侮辱或者诽谤他人,侵害他人合法权益的;

危害社会公德或者民族优秀文化传统的;

有法律、行政法规和国家规定禁止的其他内容的。

这些就是我国对包括图书在内的各种出版物的政治性要求。

【案例 4.3】

科普图书也涉及政治性问题。有的科普图书打着科学的幌子，宣传卜卦、算命、看相等伪科学和封建迷信；有的披上什么"性科学"的外衣，宣传色情淫秽行为。这类庸俗的、格调低下的科普图书对社会危害极大，政治品位极差，根本谈不上什么"精品"。精品科普图书对读者产生的影响应该是积极向上的，高品格的。

（2）思想性

思想性是指书稿中反映的思想内容和思想倾向，有时与政治性相联系。各类读物都反映作者的思想观点、思想倾向，具有一定的思想性。对我国出版物的思想性要求是宣传唯物论和辩证法，反对唯心主义和形而上学，宣传社会主义思想和社会主义道德，反对资本主义腐朽思想和封建主义的遗毒，宣传爱国主义思想、社会主义和集体主义，反对民族虚无主义、民族沙文主义和狭隘的民族主义；宣传适应生产发展和社会进步的先进思想；反对落后保守思想；坚持积极健康的思想格调，反对低级庸俗的趣味，面向未成年人的读物，不得含有诱发未成年人模仿违反社会公德的行为和违法犯罪的行为的内容，不得含有恐怖、残酷等妨害未成年人身心健康的内容。

【案例 4.4】

获得国家图书奖的《高士其全集》就是集思想性、文化性、科学性、知识性和趣味性于一体的高品位的科普读物。高士其是著名的科普作家，又是科学家和文学家，他懂得细菌、白细胞、动物、植物、土壤、时间等，他把这些东西化成了"人物"，使一些我们看不见、摸不着的东西变成了可以和我们交谈的活的人。他的作品读后使人感到兴趣盎然，意味深长，深受广大读者的欢迎。另外，高士其的作品具有很强的思想性。如在《细菌的毒素》一文中，他这样写道："拿我们的领土，作帝国主义的战场，是弱国的晦气。拿我们的身体，作毒菌的战场，是病人的晦气。这两个侵略者，一大一小，一样的残酷，一样的狠毒。"像这样的例子很多，他的每一篇作品既是通俗的科普读物，又是战斗的革命杂文。

（3）科学性

科学性是指书稿反映客观事物真实、准确、深刻的程度。其基本要求是：尊重历史,尊重事实,透过现象揭示事物的本质和规律;准确表述各门学科的基本概念、基本原理和规律;正确使用和解释科学术语;认真分析和选择材料,合理安排篇章结构;引证真实准确的材料、图表和数据等。

科学普及读物主要传播人类已经认识的科学知识,其基本观点应与科学发展过程中被确定的基本结论相一致。学术著作要在已知的基础上探求未知,提出新的认识成果。在研究过程中,经常发生不同视点、不同学派的争鸣,这是正常的。只要言之成理,持之有故就应该予以出版,以推动科学的发展和进步。普及读物也可以客观介绍各派观点争鸣的情况。文艺读物允许艺术虚构,但应符合历史和生活的本质。要注意防止伪科学的出现。

【案例 4.5】

某报把电休克"治疗"网络成瘾说得"非常非常好",大加宣传,好像只有这种方法是治疗的最佳方法。编辑审稿时是否注意到了科学性问题呢?网络成瘾究竟是所谓的"精神疾病",还是仅仅是一种心理失常的行为偏差?倘若属于后者,那么"电休克治疗"无疑是缺乏科学依据的。遗憾的是这种未必科学的东西居然能不胫而走,在不短的一段时间内,流行甚广,甚至危害了一部分青少年。

(4)知识性

知识性是指稿件所包含知识信息的容量与价值。各类不同的读物都要给读者以知识。学科性读物、科技类读物和知识性读物以传播知识、积累文化为目的,各种工具书是知识信息高度密集的读物,知识性要特别注意。思想理论读物主要宣传思想理论观点,要以丰富的知识为基础,才有说服力,文艺读物的审美教育也要以具体的知识为基础。由此可见,知识性是衡量读物质量的基本因素。知识性的基础要求是合乎科学,读物介绍的知识必须是正确的、全面的;应该既介绍历史知识和基础理论知识,又介绍科学技术、学术文化的新发展与新成果。

(5)可读性

不同种类的图书有不同的体例、结构,也有针对不同读者阅读的不同的写作方法。基本要求:书稿结构合理,条理分明,文笔流畅,写作规范。

除了上述 5 个基本要求外,有时还要有独创性和艺术性等要求。

4.2.2 编辑审稿的方法

不同稿件的主题、性质、内容、结构、形式不同,审稿方法也会不同,但基于它们的共性,通常有一些共性的方法。

(1)通读

通读是审稿的第一步,目的是了解书稿的全部内容。一般分略读、精读和抽读。

略读基本了解书稿的内容和特点,对于书稿的总体质量和已经达到的水平有一个大致的印象,心中有数。精读是在略读认可的情况下验证审稿者在略读中对于书稿的了解是否到位,对于在略读中产生的疑问作进一步的探究解决,然后进行重点、疑难部分的抽读。

(2)比较

比较是编辑在审稿过程中经常使用的方法。就一般情况而言,审读者对于被审书稿所属的专业有一定程度的熟悉,因此在审稿过程中对书稿所引用的材料、理论和所阐发的观点都可以用审稿者已经掌握的专业知识来进行比较,也可以用已经出版的同类著作、辞典或资料汇编等工具书所提供的材料、理论、观点与之进行比较。这样,可以具体了解书稿是否有创新与特色,是否在某些方面超过已出版的作品,甚至还可以对诸如剽窃之类的侵权行为有所觉察。

【技能提示】

比较法能够去伪存真,帮助审稿者对于书稿材料与观点的新旧、著作者视野的宽窄与见解的优劣、书稿质量的高低与价值的大小有一个基本的判断。

(3)分析

经过阅读和比较以后,审稿者对书稿的基本情况已经有了大致的了解,进一步的工作就是要在这样的基础上对书稿进行全面的分析。

【技能提示】

分析的主要内容为:

1.把握稿件的本质与主流,看其是否与选题策划相契合,是否达到了选题策划的要求;

2.主旨是否明确,内容是否切题,立论是否正确,材料是否可靠;

3.表述是否通畅,文字是否通顺;

4.体例是否统一。

（4）综合

经过阅读、比较、分析诸项方法的使用,审稿者应该而且也有可能在此基础上进行综合分析后对稿件作出最后的判断。

【技能提示】

1.对书稿本身进行全方位考察,即依据政治性、思想性、科学性、知识性和可读性标准判断其是否达到出版的质量要求,对书稿在内容、体系、结构、形式、文字等方面的优缺点有一个总的概括;

2.对稿件是否符合本社的出版要求和出版风格,是否可以归入本社现有的品种板块中作出明确判断;

3.营销、宣传方式的选择,两个效益的预测。

4.2.3 编辑审稿制度

（1）审稿制度简介

在我国,三级审稿制度是国家规定并长期实行的出版社(报刊社)审稿制度,是我国出版工作的基本制度,也是现行的审稿制度。三审制于出版管理而言是一种制度,于审读书稿(稿件)而言是一种审稿流程。

三审制是指责任编辑(编审、副编审、编辑、具备一定条件的助理编辑均可担任责任编辑)对书稿进行初审(一审),编辑室主任(副主任)或由出版社领导委托的编审、副编审进行复审(二审),社长或总编辑或者社领导委托的编审、副编审进行终审(三审)。三审制对各个审级都规定了具体的人物,在程序上交叉互补、递进制约,既可以实现对书稿客观、公正评价,也可以避免由于编辑人员知识不足和工作疏忽造成的失误,有助于对书稿质量的严格把关。

（2）三审制的作用

1)审稿在编辑工作中居于重要地位,离开审稿,编辑工作就无法进行

选题,体现出版社的方针、方向、性质,而选题是否能实现,或能在多大程度上实现,则取决于审稿。组稿得当与否,对实现选题意图和出版物的成败,都有巨大的影响,但这有赖于审稿的正确判断。因此可以说,选题、组稿有待于审稿才能落实。加工整理和看校样,是在审稿之后进行的。加工整理,是在审稿的基础上,进一步对稿子完善。看校样,是出版前最后一次审查。它们都是审稿的延续,能弥补

审稿的某些不足和疏漏,可见,审稿居于中心地位,举足轻重。

2) 审稿决定稿件取舍

审稿的首要作用是鉴别、判断书稿的质量,作出取舍决定。

【案例 4.6】

作家出版社出版的《好妈妈胜过好老师》一书自 2009 年 2 月出版以来,销量超过 700 万册,2016 年图文升级版又上市了,将原作中所列举的教育案例、核心理念以图文结合的形式表达。此书长时间以良好的市场表现高居各类销售排行榜,《好妈妈胜过好老师》创造了家庭教育类图书的一个奇迹,成为一本超级畅销书。当时郑建华在审读《好妈妈胜过好老师》时说:"这是我收到的一部社会投稿,此前作者尹建莉曾经投给七八家出版社,但出版社因为作者没名气,要么不出版,要么让她自费出。而作者觉得这是她的心血之作,一直很有信心,转而又投到了郑建华那里。当时郑建华看到的不是全稿,但仅仅这部分不全的书稿就吸引了他,因为这部书稿作者写得很有可读性。后来出版的实践证明,该书确实大受读者欢迎。

【技能提示】

收到书稿后是否出版,审稿者要给出明确的答复,编辑要做的第一件事就是审稿,根据出版方针、政策、社会需要和出版可能性等条件,作出综合评价,即有无出版价值与可能。对签了约稿合同的来稿也要审稿,要审查作者是否按照原定提纲编写,是否偏离原定读者对象、出版领域、广度和深度,内容的政治性、学术性或艺术性有无问题,文字表达是否规范化、合乎逻辑,等等。如果偏离既定要求甚远或问题较大,也可以解除合同予以退稿。

3) 审稿能优化质量和发现人才

审稿是为提高书稿质量提出修改与加工意见,优化质量。作者交来的书稿,特别是一些自投稿,往往不是十全十美的。编辑要通过审稿,按照出版要求,指出其不足和问题所在,退给该作者修改或供编辑加工时参考。通过审稿,识别和挑选出优秀的稿件,从而也发现人才。

【案例 4.7】

著名作家李国文曾说:"一些赫赫有名的作者,一些脍炙人口的作品,都和崔道怡的发现分不开。"崔道怡是《人民文学》杂志的编辑,他从自然来稿中发现了李国文、汪曾祺等新秀,后来都成长为著名作家。

李国文当时是业余作者，一口气写了6篇短篇小说寄给了《人民文学》。崔道怡觉得小说写得很精彩，就给李国文写信热情地肯定了他的作品，并约他来编辑部见面。李国文接到信后激动万分，马不停蹄赶到《人民文学》杂志社。崔道怡对他说："这6篇小说写得都不错，其中《改选》写得最好。你修改一下，我先发这篇，往后再慢慢发那些。"李国文按照崔道怡提出的意见修改了小说《改选》，在《人民文学》头条发表了。从此，文坛上升起了一颗新星。李国文说崔道怡是他文学上的摆渡人。

崔道怡又从自然来稿中发现汪曾祺。他的小说《羊舍一夕——四个孩子和一个晚上》，不仅题目充满诗意，而且内容很有味道。他及时把小说上报主编，编发时还提出请画家黄永玉为之插图。很快，汪曾祺的这篇小说就刊登在《人民文学》杂志上。18年后，汪曾祺又写出小说《受戒》，崔道怡激动万分，称之为是可以传世的精品。由于种种原因，这篇作品未能获奖，崔道怡便将《受戒》收进自己编辑的"获奖以外佳作选本"中，以一种特殊的方式鼓励汪曾祺。汪曾祺不负众望，很快又写出了佳作《大淖记事》，荣获1981年全国优秀短篇小说奖，从此也成了非常有名的作家。

（3）三审制的程序

通常情况下，稿件的审读由具有不同资质的人担任。这里以书稿审读为例分析，初审由编辑或具备一定条件的助理编辑完成，复审由编辑室主任完成，终审由总编辑或副总编辑（或指定的副编审、编审）完成。但也有例外情况，如某些选题涉及重大原则问题或敏感问题；有些稿件内容过于复杂，一般过程的三审并不能够妥善解决所有的问题，就应该增加审次或审稿人数，而有的书稿的终审，因该书稿内容的要求或其他原因，可由总编辑、副总编辑委托并经社长同意的编审与副编审担任（其审稿意见须经总编辑、副总编辑审核）。

需要强调的是作为制度的分级审读的三审制，在任何情况下都应该坚持，每个审级的责任在任何情况下都不能被随便取代。只有三审通过后，才能签订相应书稿的出版合同并进入加工阶段。

（4）三审制的任务

1）初审（一审）

初审是对书稿进行全面检查，作出评价，提出处理意见。

初审是编辑部工作中的基础性工作，担任初审的责任编辑的水平高低和认真态度，对提高图书质量和出书效率极为关键。初审是三审制的基础，必须认真把关,逐字逐句审读书稿。初审对书稿的政治倾向、思想品位、学术或艺术价值、结构体例、文字水平等方面进行全面细致地审查,对全书的优缺点要作出实事求是地评价,同时对书稿的经济效益、社会效益方面的出版价值作出评估,并写出比较中肯的审读意见。最后以审稿报告的形式提出自己的处理意见,以表明是否可以采用,是否需要退改以及如何退改,是否需要请社外专家外审,等等。

在3个审级中,作为基础的初审工作量最大,任务最繁重。初审者只有对全部书稿进行认真、细致的审读,才有可能在全面了解书稿内容、体例结构、特点、形式、文字的基础上对书稿的政治导向、思想倾向、社会价值和文化学术价值以及全稿质量作出客观的、实事求是的判断与评价,也才有可能对其社会效益与经济效益作出合理的预估,从而为复审和终审提供一个分析与评判的基础。

2)复审(二审)

复审是在全面了解书稿内容的基础上,从更高的角度审核初审的审读意见是否中肯,对书稿的内容和形式再度把关,对原则性的问题和初审未能解决的问题表明自己的看法、提出处理意见,如果初审不符合要求,应退回责任编辑重新审读。一般来说,复审者用于某部书稿的时间与精力不及初审者,但他应在审读全部稿件、了解全稿基本情况的基础上对某些部分进行更为仔细的审读,这要求复审者站在比初审者更高的层次,以更高的要求来审视书稿,审核初审报告,以复审的意见向终审者提供决断依据。

3)终审(三审)

终审的主要任务是根据具体情况,或者审读全稿,或者根据初审、复审提出的问题有目的地抽审部分内容,并在此基础上审查初审、复审意见,对书稿的质量和形式,从全社和全局的角度考虑书稿是否适宜出版,提出书稿是否采用的决定性意见。终审既要解决初审、复审提出的问题,又要发现初审、复审未能发现的问题,要进行全面的最后的把关,是编辑审读工作中的关键环节之一。

虽然在3个审级中,终审所花的时间与精力相对最少,但因为终审的处理意见是决定性的,终审的重要性自然不言而喻。从政治方面而言,终审要审查书稿的政治导向与思想倾向,还要从更高的角度审视书稿是否有违党和国家的方针、政策、法律、法规、规章、制度;从文化方面而言,终审要考虑书稿是否有悖社会主义精神文明建设的宗旨和社会道德规范,是否是徒然浪费人力、财力而无益于社会文化积累的平庸之作;从出版业务方面而言,终审应从本社的专业分工、出书范围、出书特色、种类结构、品牌营造、经济实力诸方面综合考虑,避免重复出版、比例失调等情况发生。

终审者首先应对初审者、复审者的审稿意见有全面、充分的了解,对于初审者与复审者提出的问题,应表示明确的看法,对意见相左的审稿报告,尤应予以重视,必要时应召集初审、复审一起商量,相互交流与沟通,以期最终达成一致。一般书稿,终审者可以重点抽查部分内容进行审读,重点书稿或内容复杂、难度大的书稿,应进行全面的审读或约请多人予以审读。在此基础上终审者才能就书稿的处理提出决定性的意见。

【技能提示】

外审是指将属于重大选题或专业性特别强,本社审稿人员对内容质量不易把握的书稿送交社外专家或有关部门审读,不是三审以外的另一审级,而是编辑部门在审读中由于缺少专业人员或对书稿难以作出准确评价和恰当判断时采取的特殊措施。进行外审有利于准确评价书稿,避免错误,提高图书质量。

外审者首先必须是专业人员。被聘请的外审人员应该具备以下条件:

具有书稿所属学科领域的基本专业知识,了解该学科研究的进展和该学科专业著作的国内出版状况,有相当的文字功底或文字驾驭能力,学术上无门户之见,能作出客观的学术评价。

外审者可以以特约编辑、特约编审、顾问、编委会委员等身份出现,不能担任责任编辑。外审意见只供本社决策者参考,不是作为最终决定意见,外审者不应该着眼于文字方面的修改或是枝节问题的解决,而要把重点放在本社审稿者无法判断、解决的重大或专业问题方面。

4.2.4 审稿后的工作

(1)审稿报告的撰写

审稿报告也称审读报告,是对稿件审读过程、情况以及审稿者对书稿的价值、质量作出的判断或评估意见并决定稿件如何处理的书面报告。审稿报告分为初审审稿报告、复审审稿报告、终审审稿报告3种。

1)初审审稿报告

初审审稿报告一般应包括以下内容:

①稿件来源。说明是自投稿还是组稿,如果是组稿,应简要说明最初组稿的目的、设想与计划。

②作者介绍。介绍作者的年龄、职业、职务、职称及在与书稿内容相关的专业领域内的造诣和水平、学术或其他研究成果(专著或论文)、社会影响。如是新作

者还要介绍其业务能力与学术水平。

③内容简介。内容范围、专业门类、写作方法等。如系约稿,应说明是否达到了组稿时提出的要求。

④审读概况。说明审读的起始时间,审读过程中使用的参照体系,有否外审,如有应介绍外审者的资质及外审情况。

⑤基本评价。介绍书稿的性质、结构、层次、基本内容、文字用途、适应的读者对象、与市场同类书相比较所见的优点与缺点,对其成书后可能产生的社会效益与经济效益的预估。稿件的不足和相应的修改意见。书稿基本符合出版要求,可以采用,但需退改,审读报告应详细写明退改的理由及内容与要求(或粗略写明退改缘由,另纸详写退改内容与要求)。书稿不符合出版要求,应予退稿。

⑥说明待处理问题。如有要请复审和终审解决的疑难问题要列出。

2)复审审稿报告

复审审稿报告一般应包括以下内容:

①对初审意见的表态。对于初审审读报告中下列诸项内容要有明确的意见:关于书稿性质、结构、层次、基本内容、文字水平、特点、用途及适应的读者对象的介绍是否正确,列举的优缺点是否客观,对书稿的价值和质量的判断、评估是否准确,对预估的社会效益与经济效益是否同意。复审者如与初审者有相距甚远的看法,应在复审报告中明确写明自己的观点并陈述理由。

②补充意见。如果复审者原则上同意初审报告,同时认为它在对书稿的价值、质量、优缺点的判断或评估方面尚有不足,应详细写明自己的补充意见。

③处理意见。对书稿是否符合出版要求或是否应予退改要有明确态度。

④退改意见。稿件如需退改,应对初审者的退改意见加以复核,作必要的补充或修改(或另纸详写退改内容与要求)。

3)终审审稿报告

终审审稿报告一般应包括以下内容:

①对初审、复审意见的表态,不论初审、复审意见一致或有分歧,终审者均应明确表明自己的意见,如果初审与复审分歧较大,终审者应在与双方沟通、充分听取双方意见的基础上表明态度并提出解决办法。

②对重大问题的把握。对涉及重大政治、军事问题或外交政策、民族政策、宗教政策的书稿,以及按照有关规定应该专题报批的书稿,终审者尤有责任在初审、复审的基础上严格把关,应在审读报告中写明对所涉及问题的处理意见。

③处理意见。对书稿是否符合出版要求或是否应予退改明确表态。

④退改意见。应对初审、复审退改意见明确表态,或作出必要的修改及补充。

（2）出版合同的签订

对经过三级审稿后决定接受出版的稿件,出版单位要按照著作权法的规定及时与作者签订出版合同,明确约定双方的权利和义务,以保证稿件顺利出版和依法保障双方的合法权益和义务。

出版合同一般须包括的主要内容有:签约双方的名称,签约期,作品名称,作者对合法享有该作品著作权的保证,作者转让的图书专有出版权所涉及的文种、期限、出版与发行地域,作者审读校样的责任,出版者向作者支付报酬的方式,数量和期限,图书出版权再转让所获利益的分配,作者是否转让翻译权及其他从属权利,重印、再版的条件与报酬、作者样书的赠送办法和作者的优惠购书条件,违反合同的责任,一旦发生纠纷时所用解决方式的约定,双方认为需要约定的其他内容等。

【技能提示】

国家版权局颁布有图书出版合同标准样式,可供签订合同时参考,如果在组稿阶段便与作者签订出版合同,合同中就必须含有类似"如果作品达不到可以出版的质量要求,出版者有权无偿退稿"的免责条款,同时也要约定作者的交稿时间。此外,也可以在组稿时先签约稿协议,到作品经过审稿被接受出版后再签订正式出版合同。

【案例分析与实训】

审读短稿,并按审稿的基本要求指出其中存在的错误或缺漏。

图书编辑过程中的一个重要环节是编辑加工整理。认真细致、一丝不苟地做好编辑加工整理工作,不仅能够保证图书成品的质量,而且编辑和校对人员在工作中也能够发挥创造性。对稿件进行编辑加工整理,必须遵循两项原则:一是"改必有据,忌无知妄改",二是"依据规范,忌滥施刀斧"。

编辑加工整理是对书稿正文的内容作进一步审视并加以完善。

编辑加工整理首先要消除稿件中思想性方面的差错,更改作者观点。虽然在审稿环节已经从微观上注意防范和消除了这类差错,但难免遗漏个别细微之处,因而编辑加工整理时还要特别从宏观上注意审改。一般而言,涉及党和国家的方针政策、政治理论观点、民族关系宗教信仰、统战工作、港澳台问题和对外关系的论述以及外国国名、地图中有关国界线的画法,都比较容易出思想性差错;在分析社会思想状况、评述伦理道德、论证价值观念等方面,较容易出现政治性差错。原稿若出现这些方面的问题,编辑要立即动手——改正,从而使稿件中的基本观点能够准确地表达。

其次，还要订正事实材料，纠正科学性、知识性方面的差错。一般来说，社会科学方面的稿件较易出现史实性差错，如"李大钊 1929 年就义于北平"错成了"李大钊 1927 年就义于北平"；而自然科学方面的稿件除了易出现数据、计量单位、公式、计算方面的差错外，在介绍、评述学科发展背景的部分也常会出现史实性差错，如将 16—17 世纪的意大利物理学家伽利略误写成"法国科学家"。编辑一定要勤查各种相关工具书，核实稿件中提及的事实材料，避免图书成品中存在张冠李戴、指鹿为马、引文不实等科学性或知识性差错。

最后，最重要的工作是改正稿件中语言文字、逻辑以及标点符号方面的差错。一是消灭错字和别字。所谓"错字"，是将彼字用为此字；所谓"别字"，则是字的本身形体有错。二是纠正不符合国家规定的繁体字、异体字的使用，对异体词也应尽量使用推荐词形。三是纠正漏字和多字。四是删改生造词语。五是发现并改正偷换概念、句子结构不完整等语法错误和词语搭配不当、自相矛盾等逻辑错误。六是改正使用得不规范的标点符号。

【综合实训】

2013 年，国家主席习近平发出共建"丝绸之路经济带"和"21 世纪海上丝绸之路"的倡议，随着"一带一路"建设的不断推进，全国出版机构纷纷跟进。

"一带一路"主题图书选题精彩纷呈。多家出版社推出面向不同受众、各具特色的"一带一路"知识读本。如长江少年儿童出版社推出的《"一带一路"青少年普及读本》，寓教于乐地讲解了"一带一路"的源起与发展，入选 2017 年主题出版重点出版物。中华书局推出的《一张图表看懂丝绸之路》通过图表的形式讲述千年丝路史，以具体可感的视觉形式阐发了丝绸之路的历史与时代价值。2017 年新华出版社推出的《"一带一路"全球故事》收录了 100 个与"一带一路"相关的故事，生动地展现了"一带一路"给沿线国家人民生活带来的改变。外文出版社出版的《穿越海上"丝绸之路"》采用同步纪录事件的手法，通过发生在海上丝路沿线国家的 32 个鲜活的普通人的故事来讲述海上丝绸之路的前世今生。该社的《丝路上的故乡》用 100 幅图，分 6 个篇章，配以散文般的文字，加上每幅图的简短文字说明，向读者介绍丝绸之路的历史古今。

由五洲传播出版社和外交笔会联合编辑出版的"我们和你们"丛书按照一国一品的概念，讲述中国和相关国家传统和现在的友谊与合作，以及致力于两国友好的人物故事。至 2019 年，该丛书已出版以色列、俄罗斯、巴基斯坦等 23 个分册，"我们和你们"系列丛书的着眼点在于"故事"，用故事的力量春风化雨、润物无声、融通中外、增强共识,从而形成紧密的文化纽带。外交官、学者、商人、普通劳动者……不同身份的人的故事,融入双边关系时代变迁的大背景中,逐一登场,娓娓道来,为友谊之桥的架设添砖加瓦。以中文和对象国语言同时在国内外发行,并通过多种形式加强推广和对外合作,进一步扩大丛书在国内外的影响力,取得了良好的效果。如《中国和文莱的故事》以大视角写小故事,聚焦中文两国关系和民间友好交往。《中国和斯里兰卡的故事》主要以三条主线介绍中斯关系。《中国和以色列友好故事集》分为上、中、下 3 篇,每篇含 4 个故事,分别从友好历史、建交经过、经贸合作等方面讲述中以交往中的生动故事。

1.请你分析案例中提到的选题可以运用哪些组稿方式。

2.如果你现在是"我们和你们"丛书的编辑,请你选择其中的合适作者约稿,写作一封约稿信。

3.查找相关资料,说说在此丛书组稿过程中你要做的工作和应注意的问题。

【课外拓展】

从国外出版社的组稿编辑的工作内容来看,你认为如何做好一个组稿编辑?

国外出版社内部编辑部门的基本人员结构是:组稿编辑—文字编辑—助理编辑—编辑助理—一般文员等。

这个结构既标志着人员工作性质的不同、工作职位的高低、工作收入的高低,同时也标志着工作中智力投入的多少和应该承担风险的程度。整个出版社收益的源头应该来源于组稿编辑,更精确地说,是来自组稿编辑的一个想法、一个灵感,来自于组稿编辑对社会流行、市场规模和新产品进入市场时机的正确估计,当然还决定于组稿编辑对不同层次作者的了解和掌握程度,等等。

那么,国外的组稿编辑做些什么工作呢?

①定期走访大学,经常与教授交谈,了解他们教学研究工作中的需要;

②定期走访不同地区的专业书店,了解不同学科、不同层次读者的购买取向;

③对不同学科,通过官方机构、学术团体和学术会议,了解同一学科研究人员的组成和数量,收入平均状况,研究主流方向等;

④以敏锐的触觉,收集新闻及社会媒体导向,迅速抓住市场热点,抓住社会聚焦点,这通常是出版社成功的机会;

⑤建立完善的作译者队伍,作者不一定都是知名专家、教授,而应该是多层次的;

⑥与市场营销人员和销售人员保持密切的关系,通过各种渠道累积市场信息;

⑦经常了解本学科中其他出版社同类产品的出版情况和销售情况,与同类图

书比较,使我们的产品能够更准确地插入图书市场的空隙中,并明确自己的图书在同类图书中的竞争优势是什么;

⑧根据市场倾向、读者群偏好等因素设计稿件内容、结构、装帧风格,并对封面、封四、勒口、书脊外观设计,以及定价、上市时间等提出指导性意见。

总之,组稿编辑应该通过各种渠道、各种方式先了解市场,了解读者的需求,然后根据自己的设想和作者资源及时组织稿件,并进行下一步工作。

模块5

编辑的校对工作

学习目标

知识目标
1.了解校对的基本知识；
2.掌握校对的基本流程；
3.理解字体、字号在编排中所起的作用；
4.了解不同字体的风格特征；
5.熟悉书刊排版的字号；
6.掌握校对的基本方法和技术。

能力目标
1.能对图书进行一校、二校、三校；
2.能运用校对方法和技术对稿件进行校对和整理，最终完成一个规范的作品；
3.能在校对中运用不同字体字号来美化强化版面。

任务 1　熟悉排版的字体与字号

【案例导入】

请同学们仔细观察图 5.1 和图 5.2,主标题和副标题的笔画有何变化? 字号有何不同? 以小组为单位讨论如此编排设计的目的和意义。

□武正润/摄影报道　"假种子真把俺们坑苦了"——

老汉—何怒
妇啼—何苦

图 5.1　报纸(部分标题)示意图

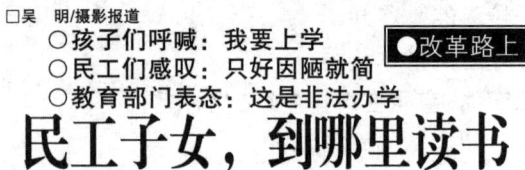

□吴　明/摄影报道

○孩子们呼喊：我要上学
○民工们感叹：只好因陋就简　　●改革路上
○教育部门表态：这是非法办学

民工子女，到哪里读书

图 5.2　报纸(部分标题)示意图

【课程内容】

图书杂志的版式设计,是对文字、图表等进行规律性、艺术性、技术性的组合。仅就文字来说,要构成版面设计的形式美,必须精心选择好字体字号。为此要坚持以下几个原则:字体字号与信息内容相统一的原则;字体字号选择与信息接收对象要求相统一的原则;字体字号选择与版式设计总体风格相统一的原则。①

在书刊编排中,字体和字号是版面的重要元素。运用不同字体和字号可以营造出不同的视觉效果,即强势和弱势。通俗地说,就是不同的字体和字号能够给受

---

① 张秀红.版式设计中字体字号选择组合的原则[J].辽宁师范大学学报,1996(4).

众不同的心理感觉。适用受众心理,运用字体和字号在版面上的变化来表达编排的目的、意义和情感,是编辑必须掌握的基本功。

5.1.1　书刊排版的字体

(1)字体

所谓字体,是指字的体式和风格。

(2)常用的汉体字

书刊编排设计中,常用的汉体字有宋体、仿宋体、楷体和黑体4种。

宋体横平竖直,横细竖粗,取法于宋刻,定型于明朝(有些地方称之为明体)。宋体在北大方正出版系统里分为书宋和报宋。报宋为报刊版心排版的通用字体。

仿宋体笔画清瘦,横竖相近,定型于20世纪初,由宋代刻本字体整理改进而成。

楷体又称为活体或正体,笔锋洒脱,近似手写体(一般在报纸上用于言论或照片说明等)。

黑体笔画粗重,横竖一致,字形方正,又称为方体。它是按日本黑体活字仿制而成。

(3)计算机字体

宋体、仿宋体、楷体、黑体这4种字体是一般计算机汉字字库中的基本字体。北大方正出版系统在这4种字体的基础上又增加了小标宋的报宋两种基本字体。北大方正报刊集成组版系统——飞腾,提供了53种字体。

【技能提示】

字体在进入计算机字库之前因书写的人不同,所以不同公司开发的汉字系统中,同一字体有时看起来会有不同的笔画风格。目前,我国大部分报刊采用的是北大方正和华光的字库。书刊报纸的版心用字一般是书宋(数字和外文一般用白正体)。此外,为美化版面,又创造出了诸如隶书、行楷、魏碑、美黑、准圆、粗宋、水黑、综艺等几十种艺术字体。

(4)不同字体的特点

不同字体的强势(吸引读者注意的方式)不同。如在同一字号中,黑体字厚重、醒目,比其他字体更具有强势。所以,在标题制作时,编辑运用不同的字体来表现文稿的重要性,成为书刊组版的一条重要原则。

不同的字体所表达的风格色彩也不同。宋体字端庄大方,黑体字雄浑而粗犷,楷体字活泼流畅,隶书古朴典雅,魏碑遒劲有力。

【技能提示】

在制作标题时,可根据字体的这些特性选用可以增强标题的强势,适合于标题内容的风格的字体。

(5)简体和繁体

这是从写法上来区分的。在计算机中,不同的汉体字库拥有的字体种类多少是不同的。北大方正书刊及报纸排版系统拥有繁、简体及日文汉字字体 90 多种。在飞腾中又增加了胖娃等近 10 多种字体。

【技能提示】

了解字体的目的,就是要运用字体来美化、强化版面。在一个版面中,选用三到四种的字体为版面最佳视觉效果。超过 4 种以上则显得杂乱,缺乏整体感。要版面达到视觉上的丰富变化,只需将字体加粗、变细、拉长、压扁,或调整行距的宽窄,或变化字号大小。实质上,字体使用得越多,整体性效果越差。

【案例 5.1】

方正飞腾	粗圆(方正)	方正飞腾	方正报宋(方正)
方正飞腾	隶书(简)(方正)	方正飞腾	方正报宋简体
方正飞腾	隶变(方正)	方正飞腾	方正北魏楷书简体
方正飞腾	综艺(方正)	方正飞腾	方正云彩简体
方正飞腾	琥珀(方正)	方正飞腾	方正超粗黑简体
方正飞腾	彩云(方正)	方正飞腾	方正粗活意简体
方正飞腾	美黑(简)(方正)	方正飞腾	方正粗倩简体
方正飞腾	宋黑体(简)(方正)	方正飞腾	方正粗宋简体
方正飞腾	大标宋(方正)	方正飞腾	方正粗圆_GBK
方正飞腾	舒体(方正)	方正飞腾	方正粗圆简体
方正飞腾	隶二(方正)	方正飞腾	方正大标宋简体
方正飞腾	水柱(方正)	方正飞腾	方正大黑_GBK
方正飞腾	细黑一(方正)	方正飞腾	方正大黑简体
方正飞腾	新报宋(简)(方正)	方正飞腾	方正仿宋_GBK
方正飞腾	新书宋(繁)(方正)	方正飞腾	方正仿宋简体

图 5.3 字体示例图

5.1.2　书刊排版的字号

字体大小规格称为字号。计算字体面积的大小有号数制、级数制和点数制。一般常用的号数制,简称为"字号"。激光照排使用的是毫米制,基本单位是级(K),1级为0.25毫米,它用级来计算。点数制是世界流行的计算字体的标准制度。电脑字也是采用点数制的计算方式(每1点等于0.35毫米)。标题用字一般14点以上,正文一般为9~12点。注意,字越小,精密度越高,整体性越强,但过小会影响阅读。

【案例5.2】

图 5.4　字号示例图

【案例分析与实训】

对于编辑来说,每一种字体都有其各自的特点和风格。什么情况下采用什么字体和字号,哪种文字比较适合哪种风格的编排,这是值得思考的。请看图5.5、图5.6:

图 5.5   洛阳晚报"青春在雪域高原绽放"栏目标志图片①

图 5.6   "民生曝光台"题花图片②

图 5.6 的民生曝光台题花中,采用综艺字体,使画面的"曝光"比较强烈。

【综合实训】

图 5.7 是一期《时尚》杂志选用的一张封面图片,请用适当的字体和字号设计"时尚"这两个字,并编排在图片上。

图 5.7   封面图片

---

① 图片来源:http://www.nipic.com/show/4/83/4736797k86ff 5743.html.

② 图 5.5 是洛阳晚报"青春在雪域高原绽放"栏目标志图片。设计师在运用字体时,首先采用行楷字体的形式勾勒出"青春"的气息,再用黑体字体突出"在雪域高原",加粗"绽放"两字,更加抢眼。

图片来源:http://www.nipic.com/show/4/83/a0e9cbe9e742cd08.html.

任务 2　运用校对技术

【案例导入】

请同学们仔细观察图 5.8,说说哪条标题中有错字。以小组为单位讨论:什么叫作校对? 校对在编辑中的作用? 为什么要学习校对知识和技术?

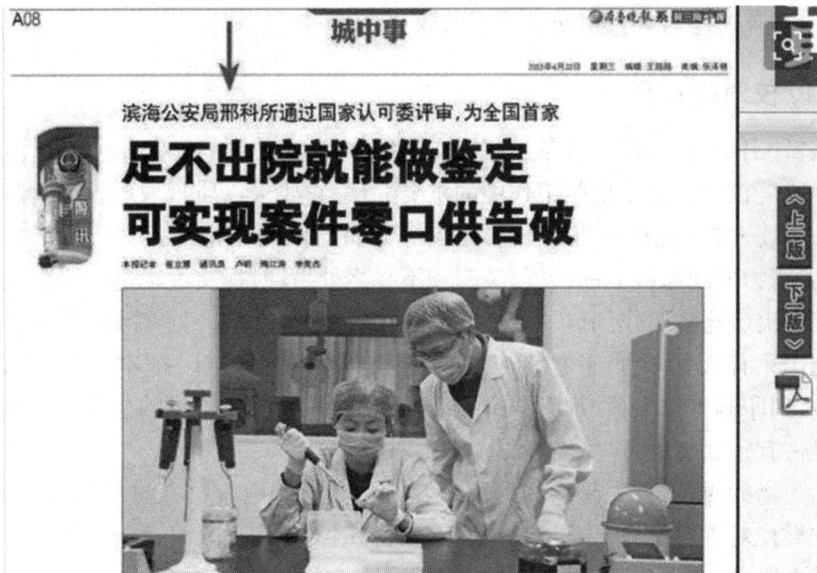

图 5.8　《齐鲁晚报》报纸版面图

【课程内容】

校对(Text-proofing),古代称之为"校堪"或"校雠",是出版编辑过程里的一个必须工序,主要工作是按照原稿去审查订正排印或缮写的错误。"校对"也可以是从事这个工序的人员"校对员"(Proofreader)的中文简称。

5.2.1　校对工作

文字是语言的表象,校对是跟着文字的产生而来。"校对"一词源于拉丁语,是从 Coriggere 派生出来的,就是"改善""改正"的意思。

校对一词由中国古代"校雠"衍变而来,西汉刘向《别录》释"校雠"为"雠校",一人读书,校其上下,得谬误为校。一人持本,一人读书,若冤家相对,故曰雠也。

我国古代校雠与校勘、编辑工作一体进行。近代才辟校对为专业,作为印刷出版过程中的必要工序。经过几十年演变,现代校对已形成一整套制度。

【技能提示】

中华人民共和国《出版社工作暂行条例》中规定,每种书的"校对不得少于三次""校对工作应对原稿负责,消灭一切排字上的错误。发现原稿有错漏和不妥之处,应及时提交编辑部门解决。规定的校次,不要任意减少。"

(1)校对的作用

编辑、出版、发行这三者是出版工作的整体,它是传播、积累思想和文化成果的重要手段。校对是整个出版工作中的重要一环,它要求以质量取胜,既要保证校样上的文字、公式、标点、数据、计量、图表等方面与原稿相符,消灭版面上的一切错误;又要努力发现原稿上的错误、疏漏和不妥之处,及时提交编辑部门解决。

一种出版物从写作到成书或成品,需要经过许多环节,每一个环节都有一个质量问题。只有从著译者、誊抄者、编辑、美术装帧、技术设计、排字、电子计算机录入、校对到印刷工作人员,都十分重视质量问题,才会有高质量的出版物。其中,校对质量占有重要的地位。

出版物的质量,首先是它的思想内容,但是,思想内容是通过语言文字来表达的。如果校对工作中有了差错,好的思想内容用文字印出来时就会变了样子,轻则文字标点混乱,使人读不懂,莫名其妙;严重的还会闹出笑话或造成政治事故,产生很坏的影响。譬如:"设有"成了"没有"、"公里"成了"公厘"、"基地"成了"墓地"、"宾馆"成了"殡馆",还有"解放前、解放后""大革命、反革命""社会主义、机会主义",虽然只有一字之差,意义却完全不同。如果没有校对出来,便会酿成经济损失和政治事件。又如:农药配方的比例数字,即使是一个小数点的误差,也可能危及植物生长和动物的生命;科技医药书,一个文字的错误,一个数字的出入,一个符号的误差,可能产生大量的废品,甚至危及人命;地图上的点、线的易位,一星半点的误差,也会导致"失之毫厘,谬以千里"的恶果。因此可见,校对工作在提高出版物质量中的地位是多么重要!

【技能提示】

专业校对人员的工作是比照原稿对打印稿进行逐字逐句的校对,找出所有排版错误,包括拼写、标点符号、字体、字号、数学公式、符号正斜体、上下标、字符格式、段落格式、标题格式等。对于原稿中的错误,校对人员将作出标记,提醒作者作出相应的修改。

(2)校对的功能

校对的基本功能有二:校异同;校是非。这是校对的性质决定的。"校对"是个集合概念,包含着"校"(校是非)和"对"(校异同)的双重含义,应当全面地认识和实现校对的功能。

1)"校异同"

"校异同"的要旨在"异同",是指将校样跟原稿逐字逐句比照,通过查找两者异同的方法,发现并改正录排错漏。其功能是保证原稿不错、不漏地转换成印刷文本。

2)"校是非"

"校是非"的要旨在"是非",是指通过对原稿内在矛盾的是非判断,发现并改正原稿可能存在的错漏。其功能是弥补编辑工作的疏漏,使书稿趋于完善。

校对的两个基本功能,同样重要,不可偏废。不校异同,则不能保证作者的劳动成果准确而完整地转换;而不校是非,则不能发现和弥补作者创作和编辑加工的疏漏。偏废校异同或者偏废校是非,后果是一样的,都会造成谬误流传,损害作者,贻误读者。

3)传统校对以校异同为主要功能

传统校对有两个客体:一个是加工定稿后的编辑发排文本,通称"原稿";一个是依据原稿排字拼版打印的样张,通称"校样"。校对的首要任务是:将校样与原稿逐字逐句比照,检查两者的异同,发现了"异",即校样上与原稿不同之处,原则上依据原稿改正校样。这样做的目的是:消灭排字拼版过程的错漏,保证排版与原稿完全一致。在此基础上,再进行通读检查,发现原稿可能存在的错漏,然后以质疑形式向编辑提出。

【技能提示】

多数作者交给编辑的不再是手写书稿,而是电子文稿,电子文稿将传统的原稿与校样合二为一了,也将录排差错与写作差错合二为一了。编辑在电子文稿上加工,排版人员根据编辑的加工修改电子文稿,再按照版式设计要求进行版式转换,打印出来就是校样。

这个校样除编辑加工修改部分以外,与电子文稿并无二样。因此,校样上可能存在 5 类差错:

①作者录入差错;

②作者写作差错;

③编辑错改;

④排版人员修改电子文稿时的漏改、错改;

⑤版式转换过程可能发生的内容丢失和错乱。

【技能提示】

这 5 类差错除第 4 类、第 5 类可以用核红、对校方法发现外,其余均以是非形式隐藏在校样的字里行间。校对主体实际上是进行"无原稿校对"操作,通过是非判断发现差错。因此"校是非"上升为校对的主要功能。

(3) 现代"校是非"的任务

现代校对的校是非,有 5 个方面的任务:

①发现并改正常见错别字;

②发现并改正违反语言文字、标点符号、数字、量和单位等使用的国家规范标准的错误;

③发现并改正违反语法规则和逻辑规律的错误;

④发现并改正事实性、知识性和政治性错误;

⑤做好版面格式规范统一的工作。

总之,凡是非录排造成的、用机械比照发现不了的差错,都属于"校是非"的范畴。

(4) 编辑和校对

图书质量保障体系有两个主体:编辑和校对。编辑清源,校对净后,共同构筑图书质量保障体系。

【技能提示】

上述"校是非"任务 ①、②、⑤是校对员的职责。③、④两类错误,本应在编辑加工过程中予以消灭,因而不应让校对员承担责任。但编辑部门一定要建立激励机制,鼓励校对员发现这两类错误,并以质疑形式向责任编辑提出改正建议,以求达到消灭一切差错的目的。

(5)现代校对工作的理念

现代校对工作不能只"对原稿负责",而应成为"编辑工作的必要延续",负起协助编辑"把一切差错消灭在图书出版之前"的责任,即在消灭录排差错的基础上"校是非",发现并改正原稿可能存在的错漏,从而发挥"对编辑工作的补充和完善"的作用。校对工作者必须与时俱进,树立"对读者负责,对社会负责"的现代校对理念。

5.2.2　校对的程序

校对工作是介于编辑和书刊成型之间的一个重要工序,它是与编辑、作者看样和印刷厂改样交错进行的。因此,既要了解编辑和作者的意图,弥补编辑工作的不足,又要配合印刷厂的生产节奏,起调度沟通的作用。

(1)校对进程

校对进程的具体化即校对工序的安排,由于各类书籍或稿件的性质和特点不同,校对工序不可能有统一的具体规定,但它的总目标是一致的,即消灭错字、排版、改样过程中与原稿不符的各种差错。校对程序一般都要完成"三校一读"的任务,即一校、二校、三校和通读。

(2)工作过程

1)校前准备

①稿件发排后,指定专业接近、校对业务较熟练的同志为责任校对。

②调度员了解对出成品、送审时间的要求,以便组织力量,确定校对工序。

③责任校对要了解稿件内容,初步提出校对应注意的地方,比如简、繁、异体字如何统一,数目字的用法,图和图注说明的排法,标题占行,以及指出该书稿的重点所在。

④校样排出后,责任校对先查对发排单,检查送校日期是否符合要求、全书各级标题用字、正文(包括引文)用字、页码、版心、格式、图、表是否与批注相符。

2)校后

一校、二校、三校,或二校、三校连校完毕,协同编辑解决校对时发现的原稿疑问,由责任校对(一般是三校者)过录作者校样,退厂改样。

119

3）改样

改样后,要复核改动处是否改正,一般复核需要两人次,责任校对任第二复次。

4）通读

通读(有时是四校),先核红,然后通读。读完后,连同原稿疑问记录、工作记录卡交责任校对,会同责任编辑解决原稿或编辑、作者校样中遗留的问题。

5）归档

责任校对、责任编辑签字付型,有的重点书、大型书最后要有总编辑签字付型。责任校对将付型清样交调度员转出版部门退厂,付型副样连同原稿交校对部门调度员归档。

6）付型

付型后如发现错误,须及时请编辑处理(如挖改纸型、拆版重排、重制软片等),重点书出版后须做成品检查。

7）小结

校后小结。全书校读完毕签字付型后,由责任校对收集各批校样、原稿疑问表、数量质量记录表以及书刊校对卡等,作一简略的分析汇总,并对全书校对过程中执行情况提出评价、看法、建议,要突出重点,不必面面俱到;对排校过程中存在的问题,加以归纳,提供有关部门进行研讨。做好校后小结,是考核和提高校对人员业务水平的一个重要方面,也是专业培训、业务交流中最生动的活材料。

5.2.3　校对的操作方法

校对的操作方法基本上分为点校法(又称"对校法")、平行点校法、折校法和读校法4种。前3种是一人单独默校,第4种是由两个人合作,一人听校,并改正校样上的错误。

(1)点校法

这是自古以来的传统校法。就是将原稿放在左方或上方,与校样对照着核对的方法。这种方法要求原稿与校样尽量靠近,以缩短核对中两眼反复移动的距离,防止过分疲劳。校对时,左手指着原稿,右手持笔指着校样,两手随校对的速度而移动,发现问题,用笔在校样上标示出来。

(2)平行点校法

就是把原稿折叠起来(一张原稿可折四五折,每折约四五行),覆在校样需校对的文字或图表上,使原稿与校样平行,然后逐字逐句进行校对。

(3)折校法

折校是用大拇指、中指和食指夹持校样,校前将校样轻折一下,然后将校样靠近原稿文字相对的校对方法。校对时,原稿平放桌上,两手夹持校样从左向右徐徐移动,使得原稿和校样上的相同文字依次一一对照,两眼能同时看清原稿和校样上相对的文字。校完一行,可用大拇指和中指推移稿纸换行,用食指轻压校样。改正校样错误时,可左手压住校样,右手持笔改正。

(4)读校法

读校是两人合作进行的校对方法。校对时,一人读原稿,一人看校样。读原稿时不但要读文字,而且要读出版面和文字的标点符号及具体要求。

【技能提示】

点校法一般适用于改动大的原稿,或者原稿与校样横竖不一。

平行点校法改正了点校法的缺点,这种方法使原稿和校样上的距离大大缩短,头部不需左右摆动,不仅减轻了劳动强度,而且能够保证质量和提高数量。

折校法适用于没有改动或改动较少的原稿(最适宜校翻版稿),由于原稿清楚,或者原稿与校样的字号、字体、版面大小完全一样,折起来就很方便。

5.2.4 出版物常见差错类型与规律

《汉字大字典》收录的汉字总数在 5 万个以上,经常使用的也有三四千到七八千。由于汉字的特点,形近字、同音字特别多,特别是出版技术计算机化以后,由于文字输入的特点,形近字、同音字造成的错误更是层出不穷,花样翻新。出版物上的差错多种多样,一般可以分为十大类:

(1)文字错误

文字错误,主要是错别字,即是错字和别字。另外,漏字、多字、错分、错合、颠倒字、错简、错繁以及使用已经废止的异体字和旧字形,还有中英文混用等,都属于错别字的范畴。

1)错字,即把字的形体或笔画写错

错字在手写稿件中出现的频率较高。

错字一般分为 5 种类型(注意:括号中为错字)。

①增减笔画而错。比如:候(侯)车室,候(侯)选人 ,举一反(返)三,偏僻

（辟），省份（分），年份（分），山清（青）水秀，老两（俩）口，酒吧（巴），追溯（朔），欢度（渡）春节，安（按）装，度（渡）假村，分（份）量，名分（份），分（份）内，分（份）外，辈分（份），同等学力（历），侯（候）门如海等。

②不谙简化字任意类推而错。比如：省份（分），年份（分），天翻地覆（复），商品零（另）售等。

③习惯性杜造而错。比如：蓝（兰）天白云，副（付）业，篮（兰）球，阑（兰）尾炎，方圆（园），零（另）件，蛋糕（旦羔）等。

④偏旁张冠李戴而错。比如：针砭（贬），脉搏（博），松弛（驰），言简意赅（骇），英雄气概（慨），装帧（祯），旁征（证）博引，铤（挺）而走险，唯唯诺诺（喏），裨（俾）益，繁文缛（褥）节，相形见绌（拙），不胫（径）而走，竣（峻）工，脍（烩）炙人口等。

⑤只有半边而错。比如：青（清）山绿水，再接再厉（励），三番（翻）两次，含辛茹（如）苦，漠（莫）不关心，矫揉（柔）造作，励（厉）行节约，一枕黄粱（梁），顷（倾）刻之间，自暴（曝）自弃，曝（暴）光等。

2）别字，即把甲字写成乙字

平常所说的错别字主要是指别字。

别字一般分为4种类型（括号中为别字）。

①音同形似而错（电脑录入时，五笔打字者出错率较高）。比如：拼拼凑凑（揍），黯（暗）然销魂，殚（惮）精竭虑，和蔼（霭）可亲，驰骋（聘）疆场，相形见绌（拙），堕（坠）落腐化等。

②音同而错（电脑录入时，拼音打字者出错率较高）。比如：投机倒（捣）把，贡（供）献巨大，称（趁）心如意，灌（贯）输知识，墨守成（陈）规，披星戴（带）月，认识肤（浮）浅，以逸待（代）劳，扬长（常）而去，脉搏（膊）微弱等。

③音似而错（电脑录入时，拼音打字者出错率较高）。比如：发扬光（广）大，称（趁）心如意，灌（贯）输知识，部（布）署已定，奋（愤）发图强，唉（哀）声叹气，惨（残）无人道，反（翻）复无常，和（合）盘托出，赤膊（博）上阵，义不容辞（词），浪费（废）金钱，尚待商榷（确），飞扬跋（拔）扈，虎视眈眈（耽），戮（戳）力同心，无耻谰（滥）言，挑拨是（事）非，大多雷（类）同，披（批）沙拣金等。

④形似而错（电脑录入时，五笔打字者出错率较高）。比如：酒中掺（渗）水，这倒（到）不错，佘（余）太君，狭隘（溢），万事亨（享）通，国库券（卷），焚书坑（炕）儒，如火如荼（茶），沙家浜（滨），头昏脑涨（胀），号（嚎）哭，刚愎（腹）自用，憧（幢）憬，皮开肉绽（淀），炙（灸）手可热，砝（法）码，瞠（膛）目而视，心狠手辣（棘），迫不及（急）待，无独有偶（隅），坚如磐（盘）石，礼尚（上）往来，不计（记）其数，艰（坚）难

122

困苦，草菅（管）人命，纰（批）漏百出，授（受）与奖章，军事部署（暑），辰巳（己）午未，即（既）使如此，寥寥（廖）无几，鬼鬼祟祟（崇），罄（磐）竹难书，恬（括）不知耻，不屑（宵）一顾等。

（2）词语错误

词语是词和短语的合称，包括单词、词组及整个词汇、字眼。

词语误用的主要表现为误解词义而误用词语、褒贬不分和错用成语等。

1）误解词义

误解词义即使用音同、音近的词语时，混淆概念和误解。比如，"老师的这番话，给我不少启事"（同音词混淆："启事"改为"启示"）。又如误用"表象"。"看事情不能只看表象，要看实质。"在这个句子中，讲话者误把"表象"当作"表面现象"了。"表象"一词，其实是心理学术语，意即过去经历的事物在头脑中留下的印象，并不是表面现象。由此可推知，讲话者理解的是表面现象，错也。

2）误用词语

比如把"草菅人命"写成"草管人命"。此词中的"菅"字非"管"字也。"菅"是一种茅草。成语的意思是，看待杀人像看刈割茅草一样，指统治者滥施淫威，轻视人命，任意残害生命。还有误把"名列前茅"写成"名列前矛"。其实只要理解了这个词的"茅"字，就不会误用了。"茅"指茅草，古代行军时，持茅草为旗，走在最前面的，如同先头部队。这个词的意思是比喻名次排列在前面。

3）褒贬不分

比如，"黄色书刊必须坚决取缔，如果任其泛滥下去，结果不堪设想"（词义褒贬不分，中性词"结果"改为贬词"后果"）。

4）错用成语

成语是固定词组，不能随意改动。常见的成语错误有 3 种：

①随意改动成语。比如，"不可收拾"的意思是无可挽救，不可救药。常有人在"一发而不可收"这句惯用语后加一"拾"字，变褒为贬。又如，"侃侃而谈"一词，"侃侃"本为刚直之意。谈得理直气壮才叫侃侃而谈。人们大多用此语形容聊天，属误用。

②误解成语意思而误用。比如，"美轮美奂"只能形容房屋高大美丽。有些媒体运用时，凡形容美好事物皆用此语。因误解而错。

③褒贬不分。比如，"炙手可热"的成语，形容人很有权势，含贬义。媒体扩大其使用范围，形容一切"吃香"的事物，完全背离其本义。"人满为患"，强调人多的坏处，是贬义。错用于表示人很多的情景，如"柜台前人满为患"之类。

（3）语法错误

语法内容之一，包括词的构成、组合，词形变化等内容。语法错误可分为词法和句法的错误。

1）词法是词的构成和变化的规则

词法常见的错误有 4 种情况：

①名词、动词、形容词使用不当。名词、动词、形容词，语法功能不同，用法也不同，使用不当就会造成语病。如"测试仪器、仪表是度量机电工程质量的工具……"这个句子中，"度量"是名词，不可用作动词，应改为"检测"。又如"他由于顶不住压迫而丧失原则。"动词误用作名词。"压迫"是动词，不能当名词用，可以改用名词"压力"。再如"她止不住鼻子一酸，伤心地哭了起来，泪水湿润了她的前襟。"形容词误用作动词。"湿润"是形容词，意为"潮湿润泽"，不能当动词用，可以改用动词"浸湿"。

②数量表达混乱。数量表达混乱最常见的是滥用倍数、计算倍数没有减去原数、定数与概数不明 3 种情况。例如，"恐龙蛋壳的微量元素镁比现代正常蛋壳低三十倍左右。"误用倍数。倍指跟原数相等的数，因此倍数只能表示数量增加，数量减少不能用倍数，可以用分数或百分比。

③指代不明。代词主要用于指代，指代的对象一定要明确，否则就会给理解带来困难。例如，"他男朋友在得知她怀孕后"，句中的"他男朋友"应为"她男朋友"。

④副词、介词、连词、助词使用不当。副词、介词、连词都是虚词，都不能单独充当句子成分，语法使用不当也会造成语法错误。例如："新班主任同以前的班主任一样，更会关心学生。"这句话中，副词"更"使用不当。"更"，表示程度增加，用于表达比较的意义，而句中两个班主任是"一样"关心学生的，没有比较的意思。

2）句法指短语和句子的组织规律

句法常见的错误有 4 种情况：

①句子搭配不当。一个句子里的各种成分是互相配合的，这种互相配合在语法上叫作"搭配"。搭配不当有多种情况，例如，"同位年轻人，一样的爱聊天"中的"同位"应为"两位"。

②成分残缺或成分多余。根据结构和表达的要求，应该有的成分不能缺少，缺少了是语病，叫作"成分残缺"。不应该有的成分一定不能有，有了也是语病，叫作"成分多余"。例如，"光明派出所接到报案后，迅速赶到案发现场，将犯罪嫌疑人控制。"句子中，缺主语，"派出所"不能做主语。又如，"我久久伫立在楼前，默默地辨别原来三间平房的位置。""伫立"即长时间站立，没有必要再用"久久"来修饰。

③语序不当。语序不当指词语在句子中的位置失当而造成的语病。例如,"展示出丰富多彩的剧作家个性和精神生活。"这个句子中,"丰富多彩"是形容个性和精神生活的,应移至"剧作家"后面。

④不合事理或逻辑。有些句子结构完整,符合语法规则,但在事理上讲不通,这种错误就是逻辑错误。例如,在媒体上常见的"最好水平",不违反形容词修饰名词的语法规则,但从逻辑上是讲不通的。"水平"只有高低,无所谓好坏。

(4)数字用法错误

数字用法是有国家标准的。不符合国家标准标准用法就是错误。比如,在媒体常见"2 千万元"这样的写法,但是,国家标准的写法应是"2 000万元"。

(5)标点符号错误

1995 年 12 月国家技术监督局发布的国家标准《标点符号用法》,是判别标点符号正误的依据。标点符号常见的错误概括为 19 种情况:

1)概数用顿号

概数是表示大概的数目,有时拿数词连用来表示,如三五个、七八十人等。因为表示约数,所以概数中间不需要停顿。因此,如果加上顿号,就是错误的。

2)缩写的集合词用顿号

一些词语,如父母、中小学生、干群、干警等是一些缩写的表示集合群体意义的词语,它们之间结构紧密,不能用顿号分隔开来。

3)连词前用顿号

并列词语中如果有连词"和""与""或""或者"等,就不必再用顿号。这类连词一般用在只有两项的并列词语之间或多项并列词语的最后两项之间。例如,"这种直率与坦白,本身就很能引起读者的好感、关切、和共鸣。"这个句子中,连词"和"连接"共鸣"和"关切",表示并列,而再加上顿号就多余了,应该删去顿号。

4)并列谓语、补语用顿号

并列词语或短语作谓语、作补语,并列成分之间不用顿号,而用逗号。例如,"你要不断学习、进步、工作。""学习、进步、工作"分别作谓语、补语,中间的顿号应改为逗号。

5)分句间用顿号

分句间的停顿时间较长,并列成分之间各自成句,各自表达自己的意义,所以应用逗号,不能用顿号。例如,"今年春季,这个省的沿海地区要完成 3 700万土方的河堤加高和河口截流改道工程,任务重、工程难、规模大。"句中,"任务重""工程难""规模大"是 3 个并列的分句,因此,中间的顿号应改为逗号。

6)并列成分不同层次间用顿号

如果并列词语中还有并列词语,因为不在一个层次上,所以大的并列词语要用逗号,小的并列词语之间要用顿号。例如,"这个经济协作区,具有大量的科技信息、较强的工业基础、巨大的生活资料、生产资料市场、较丰富的动植物、矿产、海洋、旅游等资源。"这个句子中,"生活资料、生产资料""动植物、矿产、海洋、旅游"是一个层次,"大量的科技信息、较强的工业基础、巨大的生活资料、生产资料市场、较丰富的动植物、矿产、海洋、旅游"又是一个层次。不同层次间用顿号,造成脉络不清。大的并列层次间应用逗号。

7)分句间没有逗号直接用分号

顿号、逗号、分号、冒号都是句内点号,但是停顿时间有长短之分,不能乱了次序。停顿先用逗号,再用停顿长的分号。只有在分行列举的各项之间,才能直接用分号。

8)单句排比用分号

例如,"对待同志要像春天般的温暖;对待工作要像夏天一样的火热;对待个人主义要像秋风扫落叶一样;对待敌人要像严冬一样残酷无情。"这是个单句排比句,要求气势贯通,一气呵成,一般用逗号,不用分号。

9)无疑问处用问号

有的句子虽然有疑问代词,但是并没有疑问。这时,就不能用问号。"写什么景? 怎么写景? 为什么写景? 是我们阅读分析散文时应注意的问题。""写什么景? 怎么写景? 为什么写景?"这个句子中,虽然有疑问代词"什么""怎么""为什么",但是它是整个句子的主语,3 个短语没有疑问,是表达了一个陈述语气,不能用问号。

10)倒装疑问句中问号前置

有的疑问句,主语和谓语倒置,问号应放在句末,才能准确表达出疑问或反问的语气。例如有一句话这么写道:"'怎么啦? 你。'我看到他在呕吐就吃惊地喊。""怎么啦? 你"是一个倒装句,"你"是这个句子的主语,问号放在"你"后面,才能准确表达出句子的疑问语气。

11)选择疑问句中问号前置

选择疑问句虽然包含两个或两个以上的选择分句,但仍然是一个完整的句子,表达完整的意思,因而只在句末用一个问号,句中各分句之间用逗号。

例如,"明天是你去监考呢? 还是我去监考呢?"这是一个选择问句,两个分句之间应用逗号,只在句末用一个问号。

12)冒号后揭示范围不清

冒号的揭示作用要发挥到句子末尾,也就是说,冒号要管到句末,不能只管到句中。

13)句中"说"后用冒号

14)冒号中再用冒号

在一个句子中,冒号一般只能用一个,否则就会眉目不清,脉络不明。

15)短暂停顿用冒号

同位语中间只需短暂停顿,可不必用标点符号。如果想使用标点符号,只应使用破折号来表示短暂停顿。

16)省略号后用"等等"

省略号就表示"等""等等",所以省略号表示并列列举时,后面不必再用"等""等等"。

17)引文独立成句时句末点号外用

如果引文独立成句,句子就应该保留引文的句末标点符号,即句末点号放在引号的里面。

18)引文不完整或是一个成分时句末点号内用

引文不完整或者说引文成为作者自己话的一部分时,句末点号放在后引号的外面。但是,要注意问号和感叹号仍保留在后引号内。

19)句内括号句末点号保留

句内括号只是注释或补充说明句中一部分词语,注释语如果有标点,那么最末一个点号(问号、感叹号除外)应省去。

(6)量和单位错误

关于"量"和"单位"的使用规范,1993年,国家技术监督局发布了国家标准《量和单位》,除古籍类和文艺类出版物外,所有出版物特别是教科书和科技书刊,在使用量和单位的名称、符号、书写规则时,都应符合此国家标准的规定。

量和单位涉及面广,使用中容易出错,其不规范用法或错误用法主要表现为:量名称的使用不规范,量符号的使用不规范,单位名称书写错误,单位中文符号的书写和使用不准确,单位国际符号的书写和使用不正确,使用非法定单位或已废弃的单位名称、图、表等在用特定单位表示量的数值时未采用标准化表示方式,数理公式和数学符号的书写或使用不正确等方面。

(7)版面格式

图书的版面格式指图书的封面、书名页、目录、书眉、标题、注释、插图、表格、索引及正文的格式。版面格式是图书的包装形式,设计图书的版面格式要体现美观、实用、准确三个原则。编校过程中,审校版面格式与审校正文内容同样重要。

常见的版面格式错误有:①规格体例不统一;②相关项目不一致;③文图、文表不衔接,不配套;④各种附件与正文排版格式不规范。

(8)事实性错误

事实性错误是指表述与事实不符。常见的事实性错误有:事实有误、年代有误、数据有误。由于作者记忆模糊,或者参考其他未经核实的资料,或者引用陈旧过时的资料,再加上编校人员没有认真核对史料,出版物中历史事件的时间、人物的出生年代以及其他相关数据就会出现错误。例如:1931 年 9 月 18 日,日本军队炮轰中国东北军驻地北大营,占领沈阳城,这就是"九一八"事变。而事实上日本军队占领沈阳城并不是在 9 月 18 日当天。1931 年 9 月 18 日夜,日本关东军自行炸毁沈阳北郊柳条湖附近的一段铁轨,反诬是中国军队所为,以此为借口,进攻东北军驻地北大营和炮轰沈阳城,于次日占领沈阳城。

当句子里出现时间、百分比等数字时,应该停顿一下,算一算,及时发现问题。

(9)知识性错误

造成知识性错误的原因有很多,主要是编著者的知识局限性所致。比如,甘肃学台叶炽昌不叫"叶炽昌",应叫"叶昌炽"。在防止知识性错误发生时,不仅要注意防范一般知识性错误,更要特别注意防范伪科学和反科学。

(10)政治性和科学性错误

常见的政治性错误主要有政治立场、政治观点、政治倾向错误以及导向性、政策性错误。政治性错误是最严重的错误,在校对工作中虽然少见,但影响面广,后果严重,对社会的危害性极大,所以要时刻保持"好疑"的态度,慎之又慎,决不能让其漏网。

科学性错误是指违背了建立在现有知识体系之上的科学定理、法则、推论等。如"突然失去惯性"的说法错误,因为司机和乘客一起向前运动,当司机紧急刹车时,由于惯性,乘客还要保持原来的运动状态向前运动而受伤的,因此,"突然失去惯性"的说法错误,正确的说法是"由于惯性"。

【案例分析与实训】

请对照下面的稿件进行校对操作。

校对稿

董其昌是明晚对后世最有影响的书法家。他生于明嘉靖34年,卒于明崇祯9年。在他生活的年代里,杰出的书法家不胜枚举。然而,与董其昌经历相近似的却一个也没有。

董其昌即是书家,又是画家,更是广闻博识的书画鉴尝收藏家。他曾官至二品,又生活在富饶的江南水乡,这使他不仅有机会饱揽江南私人收藏家收藏的历代书法名迹,而且有机会看到皇家内府的藏品。他在诗、文、史、书、画诸方面的才艺,以及对佛教禅宗哲学的狂热爱好,使他既具有深厚宽博的文化素养,又能营构自己的风格和艺术思想体系,从而成为开起新面、体现时代特色的书画家。

原稿

董其昌是晚明对后世最有影响的书画家。他生于明嘉靖三十四年,卒于明崇祯九年。在他生活的年代里,杰出的书法家不胜枚举。然而,与董其昌经历相近似的却一个也没有。

董其昌既是书家,又是画家,更是广闻博识的书画鉴赏收藏家。他曾官至二品,又生活在富饶的江南水乡,这使他不仅有机会饱览江南私人收藏家收藏的历代书画名迹,而且有机会看到皇家内府的藏品。他在诗、文、史、书、画诸方面的才艺,以及对佛教禅宗哲学的狂热爱好,使他既具有深厚宽博的文化素养,又能营构自己的风格和艺术思想体系,从而成为开启新面、体现时代特色的书画家。

【综合实训】

对一本书稿清样(或期刊清样)进行校对并改正差错,说明修改的理由。

【课外拓展】

标题排版中常用的字号与字体①

版面标题字大小选择的主要依据是标题的级别层次、版面开本的大小、文章篇幅长短和出版物的类型及风格4个方面。

1.图书标题的字体与字号

图书标题字大小主要根据标题级别来选择,常见的大字标题选择范围有:

16开版面的大字标题可选用小初号(36 p)、一号(27.5 p)和二号字(21 p);32开版面的大字标题可选用二号字(21 p)和三号字(15.8 p);64开版面的大字标题可选用三号字(15.8 p)和四号字(14 p)。

---

① 乾元轩.常用汉字字体字号的介绍及选用原则. http://qxx.xlyuan.com/post/48.html.

图书排版中,标题往往要分级处理,因此标题字一般要根据级别的划分来选择字号大小和字体变化。一级标题选用字号最大,而后依次递减排列,由大到小。

图书标题的字体一般不追求太多变化,多是采用黑体、标题宋体、仿宋体和楷体等基本字体,不同级数用不同字体。

2.期刊标题的字体与字号

期刊非常重视标题的处理,把标题排版作为版面修饰的主要手段。标题的字体变化更为讲究,用于期刊排版系统一般要配十几到几十种字体,才能满足标题用字的需要。

期刊的标题无分级要求,字形普遍要比图书标题大,字体的选择多样,字形的变化修饰更为丰富。期刊标题的排法要能够体现出版物特色,与文章内容、栏目等内容风格相符。

3.报纸标题的字体与字号

报纸标题的用字非常讲究,标题字大小要根据文章内容、版面位置、篇幅长短进行安排,字体上尽量追求多样化。编排报纸在考察选购字处理系统时,非常注重字体的品种数量,字体要配齐全,否则不能满足编排报纸的需要。

4.公文标题的字体与字号

公文的标题用字主要有两部分:一是文头字,二是正文标题字。文头就是文件的名称,多用较大的标题字,如标宋体、大黑体、隶书、美黑体或者专门的手写体字;正文大标题多采用二号标题宋体或黑体,小标题采用三号黑体或标题宋体。公文用字比较严谨,字体变化不多,但需要注意的是,公文中的标题字不要用一般宋体,而应当使用标题宋体,如小标宋体,否则排出的版面不美观,标题不突出,显得"题压不住文"。

5.正文排版中的行距

文字的行与行之间必须留出一定的间隔才方便阅读,这种行与行之间的空白间隔就叫"行距"。版面正文之间的行距应当选择适当。行距过大显得版面稀疏,行距过小则阅读困难。一般情况下,行距常规的比例为:用字8点行距则为10点,但对于一些特殊的版面来说,行距的加宽或缩紧,更能体现主题的内涵和编辑思想。因此,行距没有绝对的规定,应根据实际情况而定。

6.正文的基本排列形式

在传统排版中,正文有密排(正常排)和疏排之分。在电子排版中,还增加了一种特殊的排法——紧排。3种排法产生不同的效果。

密排是正常的排法,就是字与字之间无间隔挨着排列。在一些系统中,字与字之间的距离可以通过参数设定,密排时字间距为零。

　　疏排就是字与字之间有均匀的间隔。疏排常用于儿童读物、小学课本等特殊排版。在电子排版中,只要指定字间距参数,就可方便地实现文字的疏排。

　　紧排就是让字与字之间的排列有一点重叠,是电子排版的特殊功能。紧排可能造成字与字之间笔画的相连。一般很少使用这种排法,只用于报刊排版中,正文剩下少量文字排不下时的"挤版",或者按正常排显得过于稀疏的外文字符的特殊处理。

模块6

图书编辑

知识目标

1.识记图书的基本结构和类型；

2.掌握图书编辑出版的基本流程；

3.识记图书整体设计的概念；

4.理解图书整体设计的方法和流程。

能力目标

1.能对图书的基本结构进行识别；

2.能对图书进行简单分类；

3.能运用图书编辑的基本流程；

4.能运用图书整体设计的知识分析图书整体设计的优劣并提出
建议。

任务1 认识图书的基本结构和类型

【案例导入】

请同学们比较《辞海》(精装书)和《编辑概论》(平装书),以小组为单位,讨论并说说它们在结构上有什么异同。

仔细观察图6.1①,说说图书是由哪些基本部分构成的,各部分如何称呼,各部分在图书结构中所起的作用是什么。

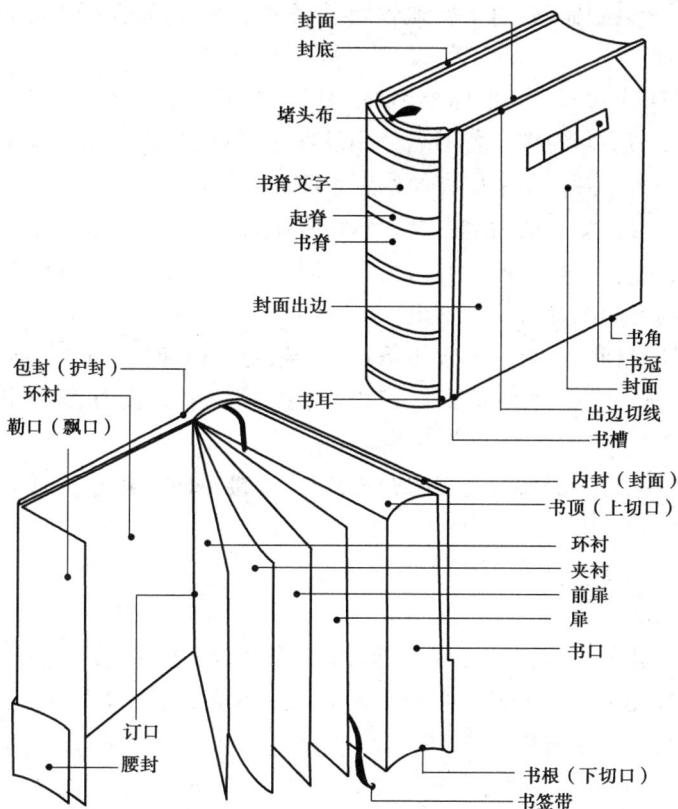

图6.1 图书的基本结构示意图

① http://bianji.baike.com.

【课程内容】

6.1.1　图书的基本结构

（1）书衣部分

书衣就是广义的封面部分。包括封一（前封面）、封二（封里）、封三、封四（底封面）、书脊、护封、衬页等。封面是图书的外表部分，它包在书心和书名页（或环衬、插页等可选结构部件）外面起保护作用，用纸较厚，并印有装帧性图文。

软质纸封面还可带有前、后勒口。前、后勒口除增加面封和底封沿口的牢度外，还有保持封面平整、挺括、不卷边的作用。书壳（封壳）是用硬质材料（纸板）加上纸、织物等材料制作的，由于质地较硬且略大于书心，其保护书心的作用明显超过软质纸封面。

封一，又叫前封面。一般印书名、副书名、作者名（以及译者名，下同）和出版者名等。多卷书要印卷次。若书名是用汉字表达的，应印上其汉语拼音。如果是丛书要印丛书名。翻译图书应在原作者名前注明国籍。

封二，又叫封里，一般为空白页。刊物常用来印目录、图片。

封三，又叫封底里，一般为空白页。有时为了凑印张，常利用它印正文、后记或版权页。刊物常印图片、目录、书讯。

封四，又叫封底、底封。一般印条码、书号、定价，有时也印内容提要、丛书子目录等。期刊、丛刊常在封底印图片、广告等，也可将编辑、校对、装帧设计责任人员名单印上。

书脊，又叫书背或封背，是书的脊背部分，连接封面与封底。厚本书的书脊，可以进行装饰设计。

【技能提示】

书脊的内容和编排格式由国家标准《图书和其他出版物的书脊规则》（GB/T 11668—1989）规定。宽度大于或等于 5 毫米的书脊，均应印上相应内容。一般图书应该印上主书名和出版者名（或出版者 logo）；若空间允许，还应加上作者名，并列书名（副书名）和其他内容。多卷书的书脊，应印该书的总名称、分卷号和出版者名，但不列分卷名称。

以上封一、封二、封三、封四和书脊,总称封皮。

护封,又叫外包封或护书纸,是套加在封面外的另一张外封面。精装书使用得较多。护封有保护封面和装饰作用,一般印有书名和图案,与封面的装饰相得益彰。也有用塑料薄膜做护封的。还有一种半护封,高度约占封面的二分之一或不足二分之一,只能裹住封面的腰部,故又称为腰封,起封面的装饰或补充封面表现的不足,还有宣传、广告作用。

勒口,又叫折口。平装书的封面和封底(或精装书的护封)靠外切口一边,多留出 30 毫米以上纸张向里折转,叫勒口。勒口上有时印有内容提要、作者介绍或丛书子目等。

飘口,精装书的外壳、比书芯三面切口长出 3 毫米左右,用以保护书芯,这个长出的部分叫飘口。

衬页,衬在封二与扉页之间的空白页,称前衬页,衬在正文末页与封三之间的空白页,称后衬页。用衬页显得庄重、含蓄,且有保护作用。

环衬,又叫连环衬页,是连接书芯和封皮的衬纸。

(2)书芯部分

书芯是图书的主体,是图书中承载图书主体内容(包括正文及部分辅文)的部分。书芯也叫书身,是封皮以内的部分。

扉页与中扉页,也叫内封、副封面、书名页,起保护正文和再现封面的作用。扉页在封二或衬页后,所载文字与封一类似。有些在封面上未能详列的内容,如丛书名、副书名、校订者、出版者、出版年月等。中扉页又叫篇章页、辑页、隔页。有些书分若干部分,称为编(篇)、辑或章等,从中用单页或用有颜色的纸张隔开(即在各部分的首页位置),这就是中扉页,一般用暗码。

目录,又叫目次。把书籍中的章节序数与标题名依次(或分类排列)注明页码,便于读者翻阅,这就是目录。目录是书籍的窗口,可以知道该书的主要内容。

插页,即夹印在正文中,但与正文文字不相连贯的书页。

切口,又叫书口,指书籍三面切光的地方。

版心与白边,版心指每一面书页上的文字、图版部分,也就是排版的范围。示意图如图 6.2 所示。

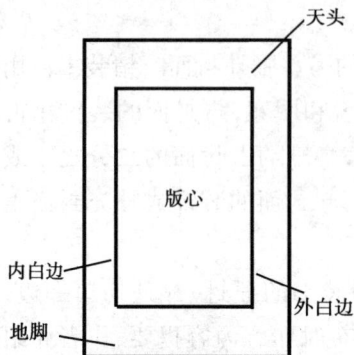

图 6.2　图书版心示意图

（图中标注：天头、版心、内白边、外白边、地脚）

【技能提示】

版心的位置应放在视觉的中心，天头略大于地脚，外白边一般应大于内白边，以使在打开时两面的版心靠得较近，产生整体紧凑之感，版心的大小应根据图书的性质、厚度和装订方式来确定。

页码，是表示面数的数码。书中奇数页码称单页码，偶数页码称双页码，单页码总在书页的正面，双页码总在书页的背面。空白页一般不排出页码（作暗码处理）。

【技能提示】

正文前的序言、目录及类似性质的篇幅，页码自成起讫，不与正文页码连续，一般正文开始为第一码。分册装订或多卷本的书，可以按单本编排页码，自成起讫，也可以连续编排页码。

书眉和中缝。横排本的书，在天头处排有书名、篇名或章名、节名，这叫书眉。现代直排本的书，在外切口处印书名，篇名或章名、节名，叫中缝。

【技能提示】

双数页书眉排书名，单数页书眉排章名，前者排章名，后者排节名。双大单小。

通栏与双栏。正文行宽的长度采用等于版口宽度的排版称为通栏，正文行宽按版口的宽度等分为两栏来处理的排版称为双栏。图书一般都用通栏形式。但是，一些短行的诗歌集、16 开本的小字号图书以及各类大开本的字典、辞（词）典等，用双栏形式。

内容简介，又称内容提要，简明扼要介绍该书的主要内容、性质、特点、作用以及读者对象等，向读者推荐，以便读者选购的推介性文字。

【技能提示】

内容简介一般可排印在扉页反面的上端，也可排在平装书的前勒口或后勒口上，有时将内容简介排在封底或封二、封三上。

序,称作序言,包括自序、代序、原著者序、译者序、前言、引言等多种形式。附记在正文前的文章,用来说明写作意图、写作经过和资料来源等事项,或对该书进行评介,使读者对该书深入地了解,有的序言还起着指导阅读该书的作用。

出版前言,出版说明、出版者的话等。以出版社的口吻,说明出版该书的经过、意图、要求和其他介绍性文字,一般放在正文前。

凡例,包括例言,体例说明,使用说明等。一般排在正文之前,尤其为各类工具书以及古籍整理类图书所必备。

附录,是附加于图书正文后面的非正文主体内容但与正文相关的材料。如图版、表格、索引等。

参考文献,为撰写或编辑论著而引用的有关图书资料。参考文献的著录应执行 GB 7714—87《文后参考文献著录规则》及《中国学术期刊(光盘版)检索与评价数据规范》规定,采用顺序编码制,在引文中引用文献出现的先后以阿拉伯数字连续编码,序号置于方括号内。文后参考文献的著录项目要齐全,其排列顺序以在正文中出现的先后为准;参考文献列表时应以"参考文献:"(左顶格)或"[参考文献]"(居中)作为标识;序号左顶格,用阿拉伯数字加方括号标示;每一条目的最后均以实心点结束。

后记,是排在书末正文之后的文章,包括编后记、附记等。后记一般由著译者撰写。用于说明写作和出版经过、资料来源、鸣谢。有时也可是别人的评介和读后感。

(3)版权页

1)概念

版权页又叫版本记录页、版本说明页。它是每一本书的出版历史记录,位于主书名页的背面(即双码面),它提供图书的版权说明、图书在版编目数据、版本记录。包括书名、著译者、出版者(附地址)、印刷厂、发行者、开本、印张、插页数、字数、版次、印次、累计印数、书号、定价、出版年月等,有的书还要注明发行范围。它印在扉页背面或正文的最后一页,或印在封底。

2)开本

以印刷用纸的全张幅面为计算单位,裁切成多少小张,就叫多少开本。但是,由于印刷用纸全张幅面大小不一样,虽然同样都裁切成 32 小张或 16 小张,它们的开本尺寸是不一样的。

3)印张

计算出版物篇幅的单位。全张印刷用纸一面是 1 个印张。面数也称码数,一页为两个页码。面数包括所有的空白面(内封、白面、暗码面)。

印张的计算

$$印张 = \frac{面数}{开数}$$

$$印张 = \frac{\dfrac{页数}{开数}}{2}$$

例:32 开,全书正文 176 页(352 面),内封 2 页,暗码 4 面,前言 2 面,后记 4 面,扉页 2 面,问共有多少印张?

352+4+4+2+4+2=368(面)

$$\frac{368}{32} = 11.5(印张)$$

4)字数

版权页上记录的字数,是以出版物每面的版面字数乘以总面数计算的,即:每行字数 × 每面行数 × 总面数 = 全书总字数。文中有插图、表格、空行都以满版计算。

5)版次

第一次出版的叫第 1 版或初版。第一次出版后,内容经过重大变更后重排的,叫第 2 版,余类推。甲出版社的图书转给乙出版社出版了,乙出版社第一次印行,虽然内容未经改动,版次、印次都要重新算起。

6)印次

印次即图书印刷的次数。从第 1 版第 1 次印刷算起,每印一次都要累计并标注明确。即使版次变更,仍应累计。例如,第 1 版已印 3 次,第 2 版第 1 次印刷就叫第 4 次印刷。

7)印数

一种图书出版所印刷的册数。从第 1 版第 1 次印刷累计计算。如果一种书有几种不同的开本、装帧形式,应分别累计印数。

8)中国标准书号

中国标准书号是在国际标准书号的基础上制订的。

国际标准书号(International Standard Book Number)缩写为(ISBN)是国际标准化组织(ISO)于 1972 年公布的一项国际通用的出版物统一编号方法。1972 年正式颁布了 ISO 108《文献工作——国际标准书号(ISBN)》,1982 年,我国加入国际(ISBN)系统。

如:《图书编辑实务》中国出版集团·世界图书出版公司

ISBN 978-7-5100-4584-4

【技能提示】

认识版本记录页（版权页）

①版权说明对本图书著作权的归属作出明示。一般以版权符号@（copyright-"版权"的略号）开头，后列著作权人名称和首次出版年份，也可再标注本版的出版年份，还可加注诸如"版权所有，未经许可不得以任何方式使用"的字样。版权说明排印在版本记录页的上部位置。

②图书在版编目数据，又称"CIP（Cataloguing in Publication）数据"，是指依据一定的标准，在图书出版过程中编制并印在图书上的书目数据。CIP 数据应置于版本记录页的中部位置，分为 4 个段落：a.标题，标明"图书在版编目（CIP）数据"。b.著录数据。c.检索数据。d.其他注记，内容按编目工作需要而定。各段落之间均空一行。

中国版本图书馆 CIP 数据中心在核发 CIP 数据时，对其数据项目和具体格式应根据国家标准《图书在版编目数据》（GB/T 12451—2001）的规定设定。

③版本记录置于版本记录页的下部位置，应该提供 CIP 数据未包含的出版责任人记录、出版发行者说明、载体形态记录、印刷发行记录等项目。

出版责任人记录包括责任编辑、装帧设计、责任校对和其他有关责任人。

出版发行者说明包括出版者、排版印刷者、装订者、发行者，其名称均应用全称；出版者名下应注明详细地址及邮编，也可加注电话号码、电子信箱地址或因特网网址。

载体形态记录包括图书开本及其幅面尺寸、印张数、字数、附件的类型与数量。印刷发行记录包括第 1 版、本版本次印刷的时间，印数和定价。

此外，也常有把书名、并列书名、作者名、中国标准书号也列入版本记录的。还有不少出版单位在版权页上标明因印制装订存在质量问题而退换图书的联系方式。

6.1.2　图书的基本分类

科学地进行图书分类有助于人们认识图书，由此专门发展出了图书分类学这样一门科学，可见图书分类的重要和复杂。中国古代的图书分类法主要有两种。一种由西汉时期目录学家、天文学家刘歆所创。刘歆继承父亲刘向之业，总校群书，撰成《七略》。《七略》中，辑略（总论）为序，不作为图书分类，其余六略为六大类，基本上按图书的内容性质来区分，每类下再细分，共分 38 个小类，构成一个条理清晰、分类合理、次序井然的体系，为中国图书分类法的发展奠定了基础。另一种是在晋朝律学家荀勖等人首创的"四分法"基础上发展起来的"四部分类法",即以"经、史、子、集"为纲的分类法。"经"历来被推崇为典范的著作或宗教的典籍,亦即记载一事一议的专书。"史"是记载过去事迹的书。"子"是指先秦诸子百家的著作。"集"则是收录历代作家一人或多人的散文、骈文、诗、词、散曲等的集子和文学评论、戏曲等著作。

(1)图书馆分类法

图书馆一般根据图书内容将图书进行分类,以便于收藏、流通和管理。《中国图书馆分类法》(简称《中图法》)是目前世界上较有影响的图书馆图书分类法之一,是在科学分类的基础上,结合图书内容的特性所编制的分类法。《中图法》5部22大类,每个大类下面又分若干小类。这22大类的基本序列是:A 马克思主义、列宁主义、毛泽东思想、邓小平理论;B 哲学、宗教;C 社会科学总论;D 政治、法律;E 军事;F 经济;G 文化、科学、教育、体育;H 语言、文字;I 文学;J 艺术;K 历史、地理;N 自然科学总论;O 数理科学和化学;P 天文学、地球科学;Q 生物科学;R 医药、卫生;S 农业科学;T 工业技术;U 交通运输;V 航空、航天;X 环境科学、安全科学;Z 综合类。

(2)按图书的阅读对象分类

世界各国出版的图书一般分为大众图书和专业图书两大类。大众图书包括文学类、艺术类、少儿类等,主要满足大众的阅读兴趣;专业图书满足专业读者的工作、研究、教学等专门需要,包括专业和学术图书、教科书、工具书等。欧美国家流行的图书分类是根据图书的阅读对象并综合图书的市场运作特点,将图书分为五大类:一是面向消费者的一般图书或商业性图书(虚构小说和非虚构小说、学术书),这类书一般需要出版机构预付作者高额版税,由书店进货,消费者在广告宣传下购买图书;二是教育或学校用书,主要是教科书、教学辅导书和教师培训用书,它由政府或机构提供巨额订单,用于大学教育和中小学教育;三是宗教图书;四是儿童图书;五是面向专业人员、技术人员的专业图书,以及一般可以与设备、服务等附在一起由消费者购买的未纳入出版社重点出书计划的图书。

(3)按销量分类

图书可分为畅销书、常销书、长销书和滞销书。在较短时间内实现较大的销量,即为畅销书;在较长时间内实现一定销量的,即为常销书;在更长时间内实现一定销量的,即为长销书;在一定时间内,连基本销量都难以实现的,即为滞销书。

（4）按装帧形式分类

可将图书分为精装本和平装本。平装本是采用最基本装订工艺的，没飘口，一般封面不加勒口的图书版本。精装本是装帧材料和装订工艺都比较讲究的版本，一般用于长期保存，内容价值较高的图书和经常翻阅的工具书等。

另外，图书还可根据载体形式分为纸本书和电子图书。根据所用符号，图书可分为可视图书、有声图书和视听图书。根据图书是否在版，可将图书分为在版书和绝版书。根据作品的不同内容和字数多少，图书可以分为单行本、多卷本、丛书等类型。

【案例分析与实训】

1.以一本图书为例，分析其结构特点。

2.请走进当地的新华书店，仔细观察书店的图书陈列，记录图书的基本类型有哪些，它们是如何分类陈列的，并在班上说出你的调研结果。

任务2 运用图书编辑基本流程

【案例导入】

李亮同学通过招聘考试,进入了阳光图书出版公司工作,这家公司有150名员工,分成3个编辑部,1个设计室,1个校对室,1个营销部。他现在分在儿童读物编辑室,他上班3个月后,领导布置他要进行下一年度的选题工作了。他比较茫然,到底从哪里着手呢,图书编辑的流程是如何走的呢,几个部门是如何开展工作的呢?

【课程内容】

图书编辑工作流程的目标是规范编辑工作程序,以保证图书质量。编辑工作流程应符合编辑工作的基本规律,对编辑工作程序中各环节的要求同时还要符合图书出版的有关规定,并能适应编辑实践和图书出版市场化的要求,便于操作,同时在新的图书形式出现时,也要适时调整个别不适应的流程。

图书编辑工作一般程序可用图6.3表示。

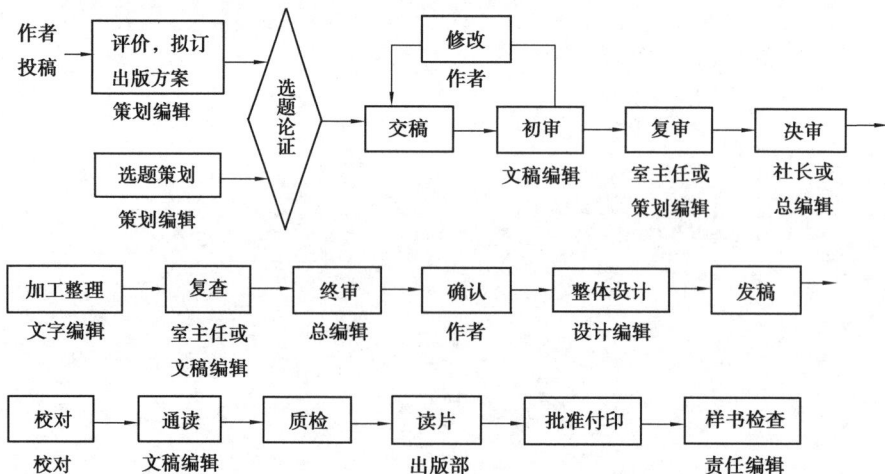

图6.3 图书编辑工作基本流程示意图

信息采集→选题策划→组稿→审稿→签订出版合同→编辑加工→整体设计→审定发稿→校样处理→付印→样品检查→出版物宣传→反馈信息收集→重印重版。

图书编辑流程的选题、组稿和审稿环节已经在本书的其他模块有过详细讲述，本模块主要从编辑加工环节开始讲述。

6.2.1　选题、组稿和审稿

选题工作包括选题策划和制订选题计划两个部分，是编辑工作的主要环节，选题的有关内容在模块三中已讲述过。组稿就是根据选题计划物色作者并进行一系列相关工作的综合性活动。审稿是选择和优化稿件的过程，已在模块四中讲述，这里不再重复。

6.2.2　编辑加工[①]

（1）加工整理的原则

1）尊重作者，忌强加于人

对稿件进行加工，是为了提高稿件的质量，不论作者是什么人，都要充分尊重作者的著作权，要在著作权法规定允许范围内进行加工。因此，要设身处地为作者着想，顺着作者的思路进行加工，不能按照编辑个人的好恶行事，稿件中的新思想、新观点、新方法和新的表现形式等，只要不违反法律和法规或者违反科学和事实，不但不能轻易删除，而且要加以保护，并帮助其完善和加强。加工中所作的修改切忌强加于人，涉及观点表述方式或者结构安排方面的修改，可以先提出如何修改的建议，征得作者同意后再正式修改。

2）改必有据，忌无知妄改

对修改必须有充分的依据和理由，必须有绝对的把握，凡是仅有疑问而没有把握的地方，一定要查阅工具书或请教专业人员得到确切结论后才能修改。切忌不懂装懂，凭想当然乱改，甚至将本来对的改成错的。这不仅会引起作者的不满和反感，而且会严重影响图书的质量和出版社的声誉。

3）依据规范，忌滥施刀斧

多就少改。编辑的修改只改非改不可的，可改可不改的一律不改。不能按一个模式、一种风格去"改造"稿件。

---

① 　中国编辑学会，全国出版专业职业资格考试办公室. 出版专业实务[M]. 武汉：崇文书局，2007.

【案例 6.1】

"希特勒义愤填膺"改"希特勒大发雷霆"是属于应该改的。"希特勒大发雷霆"改"希特勒暴跳如雷","晚年"改"暮年","按照文件的规定"改"根据文件的规定","血是生命之河"改"血是生命之泉",等等,则是属于可改可不改的,还是不改为好。编辑加工中应避免这类无效劳动。

(2)加工整理的方法

1)认真审读,发现问题

进入加工整理阶段的稿件虽是三审审稿已经通过的,但加工整理时还要重新审读,重点应放在发现各种在加工整理中应消除的问题上。责任编辑如果不是审稿时的初审者,应先对稿件审读两遍。先快速浏览,后逐字逐句审读。对认为有必要进行加工的地方,可用铅笔写下意见或作出记号。

2)制订方案,标准一致

方案大体上应该包括加工的内容、标准、重点和难点、方法、完成时间等。加工方案根据不同的稿件可详可略,成套书或规模较大图书的稿件,应有详细的方案,便于加工中掌握始终如一标准,不至于因为时间长久和人员变动而发生变化,甚至造成前后矛盾或缺乏照应。稿件加工量不大的,方案可以简单些,也不一定要写成书面的。但是编辑不能毫无准备和思考,拿起笔来就进行加工。这样容易出问题,不是留下错漏,就是前后不一致甚至互相矛盾,有时改到后来发现前面改得不对,还要返工。

3)先定框架,后定细节

加工整理最好先从大的总体框架开始,然后再对局部细节作仔细的琢磨。"定框架",在审读的基础上再次审核稿件的结构是否理想,是否有篇章或较大的段落等需要再作调整,稿件的体例格式等是否还需要修改,从而确定稿件的总体框架。内容上有需要调整之处,应在征求作者意见后作好处理,体例格式方面的修改可由编辑决定。

4)选用色笔,书写端正

编辑加工时,一般用红色笔。如果是在手稿或手稿复印件上进行加工,编辑应选用与原稿颜色不同的色笔,让修改的字迹区别于原稿而且醒目。编辑作加工修改时,字迹要端正、规范。

【技能提示】

修改原稿与改正校样应有所区别。改正校样应该使用规定的校对符号,但修改稿件还是以按书写时的习惯使用有关符号为宜。

5)电子原稿,须留痕迹

现在用计算机写作、以电子文件作为原稿交给出版社的已成常态。电子原稿的好处是字迹清晰,页面干净,操作简便,修改方便,但也正是这种操作简便、修改方便的特点,容易留下作者与编辑对于修改权限的认定或者对于稿件责任的承担产生分歧的隐患。因此,编辑在对电子原稿进行加工整理时,应该注意做好备份,尽可能打印到纸样上修改,用不同颜色区别并备份,电子稿也可以在修订模式下修改。

(3)编辑加工的内容

编辑加工分内容和形式两方面的加工。具体有以下几个方面的工作:

1)消灭差错

加工整理的重点首先是消灭政治性的差错。如果放过了政治性的差错,对国家的危害自不待言,对出版社来说,轻则是停售报废出版物,重则是被责令限期停业整顿乃至被吊销出版许可证。因此,绝对不能掉以轻心。凡是法律法规明令禁止的政治性内容在稿件中出现,就属于政治性差错。一般来说,在审稿时就应发现这类问题,并由作者修改,如有疏漏,必须在加工整理时坚决予以清除。

对于稿件中思想性、知识性、科学性和文字、语法、修辞、逻辑、标点符号等方面的差错也要一一改正,其中大量的工作是改正错别字、用错的标点符号以及不通的语句等。

【案例 6.2】

政治性差错举例:

台湾是我国领土不可分割的一部分,香港和澳门主权已回归中国,是我国的两个特别行政区。书稿中不宜把"中国和港澳台"并列,也不能把港澳台列入"海外地区",更不可迎合台湾当局"一中一台"的分裂主义说法,把台湾称作"国家"。在提到台湾和大陆关系时,可以用"海峡两岸",或者"台湾和大陆",或者"中国和中国台湾";在表述与港澳关系时,可用"香港与内地""澳门与内地",或者用"港澳地区"等。

【案例 6.3】

书中的错别字举例:

①(朱元璋烽火台)在新池乡扬澜村附近,滨临鄱阳湖。("滨临"应为"濒临")

②南康医院……座落在秀峰大道南侧。("座落"应为"坐落")

③这类饮食店简漏、朴实,现做现卖,随叫随到,颇为方便。("简漏"应为"简陋")

④邹某因妨害公务罪被叛处有期徒刑 1 年。("叛处"应为"判处")

⑤砸死牲猪 68 头。("牲猪"应为"生猪")

⑥五叉路口高杆灯下。("五叉路口"应为"五岔路口")

⑦咸丰四年(1854 年)兵焚之后。("兵焚"应为"兵燹",按"兵焚"不成词,兵燹指战争造成的焚烧破坏等灾害)

⑧匡庐胜迹历千秋,秀水名泉冠九洲。("九洲"应为"九州")

【案例 6.4】

标点符号的差错举例:

①员工 81 人,其中女性 10 人,法人代表黄圣林。(第 2 个逗号应为句号,否则似乎是在暗示法人代表是一位女性。从语法上,"其中"可以管到句末)

②1992 年,创办星子职业中学,粉丝厂划归职业中学管理。作为学生实习基地。(前一个句号应为逗号)

2)润饰提高

编辑根据出版目的和读者对象特点,对稿件进行增删、修改,使其质量得到提高的工作就是润饰提高。如强化主题,调整结构,理清层次,梳理文字,删削赘文等方面。

对作者的稿件精心修改,使稿件的主题更集中、更鲜明,结构更紧凑、更合理,层次更分明,逻辑更严密,文字更晓畅、更精练。编辑改写或新增一些文字,就要求与原作的思想风格一致,其中涉及观点表述方式的修改或补充,必须征得作者同意。

3)规范统一

规范是指按照国家的规定统一有关用法。

例如:量和单位中,以前曾经通用的长度单位"公尺""公分"等已被废止,除在特定的条件下可以保留外,应该统一用法定计量单位"米""厘米"等。

其他如科技名词的选择,数字用法,汉语拼音拼写方法,标点符号用法,简化字、繁体字、异体字的使用,外文字母的大小写等方面,也都有明确的规范要求。

统一是要求同一部稿件中的人名、地名、书名、事物名、相关的材料和数据以及体例、格式等前后一致。尤其是丛书、成套书和多作者的稿件,常常由于写作者的习惯不同而造成大量的不统一,编辑在加工时应该特别注意。

4)其他工作

①核对引文。为了防止引文错漏,编辑应进行核对。一般应全部核对。个别稿件引用的资料过多过专,不能一一查对,编辑可随机抽查一部分,若作者态度严肃认真,引用正确,即可认可,若发现引文差错严重,可提出意见,退回作者核对。在收到退回的修改稿后,还要抽查确认作者是否认真作了核对。

有的引文核对时需要查对原文才能发现是否存在错误。

【案例6.5】

云无心以出岫,鸟倦飞而知远("远"应为"还")。

②查对资料。对于稿件中各种资料如统计数字、时间、地点、人物、事件、公式、图片等,应注意查对。

【案例6.6】

《中国××传媒发展观》中谈到央视一年播出某节目的时间总量是52分钟,编辑怀疑应为5万分钟,"万"字手写时易误为"2"。结果经过查对,果然是5万分钟。

③校订译文。翻译稿件的加工整理有一个重要工作就是要校订译文,改正错译和漏译之处。

④推敲标题。书中的各级标题,一般来说是由作者确定的,但编辑要协助作者推敲。标题要能代表该部分文字内容,并注意全书风格、形式的统一,如全书以引文作标题,则应全用引文,全书以诗词作标题,则全用诗词而不要夹杂散文标题。标题的设置要考虑图书的性质,如学术专著标题宜严肃、凝重,通俗读物标题宜轻松、欢快等。

6.2.3　发稿与发排

(1)发稿

发稿要使书稿达到"齐、清、定"的要求。

齐,就是要求文稿、图稿和附件(前言、目录、后记、附录等)都齐全无缺。

清,就是要求文稿、图稿等缮写、描绘清晰,符合排字、排版的需要。要注意的是,所谓"清",是指稿面写得清楚、改得清楚,并非不见修改的痕迹、不见红色。修改较多、较乱的部分,局部重誊剪贴即可。

定,就是要求内容确定,发稿后不再做大的改动。有些作者和编辑有这样一种想法,等校样出来后还可进行修改。这是要尽力避免的。

发稿时必须由责任编辑填写发稿单,送编辑室主任和总编辑审批。

表6.1　发稿单示例

×　×　×　出　版　社　发　稿　单

月　　　日发稿

书 名	封面: 版权:	初版发版 修订重版发排 <div align="right">版　　次印</div>		
著编译者	封面: 版权:	要求出书时间:		
类 别		版面字数	约　千字	估计印数	千册
类号		开本装帧	装　开	定价类别	
发交出版科	1.文字稿　　张(包括扉页、内容简介、外文版本说明、序、目录、正文、附录、后记等) 2.图稿　　　张(出书后退　　　　　　　　　) 3.照片稿　　张(出书后退　　　　　　　　　) 4.外文书　　册(出书后退　　　　　　　　　) 5.其他　　　　(　　　　　　　　　　　　)|			

续表

缺稿		于　　年　月　　日补发
编排次序	照原稿页码	
校样要求备注	需一校样　　　份,校　　　天;需二校样　　　　份,校　　　天; 需三校样　　　份,校　　　天;需 清 样　　　　份,校　　　　天	

责任编辑:　　　　　　编辑室负责人:　　　　　　社负责人:

(2)发排

设计部门将书稿设计完毕、批注清楚后,编辑要详细填写发排通知单,交送印刷厂发排。印刷企业根据发排通知单的要求,排印出校样,由印刷厂校对一次(毛校),改正后打成初校样,送出版社校对。

6.2.4　校对与设计

(1)校对

稿件清样除印刷厂毛校外,出版社一般要经过三次校对一次通读。校样除了由出版社校对人员校对以外,还必须由责任编辑审读。一般应审读初校样和三校样、读样,校对工作也是责任编辑全部工作中的一个重要环节,因为这是编辑对书稿进行最后一次检查和修改的机会。当然,这种修改只能控制在最小范围之内,不要造成版面大面积的变动。如果编辑加工和审读、初校阶段工作粗枝大叶,到读三校样时改动过多,造成经济损失应作为事故处理。校样一般还要送作者校阅并签字退回出版单位。

(2)设计

书稿在交印刷厂以前,要进行整体设计。

整体设计的内容有封面设计、开本、用料、版式设计、装订形式等,包括美术设计和技术设计两部分,一般由美术设计人员和技术设计人员分担。编辑要填写整体设计通知单。下面任务 3 会详细讲述整体设计内容,此处不赘述。

6.2.5　付印与发行

(1)付印

经过三校的清样,责任编辑通读检查后,由总编辑或主管副总编辑批准付印。付印工作由生产部具体负责。生产部根据发稿和发行部门提供的情况,以及印刷能力,负责制订年度出版计划,并报领导批准。如果是出数字图书,则没有付印环节。

(2)发行

当初版书发稿时,编辑提供有关材料,为营销发行部门印发征订单,总编室和营销部门一起负责宣传。营销发行部门根据有关情况和对图书市场的分析,并征求生产部和有关编辑室的意见,提印。营销发行部门还应在规定时间内向全国征订,寄发宣传品,利用各种方式,开拓多种渠道进行图书的销售。

6.2.6　重印与重版

(1)重印和重版的概念

重印是图书第一次印刷后,没有改动或改动甚少的再次印刷;重印时开本、书号、版式均不变,但封面、扉页可以重新设计;中国标准书号条码一般不变,若定价调整则须在原条码后加上附加码。重印应在版本记录中标明印次,每重印一次记录一次,逐次累计。

图书重印能及时满足读者的需要,取得最佳经济效益,还可以不断提高图书质量。

重版是对原书作较大修改后重新排版印制。再版要进行较大修改;有的标明有的不标明"修订本";再版的图书照原样再印或略作小改动再印,称为再版书重印。重版能提升图书的使用价值,能使出版资源得到深度开发,能打造图书的品牌。

(2)重印重版的条件

首要条件是图书的高质量所引来的不间断的读者需求;有读者需要才能重印,

重版如果内容变动较大,还需要作者愿意配合修订;决策者对本单位人力、财力、物力等条件作周密的考虑,妥善作出安排重印或重版。

(3)重印重版程序

重印程序有:市场调查,提出重印报告单,检验出版合同,审读重印书(三审制),办理重印发稿手续,责编填单,三审,交总编室登记后发生产部门,安排印制。

重版程序与初版书大同小异。

修订工作一般由作者承担,编辑与修订者共同制订修订方案、原则、重点,集体论证后实施;出版单位接到重版稿后,应按照出版图书的要求审稿、编辑加工整理和审定发稿。

【案例分析与实训】

1.情景模拟与实训:你是一位新进出版单位的职工,单位安排你轮岗见习,请以出版单位编辑部门的不同岗位角色(策划编辑、文字编辑、技术编辑、校对等)来分析并演练图书编辑的流程,学会运用这些流程。

2.编辑加工题:阅读分析短稿,并按照稿件加工整理的规范进行编辑加工。

林肯木屋

真难以相信,林肯——这位改变了美国历史并以解放黑奴而名副其实的美国总统,就降生在这座简漏的小木屋里。

1637年,林肯的祖辈从英国飘洋过海来到美国。经过几代迁徒,林肯父母落脚于肯塔基州霍金维尔镇以南约5千米的一片原始森林中。他们恳荒种地,伐木筑屋。1809年2月12日,就在这坐原木搭建的小屋,林肯出生了。他早年没有受过正规,后来当过工人、水手、店员、邮递员,工地测量员以及律师等,最后步入政界。1860年,林肯当选美国第16届总统。他目睹从路易斯维尔到俄亥俄州河口轮船上,被铁镣锁着的黑奴们的悲惨景相,深为痛苦。林肯曾说过:"要象爱自己一样去爱所有的人"。在实现建立《民有、民享、民治》的民主政府的政治报负时,这位来自社会层底的平民总统基于他善良的行和带有宗教感的博爱。于1863年1月正式颁布了"解放宣言",并积极促成国会通过了宣告"结束并永远禁止奴隶制度"的《宪法第十三修正案》。他还是美国历史上第一位邀请黑人到白宫做客并与黑人交朋友的美国总统。1865年4月14日,林肯遭人枪击,翌日与世长辞。

1900年,出版商L克利尔和作家马克·吐温组织"林肯农场协会",买下这座木屋和周围的农场加保护。后来,这片农场被辟为国家公园。1911年,在林肯木屋遗址旁又出了一座古典风格的纪念馆。

今天,这里的森林、农场和林肯木屋虽然经历了四来年的风雨,却依旧如初,就像静止在 19 世纪初。各式各样的旅游说明书上,都硕果仅存地详尽注明了这里的一木一石的历史价值。游人走进林肯木屋时,会听到讲解员一段意气风发的话:"有森林才有原木,有原木才有木屋,有木屋才有林肯,有林肯才有这个国家。"这段话令人回味良久。

任务3 分析图书整体设计

【案例导入】

"世界最美的书"的评选代表了当今世界图书装帧设计界的最高荣誉,评判标准主要有4点:一是形式与内容的统一,文字图像之间的和谐;二是书籍的物化之美,对质感与印制水平的高标准;三是原创性,鼓励想象力与个性;四是注重历史的积累,体现文化传承。

"世界最美的书"的评选,有着严格的评审程序和全面的评审要求。强调书籍整体的艺术氛围,要求书籍的各个部分,封面、护封、环衬、扉页、目录、版面、插图、字体等在美学上保持一致,装帧形式必须适合书籍内容,在制作上达到最高的艺术水平和最高的技术水平相统一。对于不同国家不同文字的图书如何进行评选,"世界最美的书"的评委们认为,图书设计的艺术性在于文字的排式、比例,在于是否构成了一件艺术品,体现了一种文化氛围,不仅要吸引人的视觉,还要使人的手感舒适。

《江苏老行当百业写真》获2019年"世界最美的书"荣誉奖,这也是本届"世界最美的书"唯一获奖的中国书籍。该书由江苏凤凰教育出版社出版,设计师同时也是本书的选题策划者,书稿由长期关注老行当的摄影家和作家合作完成。评委会给的评语是:"设计处处显露真情,用老店铺包点心的粗陋纸张并打毛边,表现逐渐消失的民间老行当百业,有朦胧之美。采用古老而民间的装订方式,页码设置奇特。内文的文字与大图片使用不同材质来表现,丰富了视觉语言。黑白图片印在粗陋纸张上,产生古老斑驳的意向,仿佛显示了新百业皆源自老行当。"

图6.4和图6.5是2018年获德国莱比锡"世界最美的书"设计银奖的《园冶注释》和获2017年的莱比锡"世界最美的书"银奖的《虫子书》封面,请查找相关资料并分析这两个封面设计中有哪些特别之处,封面设计中运用了哪些因素体现书的内容,封面与内容是如何配合的,整体设计有哪些亮点?

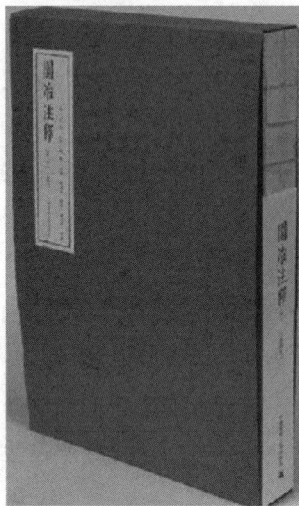

图 6.4 《园冶注释》封面设计

图 6.5 《虫子书》封面设计

【课程内容】

6.3.1 整体设计的内容

德国图书艺术基金会主席乌塔·施奈德认为,当今图书设计更强调书籍总体上的艺术氛围,要求书籍各个部分——封面、护封、环衬、扉页、目录、版面、插图、字体甚至手感等在审美上必须保持一致,符合图书内容,并方便阅读。《图书质量保障体系》指出:"图书的整体设计,包括图书外部装帧设计和内文版式设计。设计质量是图书整体质量的重要组成部分。"图书的外部装帧设计,包括图书形态设计、图书美术设计、图书装帧制作工艺设计等。其中,图书形态设计包括图书开本的选择与图书结构、装订样式的确定,图书美术设计包括封面、护封、环衬,主书名、插页等的设计,图书装帧制作工艺设计包括印刷工艺运用和材料的选择。图书的版式设计,包括用字的选择、版心的确定、文字的排式以及图文在版面上的编排等。

图书的整体设计,必须兼具整体性、艺术性、实用性、经济性的要求。

整体性。图书整体设计必须与图书出版过程中的其他环节紧密配合、协调一致,更要在工艺选择、技术要求和艺术构思等方面具体体现出这种配合与协调。

艺术性。整体设计应具有独立的审美价值。艺术性原则不仅要求整体设计充分体现艺术特点和独特创意,而且要求其具有一定的艺术风格。这种风格,既要体现图书的内在内容、图书的性质和门类,也要体现一定的时代特色和民族特色。

实用性。图书整体设计必须充分考虑不同层次读者使用不同类别图书的便利,充分考虑读者经济上的承受能力和审美需要的结合,充分考虑审美效果对提高读者阅读兴趣的导向作用。

经济性。图书整体设计不仅必须充分考虑图书的阅读和鉴赏的实际效果,而且必须兼顾经济效益的比差,所需资金投入与带来实际经济效益的比差,设计方案导致图书定价与读者承受心理、承受能力的比差。

6.3.2 图书的开本

(1)概念

开本的有关概念前面已经提及,此处不再讲述。

(2)开切法

与开本密切相关的纸张开切方法有几何级开切法、直线开切法和纵横混合开切法。

几何级开切法是将全张纸按反复等分原则开切,可开出对开、4 开、8 开、16 开、32 开、64 开、128 开等开本。直线开切法是将全张纸横向和纵向均按直线开切,可开出 20 开、24 开、36 开、40 开等。纵横混合开切法是将全张纸的大部分按直线开切法开切,另一部分按单页开切,如 27 开、38 开。

(3)开本的规格

除上述各种规格外,还有其他规格。因此,在选择、确定开本时,不但要标明开本规格名称,还须注明其实际幅面尺寸,如长 32 开(113 毫米 × 184 毫米)、大 32 开(140 毫米 × 203 毫米)等。在版本记录中,则须标明全张纸的规格和开数,如开本 787 毫米 × 960 毫米,开本 850 毫米 × 1 168 毫米,1/32 等。

(4)开本的选择

开本的选择应考虑以下因素:

图书性质种类。不同种类的图书,对开本有不同的要求。如画册、图集等,大型开本或特殊开本,经典著作和学术著作及大型工具书、高等教育教材、刊物等,多用较大的中型开本;通俗读物、中小学教材等,多采用较小的中型开本;儿童读物、小型工具书、连环画等多采用小型开本。

图书的篇幅容量。书籍篇幅也是决定开本大小的因素。几十万字的书与几万字的书,选用的开本就应有所不同。一部中等字数的书稿,用小开本,可取得浑厚、庄重的效果,反之用大开本就会显得单薄、缺乏分量。而字数多的书稿,用小开本会有笨重之感,以大开本为宜。

图书的用途。如查检类、鉴赏类、藏本类图书,多采用大中型开本;阅读类图书,多采用中型开本;便携类图书,多采用小型开本。

【技能提示】

诗集,一般采用狭长的小开本,合适、经济且秀美。诗的形式是行短而转行多,读者在横向上的阅读时间短,诗集采用窄开本是很适合的。相反,其他体裁的书籍采用这种形式则要多加考虑。同时需考虑纸张的使用,设计是因书而宜。经典著作、理论书籍和高等学校的教材篇幅较多,一般大 32 开或面积近似的开本合适。小说、传奇、剧本等文艺读物和一般参考书,一般选用小 32 开,方便阅读。为方便读者,书不宜太重,以单手能轻松阅读为佳。青少年读物一般是有插图的,可以选择偏大一点的开本,儿童读物因为有图有文,图形大小不一,文字也不固定,因此可选用大一些接近正方形或者扁方形的开本。字典、词典、辞海、百科全书等有大量篇幅,往往分成 2 栏或 3 栏。

读者对象和书的价格。读者由于年龄、职业等差异对书籍开本的要求就不一样,如老人、儿童的视力相对较弱,要求书中的字号大些,同时开本也相应放大些,青少年读物一般都有插图,插图在版面中交错穿插,所以开本也要大一些。再如普通书籍和作为礼品、纪念品的书籍的开本也应有所区别。

6.3.3　图书的版式

(1)概念和内容

版式是指书籍正文全部格式的设计。版式设计要求既艺术又科学,既能与书籍的开本、装订、封面等外部形式协调,又能便于读者阅读。

版式设计的内容相当广泛,包括版心、排式、用字、行距、标题、注文、版面装饰和版式设计的批注,等等。

(2)版心安排

版心指每一面书页上的文字、图版部分。版心在版面所处的位置,我国和西方国家的设计习惯有所不同。我国线装古籍的传统是版框偏下,也就是天头宽于地脚,便于读者在天头加眉批。从美学角度看,这与中国书画装裱和古典建筑的典雅稳重是相通的。现代直排书籍亦继承这一传统。改为横排后,大都保留天头宽于地脚的习惯。

版心的安排,还要从书本打开后左右两面统一考虑,使左右两个版心向心集中,相互关联,给人以整体感、紧凑感。

版心的大小,要从书籍的性质来考虑。例如,理论书籍的白边要留得宽些,便于读者批注。字典、手册等工具书和资料性小册子,白边可少留些。

版心的宽度和高度的具体尺寸,视用字大小、每行字数、每面行数而定。

(3)图书的排式

排式是指正文的字序和行序的排列方式。我国传统的方式是直排,字序自上而下,行序自右至左。"五四"以后,采用横排。1955 年 12 月,文化部作出关于汉字书籍、杂志横排的原则规定,从此,全国新出版的书刊,除古籍及少数不宜横排的书籍以外,多数出版物已采用横排。

为了保护读者的视力,字行的长度应有一定的限制。字行过长,有损读者视力,降低阅读速度。如果字行太短,读者两眼不停地来回转动,也会造成阅读不便。我国现行的大 32 开本用五号字横排,每行 27~29 字,长 100~108 毫米,小 32 开本用五号字横排,每行 25~27 字,长 92~100 毫米,用小五号字横排,每行 29~31 字,长 92~98 毫米。

一般书籍是通栏排版。在 16 开本或更大的开本上,若用五号字或小五号字排版,可排双栏。期刊多采用双栏,不宜分双栏排的文章(如序言、题词等),可酌情改用稍大的字排,或适当缩小版心。

有些书籍为了适应正文标题多、每段文字简短等特点,同时为便于读者翻检,也采用分栏排。如词典、手册、索引、年鉴等,一般分成两栏或三栏排。

每段文字的开头,一般空两个字。但分栏排的书籍,如果每行字数不超过 20 字,也有空一字起行的(常见于工具书)。横排诗歌要大体居中,防止版心左重右轻,每句的起句与第一行齐头(阶梯式诗歌例外);剧本则要突出其主要部分台词。

(4)用字与行距

图书常用的字体有宋体、仿宋体、黑体、楷体四大类,每一类又分为若干字号。图书的正文常用小四号、五号或小五号字,标题常用二号至四号字,注文常用六号字。

行距是指两行文字之间的空白处。行距过窄,版面不美观,且易导致跳行错读;行距过宽,版面松散,浪费纸张。在同一图书中,行距应一致。一般图书的行距,是正文用字高度的 3/4。

(5)标题的处理

图书中的标题有繁有简,一般文学创作仅有章题,而学术性的著作则常常分部、分篇,篇下面再分章、节、小节和其他小标题等,层次十分复杂。为了在版面上准确表现各级标题之间的主次性,除了对各级字号、字体予以变化外,版面空间的大小,装饰纹样的繁简,色彩的变换等都是需考虑的因素。重要篇章的标题必要时可从新的一页开始,排成占全页的篇章页。

以五号字横排的 32 开书籍的标题字排法为例:

大标题二号或三号字。如果是另面起排的一级地位要大些,约占版心的 1/4,即标题和上下空白约占正文的 6~7 行。接排的约占 4~5 行。中标题用四号或小四号字,占 2~3 行。小标题用与正文同一字号的其他字体。例如用五号黑体,占 1~2 行。一般说来,标题字和正文采用同一字体时,标题大于正文用字,当标题字和正文采用同一字号时,标题字不同于正文字体。

(6)版式的批注

图书正文的字体、字号、行距、排式、版心位置等共同规格,一般是在设计说明书或发排单上作总的说明。至于标题、引文、注文等,格式变化较多,应在原稿各页分别批注。字号和字体的批注,习惯省称。如:二宋表示排二号宋体。

标题的批注,除注明字号、字体外,还要注明所占行数。如:

小四宋三行　表示标题用小四号宋体,占正文三行位置

三仿四行　表示标题用三号仿宋体,占正文四行位置

三楷四行　表示标题用三号楷体,占正文四行位置

二黑六行　表示标题用二号黑体,占正文六行位置

标题的位置是居中还是顶格(齐头),也要批注。如"三楷、居中、四行",此外,还有其他特殊要求的也要批注,如另页、另面、齐尾等。

6.3.4　插图

图书的插图按内容和功用可分为两类:技术图解性插图、文艺性插图。

为帮助读者理解书的内容,补充文字难以表达的部分而绘制的插图,称技术图解性插图。这类插图是某些学科必不可少的重要组成部分。如天文地理、医学等

图书有许多内容仅靠文字很难说清楚,是语言所不能表述的,这时的插图就可以补充文字难以表达的内容,一些深奥的概念得以形象化的解释,使读者能够轻松、愉快地加深理解。

选择书中有典型意义的人物和场面绘制的插图,称文艺性插图。这类插图以文学艺术为前提,选择书中有意义的人物、环境,用构图、线条、色彩等视觉因素去完成形象的描绘,它具有与文字相独立的欣赏价值,增加读者的阅读兴趣,使可读性和可视性合二为一,加强文学书籍的艺术感染力,给读者以美的享受,对书中精彩的描述留下深刻形象的印象。

插图的编排形式一般有文间插图、单页插图、集合插图。

文间插图:是指小于版心,夹排在文字中间的插图。图、文相互穿插,形成一个整体的版面。这类版式除了文字部分要受到版心外框限制外,还受到插图轮廓的影响。字句要依轮廓形成长短不一的排列,是构成一种独有的版面风格。这时的插图已融入到版面之中。这种版面的编排活泼、趣味性强,图文相互依存。但要注意的是,图文搭配不当将会给读者的视觉造成一种混乱感,影响前后文字的连贯。

单页插图:印成单页插入书中有关章节。即展开书籍时一面为文字,另一面为插图。这种版式设计的关键在于文字与插图的均衡关系,因文字版是按版心统一编排的,所以插图的大小及位置所在,均以版心来定,以视觉舒适,空间搭配合理为佳。

集合插图:把全书中所有的或部分插图集中起来,排印若干页,放在书前、书后或篇章之间,称集合插图,又称图版。一般用较好的纸张印刷。

插图的图序和图名,一般用比正文字号小一号的字,或与正文不同字体的字,排在图的下方,图注的字体可再小些。

6.3.5 封面

封面上简练的文字主要有书名(包括丛书名、副书名)、作者名和出版社名。这些封面上的文字信息,在设计中起着举足轻重的作用。在设计过程中,为了丰富画面,可重复书名、加上拼音或外文书名,或目录和适量的广告语。封面上的图形包括了摄影、插图和图案等。底封一般印书号、定价、条码和出版社的标志。书脊上一般印书名、编著者和出版社名。

(1)封面设计要考虑的因素

封面设计要考虑以下因素:

①书的内容、性质和风格；

②书名字面意义和长短，著译者的多少，出版社名的安排，是否是成套丛书，是否有统一的设计要求，是否有书标；

③读者对象或使用场所；

④书的排式、篇幅、开本、装订形式与用料；

⑤印刷条件和出书期限。

（2）封面设计的表现手法

从大的方面说，主要有下列 3 类。

1）写实手法

用该书所提供的形象材料来直接表现书的内容。写实手法应用在少儿的知识读物、通俗读物和某些文艺、科技读物的封面设计中较多。因为少年儿童和文化程度低的读者对具体的形象更容易理解。而科技读物和一些建筑、生活用品之类的画册封面运用具体图片，就具备了科学性、准确性和感人的说明力。

2）写意、象征手法

用象征性的图画、色彩、线条，抽象地表现图书的内容、精神。在文学类图书的封面上大量使用"写意"的手法。中国画中有写意的手法，着重于抓住形和神的表现，以简练的手法获得具有气韵的情调和感人的联想。有人把自然图案的变化方法也称为"写意变化"，在简练的自然形式基础上，发挥想象力，追求形式美的表现，进行夸张、变化和组合。而运用写意手法作为封面的形象，会使封面的表现更具象征意义和艺术的趣味性。有些科技、政治、教育等方面的书籍封面设计中，有时很难用具体的形象去提炼表现时，可以运用抽象的形式表现，使读者能够意会到其中的含义，得到精神享受。

3）装饰手法

用能够和本书的内容、性质相协调的色彩、线条或图案来装饰封面。常常是多种手法结合运用而成。

6.3.6 装订样式

图书的装订样式是指用不同装帧材料和装订工艺制作的图书所呈现的外观形态。

图书结构及其装订样式的选择，应考虑图书性质类别、篇幅、用途、读者对象及可提供的材料、工艺等因素。对结构部件的选择，实际上只是对非必备部件的选择。可选择的是环衬(精装、平装)、护封(精装及软精装)与函套(经典类图书、价值较高的图书)。

对装订样式的选择有精装、平装等几种方式。精装:较大篇幅的经典著作、学术性著作、中高档画册等,多采用考究程度不等的精装样式;平装:较小篇幅的通俗读物、少儿读物、教科书、生活类用书等,多采用结构相对较为简约的平装样式;软精装:比较讲究的图书,但成本又不能太高,可以考虑;线装:考究的古籍图书仍采用线装的样式;散页装:教育类挂图和美术小品集,多采用散页装的样式。

(1)平装(简装)

整本书由软质纸封面、主书名页和书芯构成,有时还有其他非必备部件,如环衬、插页等。

1)普通平装

由不带勒口的软质封面、主书名页和书芯构成。一般不用环衬,有的主书名页与正文一起印刷。

2)勒口平装

由带勒口的软质纸封面、环衬、主书名页、插页(也有无插页的)和书芯构成。多用于书页相对较多(有一定厚度)的中型开本的图书。

平装书的封面目前大多会作覆膜处理,这是将透明有光或无光(亚光)的塑料薄膜,在一定温度、压力和黏合剂的作用下贴在封面纸上,使封面增加厚度、牢度和抗水性能。但为了环保,最好少用覆膜的办法,可选用特种纸做封面,或者用"过油"的办法代替。

平装书一般采用的装订方法有骑马订、平订、锁线订、无线胶背订和锁线胶背订、塑料线烫订。

(2)精装

其最大特点在于封面的用料和印刷加工工艺与平装不同,一般由纸板及软质或织物制成的书壳、环衬、主书名页、插页和书芯构成,因此比平装考究、精致。有下列3种形式:

1)全纸面精装

由全纸面书壳、环衬、主书名页、插页(若有的话)和书芯构成。保护书心作用较强,制作成本相对较低。

2)纸面布脊精装

书脊使用的是布料或其他织物,面封和底封使用的是纸板和软质纸制作的书壳。构成与全纸面精装同,制作成本相对也不高。

3)全面料精装

书壳的面封、书脊和底封都用布料或其他织物、皮料等面料和纸板制作成书壳。构成与全纸面精装同。在书壳外面包有护封,因其考究、精致的程度胜过前两种精装样式,制作成本相对较高,多用于相当考究、精致、发行量又较小的高档图书。

3种精装样式都有圆脊和平脊两种形态。

圆脊是指书芯的脊背经砑圆(扒脊)工艺处理成带有一定圆弧的凸状,而外口则呈圆弧形凹状,与书壳套合后,即成圆脊精装形态。

平脊是指书芯的脊背不作砑圆处理,书脊和外口均无圆弧,与书壳套合后即成平脊精装形态。精装书的书芯装订方法一般采用锁线订、胶背订、锁线胶订。

(3)线装

将均依中缝对折的若干书页和面封、底封叠合后,在右侧适当宽度用线穿订的装订样式。线装主要用于我国古籍类图书,也为其他图书装帧设计所借鉴。

(4)散页装

图书的书页以单页状态装在专用纸袋或纸盒内,是一种卡片式或挂图式图书,多具欣赏或示意功能。教育类、艺术类图书多见。

(5)软精装

平装样式吸收了精装封面比较硬的特点而形成了"软精装",又称"半精装"。它是在带勒口的面封和底封内各衬垫了一张一定厚度的卡纸,从而使封面的硬质、挺括程度超过一般平装图书。

【案例分析与实训】

就案例导入中的两本书,任选一本书,查找图书的相关资料并分析该书的封面和版面有何特点,书的整体设计与书的内容是如何配合的,请写出分析报告。

【综合实训】

1.教师组织实训材料的准备(图书部分章节,10 000 字以上);

2.通过对图书(部分章节)的编辑加工,让学生掌握前面所学的编辑加工的有

关知识,培养学生的动手能力;

3.学会选择并标注字体、字号、占行、标题层次、版式批注;

4.要求学生课后讨论试写编辑加工小结;

5.以责任编辑的角色,以学习小组为单位,学会运用编辑各流程并互相评价。

【课外拓展】

选取你最喜欢的一类图书,对该类图书的市场情况进行调查并分析它们的结构特点、装帧形式与销售价格之间的关系。

模块7

报纸编辑

学习目标

知识目标

1.了解报纸策划编辑工作的主要内容、传播特点；

2.理解报纸编辑策划的基本流程及原则；

3.了解文稿编辑工作的主要内容；

4.理解选稿、改稿、配稿以及标题制作的基本内容和方法；

5.识记报纸版面的组成要素；

6.理解报纸版面编排设计的方法和流程。

能力目标

1.能进行简单的报纸新闻策划；

2.能分析报纸新闻报道策划、专刊策划的优劣；

3.能识别报纸版面的基本结构；

4.能运用版面设计的原理评价报纸版面设计；

5.能运用选稿、配稿、改稿的方法进行稿件的处理；

6.能进行新闻标题的分析和制作。

任务 1 报纸编辑策划

【案例导入】

第 24 届冬季奥林匹克运动会将于 2022 年 2 月在北京举行。2019 年 5 月 10 日是北京冬奥会倒计时 1 000 天,在这一特殊时间节点,《新京报》为此推出了 20 个版面的冬奥倒计时特刊——《冬奥面孔》。通过采访冬奥组委的有关负责人、会徽设计者、场馆建设方、志愿者等冬奥追梦人,借助他们的讲述引导读者期待北京冬奥会的到来。

《新京报》的冬奥会倒计时特刊中,每个版面都有精细划分的主题,有着较为丰富的图文内容。如特刊利用第三版整版介绍了北京冬奥会 109 个比赛项目,限于版面只能对每个项目作出简要的介绍,但特刊有效地借助了图文阅读的优势,通过寥寥数字和生动的图画让读者对冬奥会上的各项冰雪项目有了大致了解,有利于提升冰雪运动对国人的影响。

同时,《冬奥面孔》这份冬奥倒计时特刊在人物采访方面别具匠心,包罗了多方冬奥追梦人的面孔,北京奥运城市发展促进会副会长蒋效愚、北京冬奥组委副秘书长徐志军、国家速滑馆公司党委书记武晓南、奥运会志愿服务培训专家王雷等来自各方的冬奥人成为《冬奥面孔》的主角。通过这些人亲身参与冬奥会筹备建设的感受,广大读者可以了解到冬奥会的筹备进度以及冬奥人为之付出的努力,更表达出了全民对 1 000 天后的北京冬奥会的期待和祝福。

《新京报》在北京冬奥会 1 000 天倒计时专题报道上有何特色?

【课程内容】

7.1.1 认知报纸与报纸编辑

(1)报纸的定义与分类

1)报纸的定义

报纸是指有固定名称、刊期、开版,以新闻与时事评论为主要内容,每周至少出版一期的散页连续出版物。①

2）报纸的分类

报纸按照不同的标准，可以分为多种类型：

以报纸幅面大小分，可分为对开报和四开报两大类。

以报纸内容分，可分为综合性和专门性两种。

以发行范围分，可分为全国性报纸、地方性报纸和跨区域报纸。

以出版的时间分，可分为每天出版的日报、晨报、午报、晚报，每周出版一次的周报，每周出版 2~3 期的周二报和周三报，也有每 10 天出版一期的旬报。

以属性分，有党报与都市报之分。

我国原新闻出版署曾将报纸分为机关报、行业报、社会群众团体报、企业报、晚报、生活服务报、文摘报、综合类报、军报等。

（2）报纸的传播特点与优劣势

1）与同为印刷媒介的杂志、图书相比

受众面广，数量庞大。报纸尤其是综合性日报满足的是大多数人的基本信息需求，而杂志和图书则相对专门化一些，报纸读者的数量也远远超过了杂志和书籍。

信息量大。报纸的发展趋势之一就是不断地变厚，通过扩版加页，增加信息量。

时效性强。报纸中最重要的品种是日报，遇到突发新闻，随时可以出号外。而杂志中即使是出版周期最短的品种——周刊，在时效性上也不及报纸。图书的时效性就更弱了。

制作简便，成本低廉。报纸用新闻纸印刷，且多是不用装订的散页出版物，较之装帧精美的杂志和图书而言，生产成本低廉。

影响力大。由于受众数量庞大，又能及时传播信息及观点，提供服务，报纸自然也就拥有了强大的社会影响力。

2）与广播、电视等电子媒介相比

选择性强。报纸读者可自由掌握阅读的时间、地点、内容、速度、顺序等。

可保存性强。报纸可以反复阅读和相互传阅。

长于深度表达。报纸可以通过文字与图片的结合，深化报道内涵，供人仔细品味、反复咀嚼，以深度弥补现场感和时效性的不足。

---

① 参见原国家新闻出版总署颁发的《报纸出版管理规定》，2005 年 12 月 1 日起施行。

时效性差。报纸出版过程复杂,程序繁多,印刷次数有限,且报纸的递送还要依赖交通运输工具,时效性难以与可对事件现场进行同步直播的广播电视媒介媲美。

读者范围局限性较强。阅读报纸需要一定的文化水平,需要读者有较强的理解能力,对受众文化程度的要求比较高,一些专业性较强的专业报纸受众面则更窄。

感染力相对较弱。报纸无法提供活动的视觉形象和生动的听觉形象,在报道形式上既缺乏电视新闻的动态,也不及广播报道亲切。

(3)报纸编辑工作的内容与特点

1)报纸编辑工作的内容

报纸编辑工作指报纸编辑在报纸生产过程中所进行的一系列工作。报纸编辑工作的业务范围包括策划、编稿和组版3部分。策划指报纸策划和报道策划,编稿指分析与选择稿件、修改稿件和制作标题,组版指配置版的内容和设计报纸版面。

2)报纸编辑工作的特点

①报纸编辑是办报方针的执行者,是报纸形象的设计者。

②报纸编辑是新闻报道活动的策划者和组织者,记者从事采访写作的指挥员和参谋。

③报纸编辑是各种新闻资源的整合者。通过编辑的归纳、加工,对新闻素材进行再加工、再创造。

7.1.2　报纸编辑策划的内容

报纸编辑策划是指报纸编辑人员对新闻传播活动以及与此相关的媒体行为所进行的策划。这种策划既包括报纸编辑人员在新闻传播过程中的决策与设计性工作,又包括对报道策划活动的组织与管理。报纸编辑策划分为以下两个层面:

(1)宏观策划

宏观策划是报纸最根本性、最基础的总体策划,它解决的是报纸整体定位和发展目标、发展理念等大问题。从事这种创造活动的通常是报社总编辑、编委会成员、新闻采编部门的负责人等,还有一些从社会各界邀请的政府官员和专家学者,以及报纸的热心读者。宏观策划一般是在报纸创办或改版时进行,重点包括以下几个方面:

1）报纸定位策划

报纸定位策划包含报纸读者定位策划、报纸功能定位策划、报纸形象定位策划3个方面。报纸读者定位策划就是要确定报纸的目标读者,明确报纸为谁而办;报纸功能定位策划是确定报纸所要承担的职能和所要发挥的功用,包括社会效益和经济效益的指向性规定;报纸形象定位策划就是报刊自身的追求,即决定报纸具有什么样的风格品位。

【技能提示】

报纸定位的3种导向:

①读者导向,以读者对象为基准来确定自己的位置。明确读者是谁,如何吸引他们。②竞争导向,以竞争对手为基准来确定自己的位置。明确竞争对手是谁,如何赢得竞争优势。③主体导向。以主体优势为基准来确定自己的位置。明确自身特长、优势何在。

2）报纸编辑方针策划

报纸编辑方针策划主要包括确定报刊宗旨、编辑方针。报刊宗旨是传媒创办的目的,一般用宣传性的口号对社会公布。如同为财经类报纸,《21世纪经济报道》以"新闻创造价值"为其报道理念,《经济观察报》则强调"理性,建设性"。编辑方针是编辑工作中必须遵循的最高准则,它规定了新闻内容的范围构成、重点及其特色、风格等,体现了报刊的立场和观点。

【案例7.1】
《南方周末》定位的三次历史演变

《南方周末》创办二十多年来,一直在寻找与不断变化的中国实际的结合点,通过对社会实际的超前把握来建立自己的差异化竞争优势。与此相对应的是,其报纸定位发生了三次较大变化。

第一次定位:1984年《南方周末》创刊,对开四版,定位为娱乐型周报,侧重介绍文化("专家视角""彩色广场")、娱乐("时尚""旅游""芳草地")、学术("周末茶座")、名人轶事("艺林")、经济("经济与人""消费广场")、时政("时事点评""人与法")、言论("纵横谈")等内容。当时的《南方周末》定位于具有岭南特色的"都市休闲"报,以刊登消遣性、娱乐性新闻为主,更加贴近老百姓的日常生活。

第二次定位:20世纪80年代末期,全国周末报市场风起云涌,得到迅速发展,也难免鱼龙混杂,《南方周末》敏感地意识到周末报的冬天即将到来。它敏锐地发现了社会转型种种矛盾和问题背后所蕴含的媒体对舆论监督和引导的巨大需求，以"正义、良知、爱心、理性"的报道宗旨，大胆的舆论监督、深切的人文关怀以及对弱势群体的持续关注为其报道风格，成功转型为在全国最具影响力的社会性大报之一。

第三次定位：进入 21 世纪，深度报道和批评性报道一时风行，而以舆论监督和批评报道见长的《南方周末》则认为，真正的主流媒体应把触角伸向更宽广的领域。将其受众清晰表述为"知识型读者"时，首次清晰表述了自身的读者定位：面向主流人群，锁定意见领袖，发挥舆论导向作用。该报通过增加时政版，创立城市专版，向理性的严肃类报纸转型。

（2）中观策划

中观策划主要是以报纸版面及下设的专栏、专版和专刊为策划对象，一般由栏目或版面负责人组织牵头。策划的内容包括版面设置、栏目设计、版面（栏目）内容定位、版式设计及包装等。一个优秀专栏、专版和专刊的策划，无论在内容还是形式上，都要新、奇、特，这既是策划的难点，也是策划的亮点所在。策划全新的版面、改版等都属于中观策划。

（3）微观策划

微观层面的策划，实际上就是报纸新闻报道策划，是指采编人员对新闻业务活动按新闻规律进行超常的、有创新的谋划与设计，以突出报纸特色，满足受众需要，提高传播效应。从新闻报道工作展开的流程来看，新闻报道策划主要包括：

1）新闻选题策划

选择哪些客观事物，抓什么问题进行报道就是新闻选题策划。一般而言，选题时要根据党和国家不同时期的中心工作大局，结合人民群众的现实生活以及报纸报道的客观条件进行选题。

2）报道意义策划

报道意义策划是对选题策划的发展和深化。编辑通过对选题的深刻理解和深入挖掘，提炼出新闻选题中所蕴含的政治价值、社会价值，对舆论进行有效引导。

3）报道形式策划

报道方式是指新闻编辑根据报道目标，运用各种方式组织若干相关报道，使之形成具有一定报道规模或持续一定时间的整体报道。

7.1.3　新闻报道的策划与组织

（1）新闻报道策划的主要类型

1）可预见性策划

这是对能够提前获知的事件性新闻和非事件性新闻的报道策划。所谓事件性新闻是指以某个独立的新闻事件为核心而展开的新闻报道,其事物变动的时态是突发性或跃进性的,如北京成功举办第 29 届奥运会、嫦娥四号升天等便是属于此类。非事件性新闻往往把多个事件、人物或地点发生的新闻点结合起来,综合反映某些人物与事物的变化,注重分析指导和对主题思想的挖掘,如庆祝中华人民共和国成立 70 周年、纪念改革开放 40 周年的报道都属于此类。

2）突发事件的新闻报道策划

这种策划也称为即时性策划报道,是指无法预见的突发性事件一经出现而立即进行的报道策划,包括自然灾难、战争、车祸、火灾、房屋倒塌、暴力事件等。突发性新闻事件往往具有很高的新闻价值,是各家报纸竞相报道的对象,但对其策划不可能提前进行,对报道过程也无法进行预先控制,只能随新闻的发生、发展做出即时反应和调整。编辑在这种策划中要关注详情和时效,始终把握事态发展,首发新闻和后续报道要一气呵成。

【案例 7.2】

《华西都市报》四川汶川大地震报道

汶川地震发生后,华西都市报快速反应,安排记者采访,并随着灾情发展和政府救援行动的展开,在很短时间内就对报道的主题、方式和手段进行了迅速决策。该报及时将常规版面调整为:一版刊登领导亲临灾区慰问群众的动态信息,二版为紧急动员,三版为紧急救援,四版为灾情扫描,五版为成都抗灾,六版为危情时刻,七版为震波冲击,八版为患难与共,九版为科学抗震。该报的报道策划注意选择报道重点,确定报道方案,同时敏锐地反馈读者信息,配合政府稳定社会秩序,澄清虚假传言,普及地震自救知识,做到快速充分、及时透明地公开信息,第一时间抢占了舆论制高点。在此基础上,该报还积极策划各项赈灾活动。一系列行动充分反映了媒体的社会担当和职业精神。[①]

---

① 翟琨,郑梅.总体策划+跟进策划——四川汶川大地震华西都市报一周报道分析[J].新闻与写作,2008(7).

3）常规性报道策划

这是指对日常新闻报道的一种常规性报道策划,具有周期性的特点。这一类新闻不像重大新闻和突发事件那样具有让人"一见钟情"的魅力,往往是相对平淡、静止,这更加需要记者与编辑主动策划,以制度化、规范化的策划运作保证新闻传播效果。

4）联动型新闻报道策划

这种策划又叫新闻事件策划,是指新闻报道策划与其他策划活动(主要为公益性活动)相关联,并相互间发生作用的新闻报道策划。在这种策划中,报道策划与活动策划"联动",编辑记者参与设计、促成新闻事件的发生并加以报道,他们既是事件的观察者、报道者,同时还是事件的参与者、组织者,甚至是实施者。

（2）报纸新闻报道策划方案的主要内容

1）明确报道的范围、重点与效果

报道范围是指报道对象是哪些人和事,报道面有多大。报道重点则规定了哪些是报道的核心人物或核心事件、核心问题,并在媒体上也需要予以突出表现。①

2）规定报道规模、进程与时机

报道规模是指报道持续进行多少时间、占据多大版面空间和多少栏目配置、运用多少采编力量。报道进程是指报道过程的安排,即报道何时开头、何时推进与扩展、何时结束以及各阶段之间如何转接。

3）编排新闻报道的发稿计划

发稿计划是报道进程中各阶段刊出新闻稿件的统筹规划,包括确定每条稿件的题目、内容、体裁和篇幅,确定稿件刊出的先后次序与具体时间,稿件在版面上的位置。发稿计划是对报道规模与报道进程的具体落实。

4）设计报道方式与表现形式

常用的报道方式主要有:

集中式——短期内组织大规模、多篇幅的稿件集于一定的版面,形成较大声势,具有强烈、醒目的效果。

系列式——着重于组织报道事物各个侧面的稿件,集不同角度的报道为一体,达成报道的深度和广度,具有启迪性。

连续式——对事件或问题的发展变化进行追踪,连续发出报道,反映其全过程,取得及时、深入、扣人心弦的报道效果。

---

① 郑兴东.报纸编辑[M].武汉:武汉大学出版社,2000:57-63.

组合式——集中一组稿件反映同一时间、不同地点的同类情况,或同一主题、不同门类的情况,形成较大的报道规模。

读者参与式——吸引读者参与新闻报道活动,读者的活动与意见构成报道的主要内容之一。

媒介介入式——新闻记者参与报道客体(一般是社会公益性活动),成为其中的重要角色。

媒介联动式——与其他新闻媒介共同进行同一主题的报道,实现资源共享、优势互补,扩大传播效果。

(3)新闻报道策划要点

1)选题创意要把握正确导向

新闻报道策划要摒弃平庸,追求创意,彰显独特。但必须明确的一点是,新闻报道策划不是策划新闻事实。因此,新闻报道策划必须以尊重客观存在为前提,无论是对选题的确定、内容的选择、规模设计,还是调整、修正,都必须顺应事物发展的自然规律,要善于把握报道的分寸与报道平衡性,不能哗众取宠或人云亦云。那种为了博得眼球而凭空设想,用主观想象代替或左右事实的"策划",应该坚决予以抵制和反对。

【案例7.3】

中国新闻网和浙江电视台钱江都市频道某栏目记者曾为"考察"医德医风,对杭州的医院做了一次暗访。记者用一个崭新的玻璃杯泡了一杯绿茶,并将茶水当作尿样,分别送往10家医院做尿常规检测,结果有6家医院不同程度地从茶水中检测出白细胞和红细胞,有5家医院给记者配了消炎药,总计药费1 300元。"茶水发炎"报道由此出炉,并迅速成为舆论热议的话题。支持者认为,媒体的这次策划意在维护公众利益,算得上大快人心之举;而反对者则表示,此举不符合新闻操作规范,背离了新闻职业道德,并且在事实上不利于构建和谐的医患关系。很快,卫生部作出了正面回应:让医院的尿程序去检验茶水,无异于打乱了有具体运行环境设定的电脑程序。《人民日报》也以《"茶水发炎"与媒体责任》为题发表评论,指出媒体记者假扮患者、伪造病史的"游戏",不仅违背了新闻职业道德,也掩盖了医学诊断的客观事实。不管初衷如何,"茶水验尿"之类的新闻策划都是违背新闻规律的,它不但使群众受到误导,也使新闻的真实性和媒体的公信力受到损害。

2)要准确定位,突出报纸个性和特色

许多新闻资源具有明显的共享性特征,编辑策划要做到独创性、个性化,就要

对自身的受众因素、环境因素、采编条件、报纸风格等进行全面分析,找出与同类报纸的差异性,并运用这种差异设计独家的报道选题、报道角度、报道方式和表现风格,力求对自己的读者有针对性。

3)要利用多种手段,有效整合新闻信息资源

比如,近年来在新闻报道策划中屡有创新的节庆日报道策划,各家报社都特别注意以专栏、专版、专题作为整合新闻资源的重要手段。在具体新闻资讯的排列组合中,注意以整合的思维梳理历史,以系统的思维展示成就,以发展的思维解读变化,使报道得以出新、出彩。

4)要善于与其他媒体联动,相互借力

一个好的新闻报道策划的实施往往是一个系统工程,要提倡全局观念,协同作战。尤其是互联网和其他新兴传播媒介迅速发展的今天,传统报纸如何与新兴媒体之间相互借力,互相造势,以达到新闻资源的增值成为了新闻报道策划的关注重点。

【案例分析与实训】

请你仔细阅读以下案例,并运用编辑策划原理分析其成功之处。

长期以来,报纸对科学家的人物报道存在着选题模式化,表达手法单一的现象。湖南日报尝试创新科学家的人物报道,从趣味性、故事化、可读性入手,于2017年3月20日至5月12日连续推出"走近科学家"系列报道,生动讲述14位科学家鲜为人知的事迹,展示了当代科学家们的风采,有力传播了创新发展理念和社会主义核心价值观。

科学家是推动科技进步的重要力量,他们探索着人所未知的领域,较之"娱乐明星""综艺大腕",是老百姓比较陌生的群体。该系列报道中既有德高望重的院士,也有长期坚守在基层的中青年科技人员。"走近科学家"系列报道,多维视角深度解读了湖南一批优秀科技工作者,将一个个有血有肉、有理想、有抱负的科学家带到大家面前。成功勾勒出"科技湘军"吃得苦、霸得蛮、肯钻研、勇攀峰的高大形象,不仅达到了弘扬科学精神、传播科学思想的目的,还将对激励全省广大科技工作者创新争先、凝聚建设科教强省的精神力量发挥重要舆论作用。

"走近科学家"系列报道一经刊出便同时被湖南日报报业集团旗下各新媒体平台进行融媒体报道推广,传播效果迅速放大。华声在线网站推出《走近科学家致敬"科技湘军"》大型专题,并策划上线同题H5;新湖南客户端专门开设大型专题"走近科学家",在平台上重点推送每篇报道。

经传播推广,"走近科学家"系列稿件被多家中央网站及门户网站、客户端转载,"科技湘军"成为网络搜索热词。专题点击量达 2 617.3 万,系列稿件总点击量达 9 243.4 万。同题 H5 力求展现扎根湖南的科学家们的辉煌成就和鲜活故事,在报道的基础上精炼和改编,每一位科学家都有绰号、有故事,亲切可感,总点击量达到 263 万。该报道在第二十八届中国新闻奖评选中获一等奖。

任务 2　选择、修改与配置稿件

【案例导入】

2018 年 10 月 8 日《河南商报》A08 版全媒体阅读版刊文《的哥见义勇为,政府奖励"甘 A88888"车牌》,报道称:甘肃兰州一名出租车师傅曾因见义勇为且坚持做善事获政府奖励"甘 A88888"车牌。此后,另一位司机承包该车,成为该车牌的新主人。人民日报官方微信公众号随即于当晚推送了此消息,标题为"'甘 A88888'号牌政府给了一辆出租车! 网友:干得漂亮!"。环球时报同样通过微信公号推送了这则消息。很快,这则带着"炸弹号""出租车""老人""做善事"等元素的消息,便迅速传播开来。

【真相】10 月 9 日,新京报网发快讯称,记者从兰州市公安局交警支队获悉,"甘 A88888"号牌系 2010 年 1 月 17 日正式启用,2017 年 7 月 13 日,兰州双龙汽车出租有限责任公司对其名下所拥有的"甘 A88888"号牌机动车进行报废更新,并办理注销登记业务。2017 年 8 月 22 日,该公司对新购置车辆办理注册登记业务,按照公安部相关规定,启用原有"甘 A88888"号牌。警方表示,目前,持有"甘 A88888"号牌的出租车是按照出租车公司办理注册登记的先后顺序依次排序确定,并无特殊之处,更无"奖励"一说。

此后,人民日报官微头条推送的相关文章显示"该内容已被发布者删除"。环球时报则用《我们"翻车"了!》的调侃跟进了此事的后续进展。

10 月 10 日,《河南商报》公布致歉声明,并对"假新闻出炉"过程做了细致的交代。声明指出,撰写该篇文章的实习记者听信单方信源并且将网上说法作为印证依据,再加上正值国庆假期,没有第一时间向当地主管部门进行求证以至于新闻失实。

你认为这篇假新闻产生的原因是什么? 作为编辑,如何才能避免此类假新闻的产生?

资料来源:年度虚假新闻研究课题组.2018 年度虚假新闻研究报告[J].新闻记者,2019(01).

【课程内容】

7.2.1　稿件的选择

（1）新闻稿件的来源

对于一家报社来说,其稿件来源主要有通讯社电讯稿、本报记者自采稿、通讯员来稿、读者自发来稿、有关部门发来的专稿、小报、简报上的供选稿、本报组织的专稿、其他媒体稿件。

一般来说,通讯社电讯稿、本报记者自采稿、有关部门专稿、本报组织的专稿采用率较高。

（2）选稿的基本原则

1）判断稿件价值

新闻稿件能否刊用及刊用的价值大小,取决于稿件内容的新闻价值大小。编辑判断新闻价值的依据主要有:

①及时。新闻事件发生的时间与发稿时间,两者之间的时间差越小,新闻价值越大。

②重要。新闻的重要性也有人称之为"影响力",是由新闻报道的事件、现象和对社会产生的影响决定的,新闻报道所涉及的社会领域越广泛、社会成员越多、介入程度越深,则新闻价值越大。

③显著。新闻稿件中涉及的人物、地点、事件等越著名,新闻价值就越大。

④接近。接近性是指新闻稿件的内容与读者的接近性。具体包括地理接近和心理接近两层含义。地理接近指新闻事件发生的地点离读者越近,新闻价值越大。心理接近指报道内容与读者心理的贴近性越大,报道可能激起读者的心理震动越大,新闻价值也越大。

⑤趣味。一般来说,新闻中所包含的信息或新奇,或富有戏剧性,或富有人情味,如奇闻趣事、社会新闻等都可判断为具有趣味性的事实。

以上5个方面是编辑在选择新闻稿件时主要考虑的内容,但并不等于说所有的新闻稿件都要同时具有这5个要素。一般来说,及时性、重要性、显著性这3条是新闻稿件入选的必备条件。

【技能提示】

选择稿件要"八看":

一看是否是有关党和国家的大事,或有关国计民生的重大问题;

二看是否是当前实际工作中要迫切解决的重大问题,特别是政策问题、思想问题、理论问题;

三看是否是广大人民群众一致而迫切的呼声、意见、愿望和要求;

四看是否是当前各战线、各部门涌现出来的新成绩、新纪录、新成就、新创造、新发现;

五看是否是当前实际生活中的新情况、新动向、新问题、新经验、新见解;

六看是否是新人、新事、新道德、新风尚;

七看是否真实、扎实、朴实,言之有物、言之成理、言之成章;

八看是否富有时效性、知识性、趣味性,是否与本地区、本行业、本阶层的关系特别密切。

2)考虑社会效果

报纸的性质决定其新闻报道必须有利于国家和人民的利益,具有推动社会进步、和谐发展的积极作用。因此,在选稿时必须将报道内容、发布时机及社会背景结合起来考虑,要对稿件发表后可能产生的社会效应有预见性。

3)符合本报定位与特点

报纸特点是报纸根据其特定的目标读者群、特定的发行区域以及功能定位逐渐形成的。任何一份报纸都难以满足读者的全部需求,只能有所侧重。比如党委机关报侧重于信息性、指导性的新闻,晚报、都市报侧重于社会性、服务性的新闻,专业报侧重于满足读者在某一专业的新闻需求。编辑选稿时,要分析稿件的内容和形式是否符合本报的性质、地位和任务,衡量一下稿件的报道内容是否为本报目标读者所关注。比如,同样对上海世博会开幕这一新闻,经济类的报道应着重挖掘世博会对于上海乃至相关产业拉动的影响等经济因素,而以娱乐为主打的报纸将重点关注出席开幕式的各路明星及其娱乐演出等。同时,还要根据同题报道"差异化"的原则,在稿件选择上不但要与其他媒体的报道有所差异,还要与以往的同一主题的报道有所差异。

此外,从报纸版面设计考虑,还有稿件的轻重选择,即考虑稿件的主次地位;有协调选择,即看稿件有无自相矛盾之处,或分出稿件的急用与缓用;有平衡选择,即在选稿时要考虑到报道内容、报道对象乃至稿件的整体结构、稿件的类型等的平衡问题。

【技能提示】

许多报社对新华社电讯稿的选择既注意充分运用新华社的电讯稿,又要注意自己报纸的特点和特色。只可删削而不可添加,删节的要在稿件"电头"前加个"据";调整过结构,或在个别字上做过加工,要标明"据新华社电讯改写",以示职责分明。

7.2.2 稿件的修改

(1)校正

1)事实的核实与校正

校正事实包括事实的内容和表述两个方面,要求达到以下标准:真实、准确、清楚、科学、统一。

①真实:新闻事实的真实是指报道中所采用的各种材料,应完全符合客观事实。为此,编辑必须进行核对与调查。核对时应依据权威性资料、第一手材料,核对稿件中的事实。调查时,可通过直接询问、现场观察、必要的旁证来核实新闻事实的真实性。

【技能提示】

稿件失实的几种常见表现

虚构——所写的事实是作者凭空捏造出来的,在现实中并不存在。

添加——稿件在写现实中某人某事之时,又无中生有添加了一些内容。

拼凑——稿件所写的事情确定存在,但它们是不同的人在不同的时间、地点做出的,而稿件把它作为一个新闻集中到一个人身上来写。

夸张——稿件对所写事物在数量、规模、发展程度以及所起的作用、影响方面有所夸大。

偏颇——稿件在表现事物之间的因果关系时,无视造成某种结果的多种原因,只强调其中一种原因所起的作用,把多因一果变成了一因一果。

孤证——稿件反映全局情况时,援引的例证是孤立的个别事例,缺乏代表性。

回避——稿件在反映事物的某一方面时,有意回避与此紧密相关的另一重要方面,使人看不清这一事物的全貌。

幻影——稿件所写的事实,究其来源似乎有点根由,但却是查无实据。

假象——稿件对事实所作的结论是根据一些假象得出的,未能反映事物的本质。

②准确：新闻稿件的表述要求准确、清楚。准确是指所表述的事实情节和基本元素要准确。这要求人物、时间、地点、数字、引语等均要准确无误。

【技能提示】
加强准确性需要"四注意"

注意细节。比如，同样是国家名称，但在全称上有很大不同。有的称国（如日本），有的称共和国（如菲律宾），有的称人民共和国（如孟加拉国），有的称人民民主共和国（如老挝），有的称民主人民共和国（如阿尔及利亚）。另外，稿件中第一次出现的名称，应用全称。

注意"夹带"。有时，差错与正确混杂在一起，容易出错。

注意混淆。常见于人名、地点等。比如，海宁与宁海，同属浙江，却是两个地方。

注意变迁。比如有的行政区划已经变更，稿件中需要更新。

③科学：稿件中所叙述的事实涉及自然科学和社会科学，应认真核对。

【案例7.4】
某报曾刊发了一篇新闻《高速列车3秒钟可跨越长江》，文中写道："3秒钟！一趟高速列车就可跨越长江。天兴洲长江大桥钢梁全部合龙，建成通车后，可允许列车时速达250千米……据了解，天兴洲大桥正桥全长4 657米……还突破了厄勒海峡大桥160千米/小时，刷新世界纪录，也是世界上列车跑得最快的大桥。"

根据文中给出的数据，以火车时速250千米/小时计算，可以算出该火车通过天兴洲大桥正桥所需的时间大约为68秒，也就是1分多钟，与稿件中提到的"3秒钟"相差甚远。如果按稿件中提到的"3秒钟跨越长达4 657米的大桥"，则列车的速度是5 588千米/小时。超音速飞机的速度也不过1 065千米/小时，这样的列车速度显然是不可能的。

④统一：稿件中事实的表述应该统一。译名、计量单位、数字的写法前后要一致。比如，有篇稿件报道："杭州人每天吃剩的西瓜皮就有9 000吨，全市西瓜销量高达850万千克。"这篇稿件中不但计量单位不统一，而且仔细一算，西瓜"850万千克"也就是8 500吨。"每天吃剩的西瓜皮"比"西瓜"还多，这显然不合常理。

⑤清楚：稿件中的事实要写得清楚，尤其是姓名、职务、职称、地名、单位、数据等要清楚、具体，让人一看就明白。否则就会发生误解。如"三个学校的学生"，是

指学生分别是三个学校的,还是指某一学校的三个学生?对这种易产生歧义的语句一定要校正清楚。

2)稿件观点的校正

稿件观点的校正,要从以下四方面着手:

①校正稿件中因选材与角度不当导致的偏激观点、片面看法。如在报道中往往突出其中一方面,忽视另一方面,缺乏全面、客观、公正的态度。某报曾发表一篇题为《"110"连闯 12 个红灯送准考证》的消息,讲的是一辆警车连闯 12 个红灯为考生送准考证一事。这件事情比较特殊,值得称道,但不宜在媒体上宣扬。因为它不符合我国《道路交通安全法》中"车辆、行人应当按交通信号行驶"这一规定。类似的稿件屡见报端,如"的哥送危重病人闯红灯"等,在改稿时一定要注意把握报道基调,讲清楚面对紧急情况时的正确处理方式,这样既能弘扬助人为乐的正气,也维护了法律法规的严肃性。

②对新闻稿件中涉及敏感的政治和政策问题的文字表述要时刻注意,严格审查把关。请看下面这段通讯员来稿中的文字:

今年以来,已有中外客商 77 批、共 834 人次到青岛技术开发区考察洽谈,外商主要来自日本、南朝鲜、加拿大、丹麦和台湾、香港等地。

文中关于"台湾""香港"的叙述是不正确的,把台商、港商与外商并列,违反了我国一贯坚持的台湾与香港是中国领土的立场,是严重的政治错误。另外,对韩国的称呼也不规范,不能使用"南朝鲜"。

③校正唯心主义与伪科学的观点。如有些报刊把县市领导称为"县太爷",把家乡领导和本单位一把手称为"父母官",这些散发着封建气味的词,今天的媒体是不能使用的。

④校正有违党的民族政策、宗教政策的观点或提法。

⑤对涉及法律的内容要慎重,尤其是在报道案件的过程中容易引起社会争议,可能会给尚未查清或者有所争议的案件的判决形成干扰,编辑要认真把握尺度,防止"媒介审判"。

3)辞章的校正

辞章的修改主要是针对稿件中文理、语法不通的现象进行的,如逻辑混乱、词语搭配不当、语意含混不清以及稿件中的错别字等,尤其要注意那些微小的错误。常见的错别字或是由于记者误解词义而误用词语,或是将褒贬弄混,造成语病。这就要求编辑具备扎实的文字功底,尤其要留意文字的音、形、义,随时查阅字典、词典,最好能将《常用错别字手册》或者《新闻发稿错字语表》记熟。

校正辞章的另一个重点是纠正语法错误。一要注意名词、动词、形容词的使用和搭配;二要注意介词、副词的使用;三要注意句子成分是否残缺或多余;四要看语序是否得当;五要防止句式杂糅。

(2)压缩

压缩,即删除稿件中的多余部分,使之简洁精练、重点突出,同时也为了适应版面的容量。

1)删去冗句赘词

由于文字不简而引起的冗长稿件,一般可采取删字、删句的方法。如删去"在……精神指引下""为了贯彻……"等俗语、套话;对重复的词语,如对"目前的现状""有益的贡献""不必要的浪费"中的重复部分进行删除。

2)删段、删意

大多冗长的稿件往往是由于内容芜杂、主题不集中,题目太大或者主题太多。因此,压缩稿件首先要从突出主题入手,把主题定得集中一点,将与主题无关甚至关系不密切的材料,如不必要的议论、过多的叙述等删去。

【技能提示】
修改新闻稿件方法

方法一:"新闻分析法"。

第一步:通读稿件,找出"事实"和"议论"。因为,新闻稿件通常由两部分材料组成——事实和议论,且以"事实"为主,"议论"为辅。

第二步:对找出的"材料"进行细分。将新闻的主要事实和主要观点根据其重要性以及与新闻主题关系的紧密程度进行"等级"划分,如按新闻价值大小,将新闻事实分为"重要新闻事实""次重要新闻事实""第三重要新闻事实";对"新闻议论",按其与新闻事实或主题的关系及其重要性,可再分为"重要新闻议论""次重要新闻议论""第三重要新闻议论""非新闻议论"(指空话、废话等)等。

第三步:根据每部分内容的重要程度,以及稿件篇幅的要求进行删节,把那些重要的、能反映主题的内容保留下来。

方法二:对于新闻内容中多个要点并存,不宜压缩其中任何一个要点的稿件,采用取其"骨架"而舍其"筋肉"的办法,把每一部分内容的具体细节省略,只保留比较精练的概括。

(3)增补

增补,即对稿件中所缺少的内容进行增加和补充,主要有以下方法:

1) 增补新闻事实

新闻事实不完整或新闻元素短缺,就应进行增补。

2) 增补必要的议论

虽然新闻报道要求客观叙述,尽量少加进作者的主观意见,但对一些很有意义的事件,新闻只是作了一般性叙述,编辑对它们补充一些画龙点睛式的评论后,可以深化报道的主题,使读者更好地理解新闻的意义,充分发挥新闻媒体的舆论导向作用。

编辑改稿增补内容时,可以通过查阅资料获得。对新闻事实的增补,一定要与原稿作者取得联系,由作者补充采写,编辑不能想当然增补稿件内容。若要增补内容,事先最好征得作者同意,要有事实根据,而且不宜过多;通讯社电讯稿和一些专稿,一般不需要增补,若必须增补,可采取文字前加编者按等办法来解决。

(4) 改写

改写是以原稿为基础的重写,是一种难度较大、操作较复杂的修改方法。改写可以是局部的,也可以是全篇的。局部改写在保留原稿篇章结构的情况下对某一点或某一个方面进行重写,全篇改写是以原稿材料为基础或改变主题,或改变角度,或改变结构,或改变体裁等方式重写。

1) 改变主题

原稿主题不明确、不新颖、不集中,需要编辑从原稿提供的材料中提炼出更新颖、更有意义的主题。

2) 改变角度

有的来稿材料丰富、新鲜,只是写作的角度不当,影响了主题思想意义,或者不符合报刊的编辑方针和宗旨,因而需要改变写作的着眼点、立足点和侧重点。比如有些批评报道,有时从被批评单位积极主动整改的角度进行正面报道,比直接批评报道效果更好。

3) 调整结构

有的来稿结构紊乱、平铺直叙影响表达效果,往往就需要编辑通过调整稿件各部分的相互关系,将材料重新排列组合,使之做到紧扣主题,层次分明。

4) 改变体裁

不同的报纸新闻报道体裁有不同的特点和优势,编辑要根据新闻事实,配以最能体现内容的体裁。一般来说,改变体裁都是由信息量较大的体裁改为信息容量较小的体裁,如从通讯、调查报告、经验总结改为消息,从消息改为简讯等。

5) 化整为零

这是将一篇内容重要、方面较多、篇幅较长的稿件化整为零,分成几篇来发表。

分篇多用于对于重大会议的公告、领导人的讲话、重要政策措施的公布和重大事件的报道。

6）聚散为整

这是将若干条内容相同但反映范围和角度略有不同的稿件重新组合成一篇报道，以使稿件取各家所长、相互补充。综合的方法，一是把同一主题、不同单位集中编写成一条综合消息；二是把内容相同、主题相近、单位不同的来稿配置在一起。正反对照的稿件也可以进行综合，写成对比的综合报道，更能引起人们的注意，有利于矛盾的解决。综合时要准确深刻地了解这些稿件在观点、材料等方面的特点以及它们之间的内在联系，要围绕统一的主题进行。

7.2.3 标题的制作

（1）新闻标题的功能

1）新闻标题的定义

新闻标题就是新闻的题目，是新闻内容的形象概括，它用以吸引读者、影响读者、帮助读者和方便读者阅读新闻、理解新闻，被称为"报纸的眼睛"。

2）报纸新闻标题的特点

新闻标题与其他体裁的标题相比具有较鲜明的特点，可概括为：结构复杂，有主题、引题、副题或多个副题；变化较大，可灵活运用多种形式、多种字体与字号；信息量大；表达手段丰富，可运用各类修辞手法等。

由于报道体裁不同，标题也各有特色。以报纸最常见的两种体裁——消息和通讯来说，消息标题具有提示新闻内容、显示新闻动态的功能，且一般结构较为复杂，句子主要成分齐全。而通讯标题结构相对简单，也并不要求句子结构完整，且多用虚题并带有文学色彩。

（2）报纸标题的分类

1）单一式标题和复合式标题

按新闻标题的结构特点分，可分为单一式标题和复合式标题。单一式标题只有主题而无辅题，主题可以是一行题或两行题（又称双主题）。复合式标题又分为引题、主题、副题。在复合式标题中，可以同时具有引题和副题，也可以是只有其中的一种。下面这个标题就是一个三题齐全的复合式标题。

平垸行洪退田还湖带来历史性大转折（引题）

洞庭湖长大五分之一（主题）

三年增加蓄洪能力 27 亿立方米,蓄水面积扩大 554 平方千米(副题)

2)实题和虚题

从新闻标题的内容上区分,又分实题与虚题两类。新闻标题中叙述事实的部分,是实题;新闻标题中发表议论或表明意见的部分是虚题。实题着重表现具体的人物、动作和事件等,虚题着重说明原则、道理、愿望等。

3)主题、引题和副题

从新闻标题的功能上区分,可分为主题、引题和副题。

①主题也称之为"正题"。它是标题中最主要的部分,用来点明消息中最主要的事实或观点,所用的字号最大,居于最显著的位置。

由于主题在标题中担负着主要角色,因此,要求它是一个完整的句子(在一行题中必须如此,在多行题中力求如此),能表达一个完整的概念和意思。

主题可虚可实,在只有一行题时,主题必须是实题。

主题字数尽可能要少些,一般不要超过 10 个字,以尽快吸引读者、影响读者。

②引题又称"肩题"或"眉题",是位于主题之前的辅助性标题,因此,被人形象地称为主题的"先行官""引导者"。引题主要是通过交代新闻事件的背景、说明新闻事件发生的原因、点明新闻事件的意义、提出新闻的来源或根据、烘托新闻报道的气氛等方式,对主标题进行引导、说明或渲染。例如:

来的都是客　全凭嘴一张(引题)

皮口镇被吃穷了

(提示原因,引出后果)

猕猴在古树名木间腾跃　珙桐在流泉飞瀑旁生长(引题)

自治州近五分之一面积被列入自然保护区(主题)

(烘托环境,引出变化)

出来带两只手　回去盖一座楼(引题)

无为保姆真有为(主题)

(展示成绩,引出评价)

引题虽然不及主题重要,但由于它在主题之前,因此,它的字号一般小于主题字号,但都大于副题。

③副题又名子题,是位于主题之后的辅助性标题,它的字号最小,主要是补充交代新闻的次重要事实、说明主题的根据和结果以及重要的新闻要素,对主题作注释、补充、印证。如:

按"智"分配造就亿万富翁(主题)

张廷璧教授成为荆楚科学家首富(副题)

(副题补充新闻事实的不足)

费费费 该废的全废(主题)
我市取消不合理收费项目七十八项(副题)

(主题表明观点,副题以事实印证主题)

副题字数比主题和引题都要多,根据需要可做成多行副题,或组成多达三四行的"副题组"。

【技能提示】

在引题、主题、副题齐全的多行标题中,引题和副题常做适当的分工,通常是:引题主虚,副题主实。

④提要题,又称提示题、提纲题,位于稿件的标题(含引题、主题、副题)之后、正文之前,用以提示稿件主要内容的题。在重要的长新闻的主题之下,所加的"内容提要"式的长副题,较详细地概括新闻最主要的内容,有主要事实、做法、经验或问题。提要方式有列举全文要点、摘录文内关键文字,概括全文要义等多种。

萨拉戈萨世博会 14 日闭幕,五大"思考题"留给上海(引题)

往届世博会"主帅"给上海支招(主题)

高温暴雨如何缓解? 排队长龙如何应对? 预约系统如何改进? 参观热情如何激发? 世博会如何变成展览会——9 月 4 日在西班牙落下帷幕的世博会,用最鲜活的事实提出这五大"思考题",值得两年后的上海世博会借鉴。(提要题)

⑤小标题,又名分题、插题,用在较长的消息、通信和其他文章中,分嵌于新闻稿件之中,用以概括介绍稿件每一大部分的内容,具有分段和分类、长文化短、方便读者选择阅读的作用。在不影响内容表达的前提下,小标题的结构、字数应相近,所辖文字长短也应相近。

(3)制作新闻标题的原则与要求

1)制作新闻标题的原则

①关联度原则:将与读者关系最密切的放进标题;

②最新进展原则:一个跨度较大的发展中事件,将最新的发展与变化放进标题;

③关键数字原则:将稿件中出现的关键性数据放进标题;

④释疑解惑原则:将稿件中最能解决读者疑问的内容放进标题。

2）制作标题的要求

①事实准确，题文一致。所谓题文一致包括两层含义：其一，标题所写的事实应是新闻中本来就有的，不是虚构的；其二，标题在概括或评价新闻事实时，能够准确提示新闻事实，标题对稿件内容的评述和论断在新闻中要有充分依据，编辑不能借题发挥，片面、夸张、拔高，将自己的意志强加于"题"。

下面这个标题就因为概括事实不准确，让读者产生了歧义。

南京部队后勤物资机关转变作风（引题）

一百零二件事当天办完（主题）

粗看此题，标题标明了具体事实，文辞也似无问题，但事实上题不对文。文章讲的是年初以来该部队先后遇到的 102 件事，部分在当天办理完毕。而上述标题却给人一种错觉，好像这 102 件事都是在一天内办完的，这与事实相去甚远。

下面这个《解放日报》为同一消息所做的标题就做到了题文一致：

南京部队后勤部物资部改变工作作风尽心尽力为基层服务（引题）

今天能办的事不拖到明天（主题）

②具体明了，突出精华。具体是指标题要标出主要新闻事实；突出精华就是指要将新闻中最具有新闻价值和社会意义的事实写在标题之中。一般在标题中要注意标出 who 或 what，因为在新闻的六要素中 who 和 what 最重要。

③态度适当，表态鲜明。表态鲜明是指新闻标题要用事实表达鲜明的立场、观点，做到爱憎分明、是非分明、褒贬分明，不能含糊其辞、模棱两可、似是而非；同时，又要注意不能说过头话。一般而言，实题主要是通过叙事中对事实和词语的选择以及表现方式的运用来表态；虚题则主要采用议论的方式来表态。

④言简意明，易读易懂。新闻标题要求字少、句明、朗朗上口，使读者一瞥就能了解其中的意思，激发强烈的阅读兴趣。要使标题简洁明快，应做到：善于省略；锤炼语言；少用古字，对方言、技术术语等可能造成阅读及理解障碍的，要巧妙"翻译"，让人一目了然。

⑤生动活泼，雅俗共赏。制作标题除了要达到以上四点之外，还应注意通过标题语言、结构的优化，增添韵味，创设意境。

下面介绍一些在标题制作中常用的修辞手法。

巧用形象语言或事物表现标题的内容，如比喻、比拟、借代等。

征地造房为啥等煞人？（引题）

一道公文背着 39 颗印章旅行（主题）

希望有关部门舍繁就简，多办实事，加快住宅建设步伐（副题）

这个标题用形象手法比喻征地造房手续繁多，一个"背"和"旅行"活灵活现地勾勒出动态。又如：

扁豆教授　鳝鱼博士　珍珠大王(引题)

湖南文理学院"怪名字"　老师服务三农(主题)

这个标题引题用借代的修辞手法,引出主题的新闻事实,吸引读者进一步阅读。

巧用诗词佳句表现标题内容,如引用、仿拟。如——

知否,知否,应是"贱"肥"贵"瘦(引题)

爱吃瘦肉者　请你多付钱(主题)

本省19个县市调整猪肉各品种之间差价(副题)

引题妙用宋代词人李清照《如梦令》:"知否? 知否? 应是绿肥红瘦"句式。虽作改动,但音韵、语势基本未受影响,表意新颖别致,为主题出场作了较好的烘托。又如——

"为官一任,造福一方"

标题运用了仿拟这种修辞手法,将群众熟悉的句式,更换其中某个词或语素,用以概事达意,对稿件中反映的"一个副县级单位的四十多名干部全部戴上了'乌纱帽'这样荒唐的事表达讥讽、愤慨之情"。

巧用词语、语句之间的各种联系表现标题的内容,如对比、对偶、排比、拈连。如——

工程师三代破屋两间

副局长一家新房四套

这个标题并无多余的议论,但两个相反的事物放在一起,且对仗工整,结构相同,造成了强烈的对比效果,编辑的倾向性一目了然。

巧用提问和呼唤的方式表现标题内容,如设问、呼告等。如——

成本几多售价几多实重几多毛利几多(引题)

酒楼物价:神仙数? (主题)

本文所举三家店如何,读者自可评"价" (副题)

巧用词语的多重含义来表现新闻内容,如双关、反语等。如——

防患于未"燃" (主题)

巧用重叠表现标题意境,增添韵味,增强效果。如——

似梦非梦终惊梦　母女团聚(引题)

说奇不奇成传奇　悲欢离合(主题)

曹丽君与特卡乔娃津门相会泪洒故地(副题)

这个标题用叠字,在文字的错落参差间,强化了异国母女40年后重逢时百感交集的思想感情。

【案例分析与实训】

1.仔细阅读以下稿件,并分析原稿与见报稿有何区别,编辑作了怎样的修改,为什么要这样修改。

原稿:

地铁首次贯通湘江区间(主标题)

2号线溁湾镇站至橘子洲站盾构区间左线隧道贯通
全线盾构任务已完成60%,计划今年6月实现"洞通"

本报讯(记者:章盛莉　通讯员:陈凯　喻奇龙)经过3个多月的连续掘进,中铁五局盾构机"湘江一号"于昨日上午10时许到达橘子洲站盾构接收井,长沙地铁2号线盾构穿越湘江的首个区间左线顺利贯通。目前,2号线全线共有12台盾构机在地下掘进,所有的区间施工将力争于今年6月全部完成,实现"洞通"。

首穿湘江攻克五大难关

盾构机穿越湘江是地铁2号线施工中的一大重点,这也是长沙城市建设中首次采用盾构机穿越湘江。据中铁五局城通分公司长沙地铁2号线项目部盾构工区项目经理李洲介绍,本次盾构施工从溁湾镇站出发,到达橘子洲站,掘进过程中要穿越湘江西汊河床,主要面临以下五个难点:一是地层较为复杂,需穿越多处建筑物及交通要道;二是要穿过湘江大堤;三是江底河床地下水与江水连通,水量大,可能发生喷涌;四是湘江河床存在断层,断层处的大直径破碎石容易对刀盘造成影响;五是若刀具磨损严重,存在江底换刀的风险。为确保顺利贯通,中铁五局先后多次组织专家论证研讨并不断优化施工技术方案,保证了盾构机顺利抵达橘子洲站。

预计3月份到达湘江东岸

"溁湾镇站至橘子洲站区间的右线隧道将于2月初贯通,盾构机将继续向东掘进,预计3月份到达湘江中路站。"据李洲介绍,从溁湾镇始发的这两台盾构机一共承担3个区间的掘进任务,包括溁湾镇站—橘子洲站区间、橘子洲站—湘江中路站区间、湘江中路站—五一广场站区间,左右线全长4 141米,其中穿越湘江段左右线全长1 800余米。目前左线完成的是第一个区间,盾构机昨日到达橘子洲站西端后,将从橘子洲站向东掘进。左线盾构机预计将于3月份到达湘江东岸的湘江中路站。之后,盾构机将继续向五一广场站掘进,力争于6月完成盾构施工。

已有8个盾构区间双线贯通

据了解,地铁2号线一期工程设有19个车站,18个地铁区间。除杜花路站与长沙南站站之间、西湖公园站与滨湾镇站之间为明挖区间外,其余16个区间采取盾构施工。经过一年多的施工,2号线有8个区间已实现双线贯通,分别为体育公园站至长沙大道站、杜花路站至体育公园站、锦泰广场站至长沙火车站站、锦泰广场站至万家丽广场站、长沙火车站站至袁家岭站、迎宾路站至芙蓉广场站、芙蓉广场站至五一广场站、西湖公园站至金星路站区间,全线盾构已经完成60%的施工任务。在2号线一期工程的19个车站中,已有15个车站完成主体建设。

见报稿:

猛龙过江(主标题)

地铁2号线盾构机首次贯穿湘江　滨湾镇站至橘子洲站左线隧道贯通(副题)

(提要)江底掘隧道5大难点:

1.地层较为复杂,需穿越多处建筑物及交通要道;

2.要穿过湘江大堤;

3.江底河床地下水与江水连通,水量大,可能发生喷涌;

4.湘江河床存在断层,断层处的大直径破碎石容易对刀盘造成影响;

5.若刀具磨损严重,存在江底换刀的风险。

(正文)本报讯(记者:章盛莉　通讯员:陈凯　喻奇龙)经过3个多月的连续掘进,中铁五局盾构机"湘江一号"于昨日上午10时许到达橘子洲站盾构接收井,长沙地铁2号线盾构穿越湘江的首个区间左线顺利贯通。目前,2号线全线共有12台盾构机在地下掘进,所有的区间施工将力争于今年6月全部完成,实现"洞通"。

盾构机穿越湘江是地铁2号线施工中的一大重点,这也是长沙城市建设中首次采用盾构机穿越湘江。据中铁五局城通分公司长沙地铁2号线项目部盾构工区项目经理李洲介绍,本次盾构施工从滨湾镇站出发,到达橘子洲站,掘进过程中要穿越湘江西汉河床,主要面临五大难点。为确保顺利贯通,中铁五局先后多次组织专家论证研讨并不断优化施工技术方案,攻克了难点,保证了盾构机顺利抵达橘子洲站。

"滨湾镇站至橘子洲站区间的右线隧道将于2月初贯通,盾构机将继续向东掘进,预计 3 月份到达湘江中路站。"据李洲介绍,从滨湾镇始发的这两台盾构机一共承担 3 个区间的掘进任务,包括滨湾镇站—橘子洲站区间、橘子洲站—湘江中路站区间、湘江中路站—五一广场站区间,左右线全长 4 141 米,其中穿越湘江段左右线全长 1 800 余米。目前左线完成的是第一个区间,盾构机昨日到达橘子洲站西端后,将从橘子洲站向东掘进。左线盾构机预计将于 3 月份到达湘江东岸的湘江中路站。之后,盾构机将继续向五一广场站掘进,力争于 6 月完成盾构施工。

据了解,地铁 2 号线一期工程设有 19 个车站,18 个地铁区间。除杜花路站与长沙南站站之间、西湖公园站与滨湾镇站之间为明挖区间外,其余 16 个区间采取盾构施工。经过一年多的施工,2 号线有 8 个区间已实现双线贯通,分别为体育公园站至长沙大道站、杜花路站至体育公园站、锦泰广场站至长沙火车站站、锦泰广场站至万家丽广场站、长沙火车站站至袁家岭站、迎宾路站至芙蓉广场站、芙蓉广场站至五一广场站、西湖公园站至金星路站区间,全线盾构已经完成 60% 的施工任务。在 2 号线一期工程的 19 个车站中,已有 15 个车站完成主体建设。

2.一位外地乘客第一次到北京,在公共汽车上拿出一张面额较大的钱买票,售票员嫌他没零钱,半路上赶他下车,让司机把他"扔"在了桥上。乘客将此事投诉到报社,报纸以"没零钱请下车(主题)—外地乘客打电话到本报诉说在公交车上的遭遇(副题)"为题报道了此事,却引起了读者的不满。请你根据标题制作的原则完成以下任务:

(1)分析:这条标题为何会让读者不满?

(2)为此报道改拟一条标题。

3.以下是同一条新闻的两条标题,你认为哪条标题更好? 为什么?

(1)我国新闻通讯手段的新突破(引题)

新华社中文发稿处理系统显示优越性(主题)

(2)新华社中文发稿运用微电脑技术(引题)

一万字新闻稿七分钟就发完(主题)

任务 3　编排报纸版面

【案例导入】

　　2018 年 8 月 17 日,浙江日报 4—5 版围绕"大江奔流——来自长江经济带的报道"主题采访活动策划编排版面,运用了大量来自一线现场的新闻图片,并穿插了极富中华文化特色的插图,用技术手段合理的布局编排,图文并茂,极具创意,提升了版面视觉冲击力。请具体分析在本案例中,编辑运用了哪些版面语言来表现主题。

图 7.1

【课程内容】

7.3.1 报纸版面的基本知识

(1) 报纸版面的功能

报纸版面是各类稿件(文字稿和图片稿)在报纸上的布局整体,它既是报纸最基本的信息载体和传播手段,也是形成报纸风格和特色的重要因素。

版面是报纸发言的重要手段,各类稿件通过版面设计环节,综合运用各种版面元素组合成一个版面后,已不是原先各自独立的稿件的混合,也不是简单的数量相加,而是成为一个有机的整体,具有以下功能:

1) 导读功能

报纸上稿件内容丰富多样,体裁也多姿多彩。精心编排版面,使之主次恰当地各就各位,做到主次分明、条理清晰,可以帮助读者顺利而方便地阅读内容。

2) 表态功能

编辑部在处理稿件过程中,从取舍稿件、修改稿件到制作标题,每个环节都包含着对稿件的评价。版面是这种评价的继续。编辑人员通过对版面语言的灵活运用,鲜明地体现了报纸的宣传报道意图,体现对稿件的最终评价。

3) 标志功能

报纸版面有"报纸的面孔"之称,它既是报纸的形象,同时也是报纸的思想、报纸的语言,是报纸形式独特风格和特色的集中表现。

(2) 报纸版面术语介绍

报纸版面术语介绍如图 7.2 所示。

1) 开张

报纸面积的大小。报纸的开张主要是指对开与四开。对开报纸的面积是整张印刷纸的 1/2,幅面为 780 mm × 550 mm,四开报纸的面积是整张印刷纸的 1/4,幅面尺寸为 540 mm × 390 mm。

2) 版心

除去四周留的空白,报纸一块版面中刊登文字和图片的区间位置、版面容量,通常也被称为"版芯"。一般对开报纸版心尺寸为 350 mm × 490 mm × 2,版心字数约为 13 320 字(小五号)。四开报纸版心尺寸为 490 mm × 350 mm,版心字数约为 6 106 字(小五号)。

图 7.2　报纸版面术语介绍

3）**报头**

报头是用来标明报纸名称、刊号、出版者、出版时间、总期的部位,有横排和竖排两种形式。

4）**报眉**

报眉是指报纸是内页版面用来标明报名、版名、版次、出版日期等信息的部位,一般都放在版心的上端,用一条线与版心正文隔开。

5）**报眼**

横排报纸在版面上端的右边,一般刊登比较重要而又短小的新闻、当日内容提要或广告。现在有些报纸报头部分占据了一版最上端所有位置,报眼的部分实际已不存在。

6）**中缝**

两个相对版面之间的空白部分称为中缝。一般用于刊登广告、信息或知识性、服务性内容。现在也有许多报纸不再在中缝刊登文字。

7）天地线

报纸上下两端的通栏线分别称为天线和地线。天线上方多用来刊登报名、版序、责编、联系方式等。地线下方则刊登开印时间,也可刊登通讯方式。

8）通版

打通报纸上相邻的两个版而形成的版。通版的面积包括这两个版和两版间的中缝,一般用于报道重大事件。

7.3.2 版面语言及其传达技巧

（1）版面空间

由版序、区序、栏序等所组成的版面空间,其强势是有区别的。所谓强势是指版面吸引读者注意力的特性,不同的强势可以表现稿件不同的重要性。

1）版序与强弱

版序表示各个版的强势,即吸引读者注意程度的序列叫"版序"。横排的报纸,除头版之外,一般认为右边的版优于左边的版,即第三版优于第二版,第五版优于第四版。

2）区序与强弱

区序是指版面上不同位置所带来的不同强势的顺序。目前有两种区序理论:一是"上下左右"理论,即"上比下强,左比右强";二是"视线环形"理论,即围棋秘诀中的"金角、银边、草肚皮",即各版的强势以角为大,边次之,中腹最差。

3）基本栏和显示栏

栏是报纸版面划分的基本单位。一个版面按几栏分版是相对固定的,这种版样纸上相对固定的、宽度相同的栏称为基本栏。一般对开报纸的基本栏为 8 栏,4开报纸多为 6 栏。

显示栏是编辑在版样纸上为稿件设计出的栏,显示栏可以与基本栏相等,也可以出现变栏(并栏和破栏),所谓"破栏",指把几个基本栏打破,重新等分的"变栏"方式。如把 4 个基本栏合并后,再平分成 3 个新栏,叫作"四破三";并栏指把几个基本栏合并成一个新栏的形式。比如把 2 个基本栏合并成一个新栏,叫作"二合一"。并栏的宽度是基本栏的整倍数,破栏或小于基本栏(如 2 破 3)或大于基本栏(如 3 破 2)。（图 7.3、图 7.4）

图 7.3　并栏与破栏

图 7.4　并栏与破栏

4）稿件面积

稿件所占的空间越大，给读者视觉上的刺激就越强烈，就越容易引起读者的注意；赋予稿件不同大小的空间，也体现着报纸对稿件不同评价的一种编排手段。

5）稿件形状

稿件在版面空间中的形状可分为两大类，一类是四边形，一类是异形。一般而言，四边形整齐规则，看起来比较庄重，比异形更具有强势；而异形则显得活泼。利用这些特点可以对不同风格特色的稿件进行编排。

6）稿件距离

稿件间的距离能够表现稿件之间的相互联系，内容相关的稿件放在一起，能加深给读者的印象。

（2）编排手段

编排手段是安排版面所采用的物质手段，是版面语言的一种基本形式。版面编排手段包括字符、图像、线条、色彩。

1）字符

字符是报纸传递信息的主要符号。在版面编排中，字符的变化主要看字体与字号。字体是指字的外形，按形状分，有正方体、长体和扁体 3 种。按笔画特点分，有报宋、黑体、楷体等 20 多种。不同的字体具有不同的个性，可使读者产生不同的心理感受，如黑体表现为理性的现代感，宋体、罗马体表现为古典感，行楷、魏碑具有传统的内涵，花体则表示典雅与浪漫……在选用的字体中，加粗、变细、拉长、压扁或以调整行距来变化字体大小就能产生丰富多彩的视觉效果。整个版面以选择两到 3 种字体为宜。

2）图像

图像指报纸上通过摄影或绘画所显示的形象，包括照片、绘画、图表、有美术装饰的题头、栏头、版头以及报花等。作为一种版面元素，图像是最具有强势的编排手段，好的图片不但可以增强文字的表现力和感染力，还可以成为报纸版面的视觉中心，起到美化版面、平衡视觉、评价和表示情感的作用。现代报纸版面改革与发展的一个重要趋势，就是图像愈来愈受到重视。

3）线条

线是用来分割区域、划分板块，在版面上起到清新有序的感觉。不同粗细线条的运用有不同的视觉效果。粗线的特点是大气、庄重、硬朗、平衡力和分割力强；细线的特点是精巧、秀美、简洁、精致感和秩序感强。在应用中要讲究粗细、长短的构成关系,巧用对比的手法,形成版面和谐的感觉。

4)色彩

版面可采用套色、彩色。在现代彩色报纸上,色彩不仅是一种美学符号,同时还是一种情感性很强的编辑符号和版面元素,不同的色彩可以表达特定感情,烘托特定气氛。一般来说,冷色系表示冷静、清朗、深沉等情感,暖色系具有热烈、温暖、活泼等特质。

特别要强调的是,空白也是一种"不着色的色彩"。适当地留白,版面会生动清晰,增加版面的节奏感,收到"此处无色胜有色"的效果。一般可在标题部位、分栏空隙留白。

(3)版面布局结构

版面的布局结构是版面各组成部分之间相互联系的形式,包括稿件布局结构、题文布局结构以及整体布局结构几个方面。

1)稿件布局结构

稿件布局结构是指版面上各篇稿件相互结合的表现形式,分为排列和穿插两种。排列,就是稿件以四边形排放在版面上;穿插,就是稿件以多边形互相交错结合在一起。稿件的布局结构要注意以下几个问题:一是要表现稿件的主次关系;二是要表现稿件的不同情调;三是要表现稿件之间的联系;四是要讲求稿件安排的层次。

2)题文布局结构

题文布局结构是标题与正文之间的相互联系的表现形式。稿件的标题必须与正文结合在一起。但这并不意味着标题只能处于文中一个固定的位置,确定标题位置的原则是,题对文在视觉上应有统领作用,读者看了标题就能找到文的开头并顺利地阅读下去。常见的有以下几种:

①标题与文字横排和直排的配合关系。

横题横文——标题和文字都是横排的;

直题横文——标题是直排的,文字是横排的;

横题直文——标题是横排的,文字是直排的;

直题直文——标题和文字都是直排的。

②标题与文字在各个方位的配合关系(图7.5)。

③标题自身排列的主要形式(图7.6)。

盖文题　　　　　　偏盖文题

元宝题　　　　　　中心题

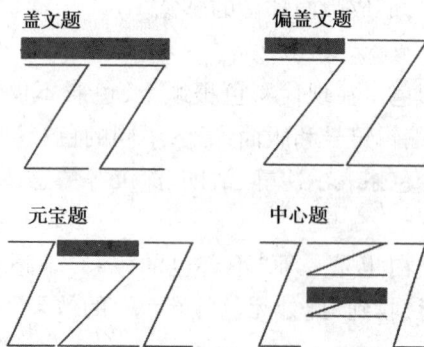

图 7.5　标题与文字的方位关系

单行式横题　　　　多行均列式横题　　　　多行斜列式横题

多行左齐式横题　　多行右齐式横题

单行式竖题　　　　多行斜列式竖题　　　　多行半斜列式竖题

图 7.6　标题排列的主要形式

3）整体布局结构

当前版面的整体布局有密集型与疏朗型两种。密集型版面布局要求挖掘版面的最大潜力,在版面形式上,增加栏数;在内容上,减少长稿,增加新闻条数。当前,我国的许多都市报如《南方都市报》就采用了这种版面布局,如图 7.7 所示。这种版面的不足是,当信息过多、空白较少时,往往给人以密不透风的感觉;疏朗型版面布局在版面语言运用上的最大特点是大量留白,避免了密不透风的版面带给人的堵塞感与疲劳感,给读者留下较大想象的空间。《南方周末》等报的版面布局就属于这一种。但也要防止留白过多,造成版面过松、过散,信息量不足等问题。

图 7.7　2019 年 10 月 30 日
《南方都市报》头版版面

7.3.3　稿件的配置

稿件配置是编辑根据一定的报道意图和稿件内容的相关性或内在联系,进行合理搭配,组织成有机、完备的版面整体。稿件配置的方法主要有:

(1)稿件组合

稿件组合是将若干有关联的稿件或图片组合在一起,形成相对紧密的版面单元,以表现稿件与稿件、稿件与图片等的内在关系。其主要方法有:

1)同题集中式

该方法就是将相关的若干条稿件放置在同一个标题之下,作为一个整体发表。同题集中的方法有:横向联合、纵向连续、反向对比、多向参照等。

2)集纳专栏式

专栏是指由若干个具有共同性的稿件所组成的自成格局的局部版面,集纳专栏就是利用专栏形成集中组合主题相关联的稿件,一般有固定专栏与临时专栏两种。

(2)稿件发展

稿件发展是对已有的稿件作资料、观点或最新信息的补充。稿件发展的主要方式有:

1)配发评论

配发评论就是编辑对所发表的稿件配发言论,以深化报道。包括配发社论、评论员文章、短评、编者按等。

①社论是带有方向性、根本性的评论,一般是针对特别重大的新闻事件,站在媒体主办者立场、代表媒体主办者说话,在评论中占有统率地位。评论员文章是仅次于社论的评论形式,其性质与社论基本相同,有权威性与指导性。

②短评是代表媒体发表观点、篇幅短小的议论性体裁,一般不单发,大都是为重大事件、典型人物的报道配发的;常是一事一议,做一针见血式的简短评论。

③编者按是评论中最简洁的一种,一般位于标题与文章之间,对全文进行评论;有时穿插于文章之中,就文中某一段或某一点发表看法。

2)链接资料

链接资料就是编辑为新闻稿件补充配发相关的资料,是对新闻报道的一种"扩展"。主要有以下几类:

①补充新闻背景。新闻背景就是交代新闻的历史,使读者了解事件的来龙去脉,更理解新闻的内涵。新闻背景有两类:一类是介绍事件本身的历史,另一类是介绍同类事件的历史。

②介绍新闻人物。新闻人物即对新闻中新出现的重要人物的生平作简要的介绍。

③介绍新闻地理。新闻地理是对与新闻有关的地方的自然地理、经济地理、政治情况所作的简要介绍。

④介绍科学知识。在涉及自然科学、科学成果、学术争论等方面内容报道时,由于专业性很强,一般读者很难完全了解,往往需要配发知识性资料进行补充介绍和通俗讲解。

⑤词语解释。对新闻报道中涉及的历史典故、古典诗词以及名人录、成语、术语等,说明其出处或解释其含义等。

3)配发新闻

配发新闻就是编辑为新闻稿件配发相关的其他新闻稿件来体现所报道的客体与其他相关事物之间的联系。配发的新闻稿或者是对主稿中新闻事实的最新发展进行报道,形成主辅搭配的稿群;或是对这一事实引发的相关结果进行补充报道,以新闻稿的形式配发在原稿旁边。

7.3.4 版式设计

(1)常见的版式类型

1)从内容组织角度划分

①综合式。综合式版式的特征是整个版所包含的稿件多、内容广,重要程度差别不大,它们之间虽然也有主次之分,但不是有意引导读者特别注意版面上的某一局部,而是靠版面内容的丰富多彩去吸引读者,让读者根据自己的兴趣判断、选择。由于稿件内容较杂,在编排综合式版面时需特别注意:一是注重稿件分类和版面的组合,尽量把内容接近的稿件编排在一起,做到版面虽散而不乱;二是把握版面的整体平衡。

②重点式。利用各类编排手段,相对突出版面的某一局部,使其成为版面的重点。当版面上有一两篇或一两组稿件特别重要,需要予以强调时,往往采用这种版式。编辑在设计这一版式时,前提是选好、选准最重要、最有新闻价值的稿件与图片,然后在编排上给以强调,如标题放大、变栏、加以装饰等,以增加其视觉冲击力(图7.8)。

③集中式。这种版式的特征就是用一个版或一个版的主要篇幅来刊登一个主题或一个方面的内容。但题材、角度、体裁是多样化的,以做到集中而不单调,呈现一种多样化的统一。

集中式版面的最大优点是:中心突出、气氛浓烈、声势较大;可以同时多方面、多角度表现同一内容,有助于读者对该内容有一个较全面的印象。一般用在重大事件、突出典型,或该主题是大多数受众需要或有兴趣了解的重大新闻的规模性报道中。如图 7.9 就是集中式版面。

2)从形式设计角度划分

根据版面结构形式上的不同特征来划分,可以将我国报纸版面划分为 3 种基本类型,即规则对称式、非规则对称式、齐列式。

图 7.8　重点式版面示意图

图 7.9　集中式版面示意图

①规则对称式版面结构以垂直的均分线为中轴线。左右两侧安排的稿件形状,包括标题大小、题文关系、文稿长短、图片外形等完全相同,至少十分相似。其优点是:版面比较匀称整齐、端庄大方、对比性强、整体感较强、有均衡稳定的效果。但因对稿件字数要求严格,极可能限制内容的表现;如处理不当,便会显得平淡刻板、没有生气。比较适宜于表现一组内容上相关联篇幅又不很长的稿件。如图 7.10就是一个典型的规则对称式版面。

图 7.10　对称式版面示意图

图 7.11　非规则对称式版面

②非规则对称式版面结构突破了规则对称的刻板限制,版面不拘泥于左右对称,侧重于对角或上下之间的对称,在大体对称的前提下允许局部变化。这种版面结构既能达到均衡、匀称、和谐的美学效果,又比较灵活,对稿件内容、字数没有严格的限制,是我国报纸目前采用的一种主要的结构样式。非规则对称式版面结构主要有上下对称与对角对称两种。对角对称式就是利用版面四个角的对应关系来进行对称,如图 7.11所示,版面的右上角与左下角形成对应关系;上下对称式则是利用版面上半版与下半版的对应关系来进行对称。

③齐列式版面结构中全版稿件采用某种统一的方式整齐地排列稿件,版面整齐划一。这种版面适宜于表现那种内容上具有共同性,而又不需要或者不应该强调它们在重要性上的差别的稿件。

（2）报纸版面设计流程

1）通读所有稿件，确定编排思想

编排思想是版面编辑根据对各篇稿件的评价在版面上恰当安排这些稿件的整体构想。作为最后的一个把关者，编辑通过通读全部稿件，决定各篇稿件的安排次序；并决定稿件归类，如哪些稿件宜组成专栏，或类专栏，哪些稿件不宜排得太近等，为版面设计做好前期准备。

2）把握用稿量，看是否需要搭配别的稿件或图片

编辑要对稿件的数量和篇幅作初步统计，使其总量与版面容量基本相符，注意稿件类型的多样性以及图文并重。

3）仔细计算篇幅，便于准确组版

第一，栏的计算。栏的计算以排文的基本字号为计算单位，编辑在设计版样时应该根据自己报纸的分栏进行。

第二，标题的计算。标题的长度，通常由编辑根据稿件重要性确定。计算横题的高度时，要算出横题的主题、引题、副题一共占几行高。竖题的长度以字的行数为计算单位，长度包括标题主题字加上字的上下留空白的高度，其上下空白一般为一个与主题所用字号同样大小的字空。

第三，正文的计算。计算正文所占篇幅以行为单位。用每行拟排的字数除以稿件总字数，得出正文在版面上所占的总行数。

第四，题文的混合计算。有两种方法：一是先算出标题的长度和宽度，然后算出标题左右串文部分的字数，算出标题上、下文的行数，最后把题的高度和上、下文的行数加起来，就可以得出稿件的总行数。二是算出标题的面积，并换算成字数，然后和正文的字数加起来，再用每一行拟排的字数去除，同样可以得出稿件所占的总行数。

第五，确定图片的缩小与放大。先确定拟用图片的宽度，再用"对角线法"放大缩小，折算成栏宽、行高，确定图片面积。漫画、插图、地图、图表之类没有矩形边的图片，测定面积的方法是：在其四周画一矩形框，然后用对角线法测定。

4）构想轮廓，画出版样

画版样要准确清楚地标明每篇稿件的名称、题文走向及所占范围，标明刊头、报花以及其他装饰性符号的类别与序号。在具体组版时，可采取"五先五后"的方法。即，一是先安排重要稿件，后安排次要稿件；二是先安排版面的四角，后安排其他部位的稿件；三是先安排长稿，后安排短稿；四是先安排辟栏稿件（如专栏、围框

新闻、图片等），后安排其他稿件；五是先安排穿插不规则形状的稿件，后安排方块形状的稿件。

5）对版面上误差作技术处理

处理版面容量与稿件篇幅误差的方法有：加减稿件、补充或压缩稿件、补充或压缩相邻稿件、加大或缩小标题行数、合并或增加自然段、加减标题四周空白等。

【技能提示】

如何做好稿件转接

一般来说，稿件的转接不能跳栏，也就是不能越过一栏而转入另一栏；也不能逆转，横排的正文，栏的转接应由左至右，而不能反过由右转到左；同一栏中不要紧挨着转入属于两篇稿件又不带标题的文字，否则容易错读。转版时要避免在文稿某一段落未结束处转接，以免给人以文章突然"断裂"的感觉。转版要注明文章下转何版、上接何版，转版的部分尽可能加上标题。同版转文不可逆转，转文不应高于标题，或低于前文结束处。

6）看大样

版面排好后印出的样张为大样。编辑应认真检查，特别是标题、图片和版面设计。经修改、校对，再交拼版操作人员改正，接着打印出的是清样。清样经有关负责人审阅、签字，即可付印。整个版面设计过程至此即算完成。

（3）版面设计要点

报纸版面设计不是新闻加艺术的关系，也不是单纯的美化和装饰版面，更不是艺术情感的宣泄和给报纸穿上摩登的外衣，而是建立在视觉承载、阅读规律、市场营销之上，对信息传达、视觉承载、阅读过程、整体形象、文化品位的整体设计。作为版面编辑，必须从这个高度上来认识版面设计并在工作中体现出来。

1）要突出以人为本的理念，讲究科学的功能化设计

现代报纸版面越来越厚，刊载的信息越来越多，而读者信息需求的分层化趋势也越来越明显。因此，报纸版面设计首先要结合报纸定位和编辑方针，将希望读者精读的内容进行有序的呈现，使整张报纸的内容脉络清晰、层次分明，方便读者查找阅读。

【案例7.5】

如图7.12所示,《南方日报》除了在报头两侧开设固定的"导读窗口"外,还在头版其他位置不拘一格地采用标题导读、消息导读、图片导读等多种方式,整合各版的核心信息。对于省委机关报来说,这些确实是在观念上有很大的突破。经过编辑的选择、加工,各类稿件加上导读,《南方日报》头版平均每天有10多条重要信息,不可不谓"海量",使《南方日报》头版成为定位于高端新闻、要闻的封面版,发挥了头版的"首位效应"和"统率性"作用。

图7.12 《南方日报》头版版面

2)在整体优化的前提下,形成个性化版式风格

在报纸竞争异常激烈的今天,个性化的版面风格也是报纸的一种独特竞争力。每一种报纸都十分注重版式设计的定型化和明确性,久而久之就形成的自己独有的形象特质,如《人民日报》版面结构简单、层次清晰、照片突出,具有庄严、凝重的风格和统筹全局的气势,与其党中央机关报的地位十分吻合;而《北京青年报》的版式设计以浓重的风格在众多报纸中独具个性,它的特点是"在编排方式上,常常采用大标题,长题短文,厚题薄文,曲直线交错,色彩对比强烈,自然形成一种浓浓的氛围,直逼读者的视野",能达到"五步三秒"的视觉效果。

整体优化就是要求整张报纸要有统一的设计,各版编辑在突出个性的同时,也要保持风格一致;版面各视觉要素间要能够形成恰当关联,以达到多样统一的视觉效果,如图7.13所示。

3)在思想性和艺术性相统一的前提下美化版面

版面设计编排是具有思想与艺术双重性的工作,这就要求编辑人员既要遵循必要的思想性原则,通过编排来反映爱憎分明的政治立场;又要遵循艺术性原则,灵活运用编排的各种表现手段。所谓艺术性,就是要注意对称平衡、虚实对比、组合分割等关系,正确处理好大与小、多与少、轻与重、浓与淡、疏与密、黑与白等对比关系。

具体来说,一个具有艺术性的版面应达到以下效果:一是和谐,即版面的各种变化必须与内容协调,版面的局部必须和整体协调。二是比例。比例就是反映事物相互映衬的关系。标题的主题与辅题的字号大小、标题的厚度与文的厚度、围框的长边与短边的比例等都要适中。三是节奏。所谓节奏,是指运动中强弱变化有规律的组合。版面的节奏主要表现在必要的重复上。如在标题编排方面,应以横题为主，横题的反复出现，可增强版面的条理性和节奏感。在正文编排方面，应以基本栏为主，适当变栏。四是均衡，就是整个版面的布局结构要给读者一种匀称、平衡、安定的心理感受。

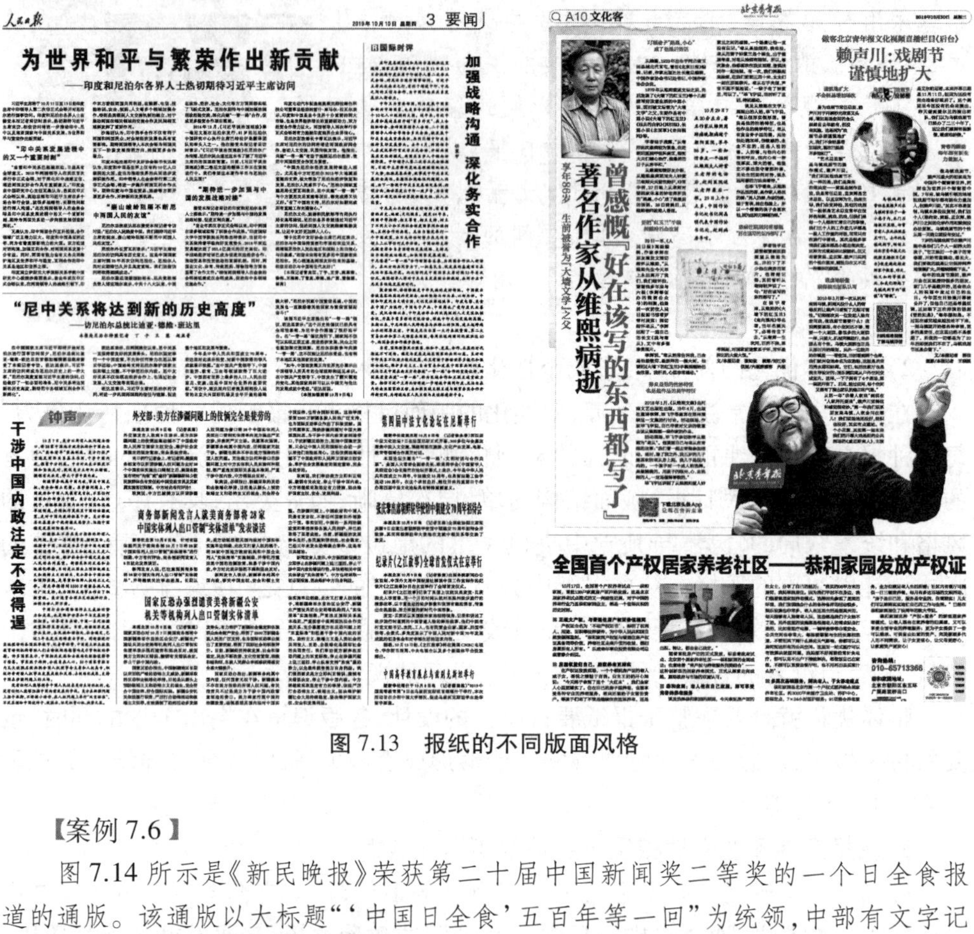
人民日报 2019年10月10日 星期四 3 要闻

为世界和平与繁荣作出新贡献

——印度和尼泊尔各界人士热切期待习近平主席访问

加强战略沟通 深化务实合作

"尼中关系将达到新的历史高度"

——访尼泊尔总统比迪亚·德维·班达里

钟声 干涉中国内政注定不会得逞

外交部：美方在涉疆问题上的伎俩完全是徒劳的

商务部新闻发言人就美商务部将28家中国实体列入出口管制"实体清单"发表谈话

国家反恐办强烈谴责美将新疆公安机关等机构列入出口管制实体清单

A10 文化客 北京青年报

曾感慨『好在该写的东西都写了』

著名作家从维熙病逝

享年86岁 生前被誉为"大墙文学"之父

赖声川：戏剧节谨慎地扩大

全国首个产权居家养老社区——恭和家园发放产权证

图 7.13 报纸的不同版面风格

【案例 7.6】

图 7.14 所示是《新民晚报》荣获第二十届中国新闻奖二等奖的一个日全食报道的通版。该通版以大标题"'中国日全食'五百年等一回"为统领，中部有文字记者的"重庆现场报道"，有摄影记者的"安吉现场实录"，还有一篇记者随感"今天，我为太阳狂"，用文字记录了五百年才有的天文奇观；而在通版的左右边路，分别配以组照"各地日全食奇景"和"各地观食者奇招"，加上版面下部"5 分钟白昼如夜，上海交通治安井然有序"的配图报道，不但涵盖了当天最为主要、最为新鲜的内容，而且做到了左右呼应，上下配合，版

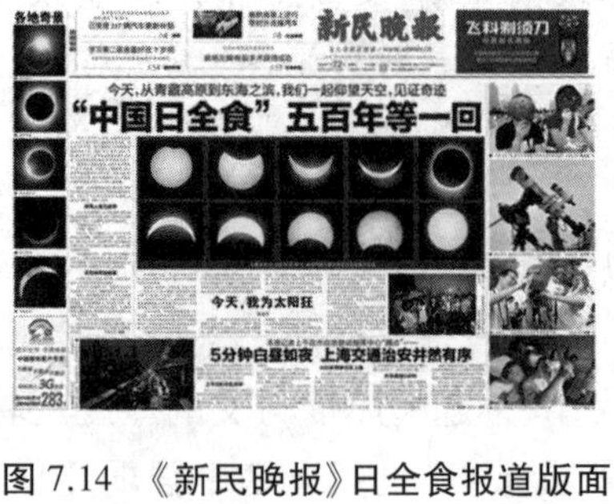
新民晚报

今天，从青藏高原到东海之滨，我们一起仰望天空，见证奇迹

"中国日全食" 五百年等一回

今天，我为太阳狂

5分钟白昼如夜 上海交通治安井然有序

图 7.14 《新民晚报》日全食报道版面

面充满节奏感和均衡感。可以说,版面编辑通过文字、标题、说明、图片等各种新闻原料的精心整合,为读者奉献了一道有关日全食的"新闻大餐""视觉盛宴"。

4)善用特殊手段形成版面强势,正确建构视觉中心

随着生活节奏的加快和信息的海量激增,人们的读报方式渐渐由"扫描式"变为"选择式"。有吸引力的报纸版面不是简单的稿件堆砌,而需要在各种版面因素上大胆探索和创新,充分运用图片和色彩等"模块"构建视觉中心,如图 7.15 所示。所谓视觉中心即具有突出特征、能够左右读者对报纸版面认识的核心元素。"视觉中心"越明显,越强势,越有利于实现报纸整体的传播效果。版面的视觉中心稿件,可以是当天发生的重要新闻,可以是读者关心的社会热点问题,也可以是事先策划的稿件,而且往往不只是一个孤立的稿件,而是配合了图表、背景、评论、链接、数据等,形成一个稿群。这样的一个视觉中心,可以撑起一个版面,使之立体、饱满、生动、大方,从而引起读者的注意。

图 7.15　报纸版面(视觉中心)

【案例分析与实训】

1.找出近期几家不同报纸,思考以下问题:

①指出每篇稿件的排文方式和题文关系;②这些版面运用了哪些版面元素,对突出报道主题起到了怎样的作用? ③版面是如何构建视觉中心的? 该版面图文配置是否恰当?

2.请阅读以下稿件,并完成下列实训任务:

①如果你是编辑,你将如何进行稿件配置?

②请为以下这篇稿件拟定一个新闻标题。

本报南宁专讯　27 日上午 11 时左右,在南宁市的朝阳路、新民路、兴宁路、民族大道等主要街道,人们感到眼睛刺痛、喉咙发痒、气味难闻。抬头看天,只见一层淡蓝色的烟雾在空中弥漫……环保人士惊呼:"这是光化烟雾!"

据自治区和南宁市两级环保科研部门的专家介绍,前天的南宁市内,气温高、湿度低且阳光灿烂,这为光化学烟雾的产生提供了条件。早上,许多市民上班时就感觉到天空中雾气腾腾,到 11 时左右达到高峰,不少人流泪、咳嗽。这层蓝色的烟

雾直到下午 3 时左右才慢慢消失。

有资料表明,南宁市的机动车有近 30 万辆,其中摩托车就有 20 多万辆,而一辆两冲程摩托车的污染量是轿车的 4 倍。由于南宁市机动车的尾气污染至今没有采取有效的治理措施,因此,造成的危害也就越来越严重。时至今日,发生这样的光化学烟雾当然就不奇怪了。

专家们呼吁:南宁市的机动车尾气已到了非治理不可的地步!

【综合实训】

1.撰写一份本校校报《××报》的设计方案。

2.自选题写一则新闻稿,并请一位同学改稿。

3.自己选稿、配稿,设计该报的第一版,画出版式设计图。要注明每篇稿件字数及文行数,不少于 5 篇文字稿。

【课外拓展】

请同学们比较《人民日报》《南方周末》以及当地一家都市报,讨论以下问题:

1.这三家报纸在外观结构上有什么异同? 分别由哪些基本部分构成?

2.从版面设置、报道内容、报道角度、标题制作等方面对三份报纸对近期同一重大新闻题材的编辑策划进行分析,说说各有什么特色,有什么异同,这种策划遵循或违反了什么原则,还可以如何改进。

模块8

期刊编辑

学习目标

知识目标

1.掌握期刊的概念、特点、分类方法,了解有关期刊的管理规定;

2.了解期刊市场定位的含义、方法;

3.理解期刊栏目的作用和掌握栏目策划的基本要求;

4.掌握期刊装帧设计的要领。

能力目标

1.能对期刊进行分类和管理;

2.能分析期刊市场定位;

3.能辨析期刊栏目设置的优劣;

4.能分析期刊装帧设计的特点。

任务 1　期刊分类与管理

【案例导入】

我梦想办一本期刊!

从小学到大学,我一直偏爱文科。后来开始学会写新闻,学会写一些文章,也因此而走上相关的工作岗位。我曾经在企业里做过几年编辑,帮企业办过报纸、期刊,自己也零星地在各媒体上发表过一些文章。

在我心里一直有一个梦想,就是想创办一本全国知名的期刊,可我知道办期刊并非那么简单,期刊刊号的申请、期刊的定位、栏目的策划等,都是需要在办刊之前慎重考虑的。因此,我曾经一直想办,还认认真真地写计划书,还去讨教过一些朋友。有的朋友告诉我,期刊的刊号申请并不是那么容易的,要有一定的资金、场所和人员,期刊的定位要准确,要了解整个期刊市场的情况,不同的地域适合经营哪些类型的期刊,期刊市场的整体经营状况,等等。并且一本新办期刊想要打开市场,一方面需要前期的投入,另外要掌握一些技巧,这些都需要时间和精力,要经过一个摸索的过程。

现在,期刊的质量在不断提高,新兴的期刊品种不断产生,但也有一些因为没有经受住市场的考验被淘汰。期刊市场的竞争越来越激烈,但这丝毫没有影响期刊对我的吸引力。期刊精美的装帧、丰富的内容,为生活增添了一道独特的文化风景,让人爱不释手。

虽然我知道梦想的实现并不是那么容易的,但随着时间的推移,这个梦一直还在。朋友们,如果您也有共同的爱好,我们一起交流,如果您有兴趣投资,希望我的梦想在您的帮助下实现!

思考:1.你喜欢读期刊吗? 谈谈你对期刊的了解。

2.你认为办一本期刊,需要了解期刊哪些方面的知识?

【课程内容】

8.1.1 期刊的概念与特点

（1）期刊的概念

期刊是指有固定名称,用卷、期或年、月顺序编号的连续出版物[①]。期刊又称杂志。期刊必须具备下列条件:

定期连续出版;有相对固定的名称;每年至少出版 1 期,以卷、期或年、月等顺序编号;由众多作品汇编而成。

（2）期刊的特点

期刊、图书、报纸三者同属于出版物,却又是出版物中的不同品种,故既有共性又有不同。

1）期刊与图书比较

①期刊时效性比图书强。与图书相比,期刊的内容结合现实更紧密,如科技期刊要求突出一个“新”字,以及时报道新学术成果、新技术、新发明、新材料、新工艺为己任。而图书表现出一种相对稳定的特点,时效性相对较弱。

②出版的连续性。只要没有特殊情况,一种期刊可用同一名称无限期地连续出版内容各不相同的单本,而图书的出版没有这种延续性,每种图书都是单独存在的。

③周期要求严格。期刊的出版时间有严格的周期要求,刊期不同的期刊按照不同的时间周期定期出版。而图书的出版时间在一般情况下没有严格要求。

④期刊一般不会再版或重印,但可以结集出版,如出版合订本等。图书的有效时间较长,往往具有多次重印或再版的价值。

⑤广告是期刊的重要利润点。广告在期刊利润来源中占有一部分比例,而图书基本上不做广告,利润来源主要是图书销售利润。

2）期刊与报纸比较

①外在形态不同。我国期刊较常见的开本主要有 16 开、32 开、大 16 开和大 32 开 4 种,另外还有 24 开等异型本。报纸的开本则以对开和 4 开为主。另外,期刊要装订成册,而报纸是散页,一般采用大纸张折叠。

---

① 中国编辑学会,全国出版专业职业资格考试办公室.出版专业理论与实务［M］.上海:上海辞书出版社,2012.

②出版周期不同。期刊一般有周刊、旬刊、半月刊、月刊、双月刊、季刊和半年刊,也有周期更短的,而报纸的出版周期大多以日计算,最长者为 1 星期(周报)。

③时效性不同。期刊的时效性要弱于报纸,但深度强于报纸。期刊文稿可以对选题进行较长时间的调查、观察与分析,从而进行有效的深度开发。

④内在容量不同。每期的期刊与报纸在总字数上无法比较容量的大小,但就单篇作品的容量来说,一般情况下期刊大于报纸。

8.1.2 期刊的种类

按照不同的分类方法把期刊分成不同的种类,从共性和个性更好地去认识期刊,从而掌握它们的规律,更加深入地了解期刊。

(1)按形式分类

①根据刊期,可以分为周刊、旬刊、半月刊、月刊、双月刊、季刊、半年刊和年刊。其中月刊出版周期适中,最能体现刊物的特色,也最为常见。

②根据刊型,可以分为大型、中型、小型期刊,主要根据开本大小划分。一般分为 8 开本、16 开本和 32 开本。

③根据载体,可以分为纸质、缩微胶片和电子方式 3 类。

纸质期刊是现行期刊出版的主要形式。电子期刊是随着信息技术发展而出现的新事物,其信息容量大,可以实现多媒体阅读,但需要借助计算机、电子阅读器等阅读设备。缩微胶片主要用于某些特定的场所,如图书馆或研究机构等。

(2)按读者特征分类

期刊服务的最终对象是广大读者。不同的读者对象,对期刊内容要求也不同。读者由于性别、年龄、职业、受教育程度的不同,对知识的选择、审美特点、兴趣爱好等会有很大的差异。

①按读者对象的性别分,可分为女性期刊和男性期刊。女性期刊是期刊界最受关注的亮点,常被西方出版商称为"摇钱树"。女性期刊一般以时装、美容、烹饪、家居等生活为主题,大多发行范围广,经营成功的期刊也以女性期刊为主,如《女友》《世界时装之苑》《瑞丽》等。男性期刊是近几年逐步发展起来的,主要包括男性时尚期刊和部分财经期刊。

②按读者的年龄层次,可以分为老年、青年、少儿期刊等。我国的老年期刊90%原来是由各部委组织部、老干部局、老龄委、老年协会主管、主办的,经过国家几次报刊整顿后,目前仅有 20 多家保留或获得了全国正规刊号。如《中国老年》

《老年世界》《长辈》等。青年期刊一直是期刊出版的热点,而青年时尚类期刊更多。如《中国青年》《青年文摘》等。少年儿童期刊有《花季雨季》《少男少女》《少年文艺》《故事作文》等。

③按照读者对象职业分,有面向工人、农民、教师、商业工作者、军人等读者的期刊。如《铁道机车车辆工人》《人民音乐》《农村百事通》《教师博览》《解放军健康》等。此外,按读者所从事的工作特征和收入水平,也可对期刊进行不同的分类。

(3)按内容分类

根据期刊内容性质的不同,我们可以把期刊分为两大类。

①综合性期刊——新闻类期刊、文学艺术类期刊、综合文化生活类期刊、文摘类期刊。

②专门类期刊——如学术期刊,按学术地位分为核心期刊和非核心期刊。按学科门类则可分为新闻传播类和经济类等。

③其他专门期刊——科普类期刊、情报检索类期刊,如《人大复印资料》《新华文摘》等。

在众多期刊中,综合性期刊所占的数目最多。

(4)按期刊档次分

根据期刊内容的档次,我们可以把期刊分为3类:

①高级性期刊,以高级知识层、领导层读者为对象,办刊目的性、内容针对性较强,如《新华文摘》《北京大学学报》。

②一般性期刊,雅俗共赏,内容在保持一定的品位的前提下争取更多读者,如《读者》《青年文摘》等。

③通俗性期刊,指普及性期刊,以满足大众口味的内容为主,如《知音》《故事会》等。

(5)按照主办单位分

根据主办单位的不同,期刊可以分为以下4类:

①出版社、报社主办的期刊,这是期刊出版的中坚力量,很多优秀的期刊都是由这类机构主办。

②政府有关部门主办的期刊,近几年国家管制较严。

③企业主办的期刊,内部和赠阅较多。

④学术团体、研究机构和高校主办的期刊。

期刊的类型还可以根据发行范围、市场业绩等其他方式划分。如按发行范围分为国际性期刊、全国性期刊和地区性期刊。国际性期刊具有国际标准刊号（ISSN），可在国际范围内发行。全国性期刊主要在国内发行,有国内统一刊号（CN）。地区性期刊,又称区域性期刊,则是指发行范围限于某一地区甚至是某一城市这样一个较小的地域范围内的期刊。近年来,地区性期刊在我国发展很快,产生了一批以北京、上海、广州等特定区域为发行目标的高档财经期刊、直投（DM）期刊、城市期刊,如广州的《城市画报》,上海的《新民周刊》和北京的《名牌世界——乐》等。按市场业绩,期刊可分为畅销、平销、冷销、滞销期刊;按价格分,期刊有高价、平价、低价之分。

【技能提示】

期刊的种类与期刊的版本既有区别又有联系。期刊多版化是近几年来我国期刊发展的一大趋势。期刊多版化是指某刊在一个共同题名下,形成多个版别的系列刊,这些刊的刊名、内容、读者、语种、载体等相同、相近或不同,如《新华文摘》有大字本和小字本,《青年文摘》有红版和绿版。还有试刊版、创刊版、增刊版、特刊版、精华本版等版本形式等,而期刊种类是指学科内容属性、读者等方面不同的刊物,分属不同类型,一般每种刊都有其唯一的刊号、发行代号等。多版化期刊的版别包含着种类与版本的概念,每种期刊必然有其独特的版本,版别不同,而刊名、内容学科属性相同的属于同一种刊。

可见,期刊分类的标准是多种多样的,即使是科学的分类,也不一定各类之间就必定是楚河汉界,泾渭分明。我们既要用科学的分类法来使我们对期刊的认识更科学,又不应将任何一种分类绝对化。类与类之间也是有联系的,甚或可能是交叉的。因此,期刊的分类不是绝对的,要联系起来看待。

8.1.3　有关期刊管理的主要规定

（1）期刊刊号管理

我国对期刊的管理,《出版管理条例》《期刊管理暂行规定》《科学技术期刊管理办法》有明确规定。

1）刊号的结构

刊号由两个部分组成:

国际标准连续出版物(刊)号(International Standard Serial Numbering)由以 ISSN 为前缀的 8 位数字组成,前缀与数字之间有半个字宽的间空。8 位数字分为两段,每段 4 位数字,中间用半字线,其中前 7 位为该种期刊序号,最后一位为计算机校验码。

ISSN ××××-××××

如《中国出版》ISSN 1002-4166

1002-416 是《中国出版》的序号,6 是校验码。

国内统一连续出版物号(CN Serial Numbering)以 CN 为前缀,由 6 位数字以及分类号组成,可以简称 CN 号。6 位数字由国家出版行政部门分配给连续出版物。前缀与 6 位数字之间有半个字符的间空。6 位数字分为两段,前面两位数字为地区号,后面 4 位数字为地区连续出版物的序号,用半字线分开。分类号按图书馆分类法的基本大类,用一个字母表示。

CN-XX-XXXX/YY

如:《中国出版》CN11-2807/G2

11 为北京代码,表明是北京出版的,2807 是《中国出版》的登记编号,G2 是分类号。

图 8.1　期刊刊号示意图

2)刊号的使用

①刊号的分配原则是一刊一号。期刊无论是更改刊名或初版地,还是更改载体形式,都须重新申请刊号。

②分配给期刊的刊号不得用于出版图书或者其他出版物。

③刊号两部分可以合在一起印刷,置于面封右上角、版本记录页和底封下方。两个部分分两行印刷,以一横线隔开。

④刊号两部分可分开印刷:ISSN 应印于面封右上角、版本记录页,也可与条码一起印刷。CN 刊号独立印刷时,应印于版本记录页和底封下方。

(2)期刊编辑的主要规定

①公开发行的期刊不得转载、摘编内部期刊和其他内部资料的内容。

②期刊不宜转载、摘编网上的内容。

③不允许主办单位上级主管部门以外的单位、个人以任何形式干预期刊的正常编辑活动。经批准的协作单位只能参与经营管理、广告经营业务。

④已经出版6个月以上的期刊可以编成合订本出版，但必须按照期刊出版先后顺序装订，不得另行编排、加色彩封面或者在前封上加要目和内容介绍。

⑤期刊刊载内容侵害了公民或法人的正当利益的，其出版单位应公开予以更正、消除影响。被侵害者要求出版单位更正的，应在近期出版的期刊上予以刊登。

其他相关规定参见《期刊管理暂行规定》。

（3）期刊广告的规定

期刊刊载广告，是期刊出版经营的重要内容。除自然科学、社会科学和高校学报等学术刊物基本不开展广告经营活动外，生活、时政、文化、教育类刊物都要充分利用刊物的封面和内页经营广告。《故事会》每年都把自己固定数量的广告版面向社会上的广告公司招标，总额度在千万元以上。《知音》《家庭》《三联生活周刊》等刊物的广告经营收入，在期刊总收入中也占有重要地位。

【案例8.1】

《生活》周刊从创刊开始就十分重视广告经营，依靠期刊质量来吸引广告，广告收入成为重要的收入来源。《生活》周刊善于经营，长于谋划，但又坚持原则。经营广告时，本着对读者负责的态度，坚持社会效益第一，对广告的刊登作了许多严格的限制。如广告内容要健康、真实，要反映大众立场，注意社会影响等，并且还限制了广告的尺寸。

期刊广告的刊登，要遵循国家相关条例的规定：

1）**广告的发布**

①须向工商行政管理机关申请，经批准后才可经营；

②期刊发布广告之前，出版单位应审查广告客户是否具有发布资格；

③严禁利用发布新闻的形式刊登广告，发布广告应有广告标记，与其他非广告信息相区别，不应使消费者产生误解；

④广告用语应当为普通话和规范汉字，不得单独使用外文；

⑤期刊每年刊载公益广告的版面应不少于商业广告的3%；

⑥酒类广告的刊载数量不得超过两条，并不得置于面封。

2）**对广告刊载内容的规定**

刊物登载广告，不能损害读者利益，占用读者订阅时刊物所承诺的内容储量，广告内容与刊物宗旨基本吻合。此外,还要遵守国家《广告法》等有关规定。

①不得刊载违反国家法律的内容,诽谤性内容,有损我国民族尊严以及反动、淫秽、迷信的内容;

②严禁用党和国家领导人的形象和声誉做广告或变相做广告;

③禁止刊载或变相刊载烟草制品广告;

④广告宣传不得使用有损国格的言语,不迎合低级趣味,严禁用凶杀色情图片招徕读者;

⑤凡有虚假不实成分、不正当竞争受到主管单位部门明令禁止的词语等,一律不得刊登。

期刊也应按要求刊登公益广告。1997年,中宣部、国家工商局、广电部、新闻出版署联合发出《关于做好公益广告宣传的通知》,规定"报纸、期刊媒体每年刊出公益广告的版面不少于发布商业广告版面的3%","报刊、户外公益广告标注企业名称面积不超过报刊、户外广告版面的1/10"。公益广告的内容,由刊物自行组织和设计,一般应该与当下社会的时代特征相一致。

【案例分析与实训】

我与期刊的琐忆

我的阅读成为习惯应当是从期刊开始的。我的小学语文老师姓刘,往往在自习的时候给我们讲故事,非常受同学们欢迎。故事的来源大都来自《儿童文学》《少年文艺》,其中一篇名为《猎狗赤利》的文章我印象最深,并且几回为那条忠狗的死掉泪,奢望自己也能有一只像赤利一样的猎犬。

后来,改革开放和我几乎同时进入青春期,同样经历了摸着石头过河的探索阶段。压抑了多年的各种期刊蓬勃生长,正好合上我的成长节奏。当家庭条件好转时,父母怀着良好的愿望为我订过《作文》《飞碟探索》,但我感兴趣的往往是《东方》《报告文学》《传奇》以及他们感兴趣而不让我看的《大众电影》和《八小时以外》,许多平常的日子因为有这些刊物的伴随变得不那么单调。在那个男看金庸,女看琼瑶的时代(很奇怪,我对港台文学没有兴趣),我很快转向各种小说期刊,如《十月》与《收获》,铺天盖地的伤痕文学、反思文学,像《蹉跎岁月》《灵与肉》《许茂和他的女儿们》《明姑娘》等一系列(举不胜举)迎合和左右了那个年代的思潮,也赚足了我的时间和眼泪。值得一提的是有一本《星星》诗刊,当时刊载了许多朦胧诗人的作品,就凭"黑夜给了我黑色的眼睛,我却用它寻找光明"一句便足以让没见过什么世面的我震撼,可惜诗人们的命运如同他们的诗歌一样突兀、忧伤、唯美和短暂,比如顾城,比如海子。

上大学时我养成了定期购买《读者》和《知音》的习惯,很符合寂寞年代的口味,虽然不能使你深刻,但至少让你善良;虽然不能使你广博,但却让你变得真诚。再后来和妻子开始了在大城市举目无亲的谋生生涯,有一段时间非常困难,可是阅读期刊的瘾既已养成便又欲罢不能,旧书摊就成了必然的选择。过期期刊相当便宜,因此我们频繁采购,20世纪90年代以后的《海外文摘》《世界博览》《讽刺与幽默》《家庭》等,我们都大量拥有。然后人手一册,背靠背安静地蜗居在一起享受阅读时光。

我一直认为,真正的阅读必须有灵魂的参与。现在的书刊似乎太过泛滥,时间总像金钱一样地靡费或拮据,而值得一读的文章却少之又少。为了不污染灵魂,淘书(刊)就如同寻宝般艰难。《读库》《咬文嚼字》有一点点小众与怀旧,我喜欢;《三联生活周刊》《中国国家地理》通俗和大众,我也喜欢。无论俗事或者雅事,真正喜欢就好。期刊好比一个人,能否富有而高贵,取决于灵魂的丰富和高尚,而它的生命力则来自我们共同的努力和业力。

期刊是一个时代的缩影,是某种思潮的符号,是一代人的追寻和象征。

问:1.期刊有哪些种类? 上述材料中提到的期刊类型的分类标准是什么?

2.你平时都喜欢看哪些期刊? 请说说它们的特点。

任务 2　期刊策划

【案例导入】

　　湖北日报报业集团主管主办的《特别关注》期刊,是国内第一本以中年男性为主要读者对象的精品刊物。期刊定位于"成熟男士的读者文摘",以"激扬人生智慧　抚慰读者心灵"为办刊理念,开辟家事、国事、天下事、开心事、男人的事等专栏,荟萃200余篇优秀文章,96个页码带彩插,期期精彩,篇篇耐读,易于收藏,仅售5元。

　　《家事》——以中年男士独特的视角,向您展现家庭生活的无数片断,将亲情、友情、爱情融入精彩而又富于情感的文字里。品一杯清茶,读一本好刊,这些平凡的故事,也许就发生在您的身边,熟悉的脸孔、难忘的场景,您或许会感叹:生活原本就是这样的。

　　《国事》——如果您更关心国事,在这里,您会找到知音。您所关心的,就是我们所关注的。《特别关注》是您最称职的时政秘书。

　　《天下事》——国外是什么样子? 老外们是怎样过日子的? 那些在国外的中国人又是如何生活的? 也许您没有机会亲自体验,但它让您足不出户就能周游世界。

　　《开心事》——工作一天,您一定累了,躺在床上翻翻它,让您带着微笑做个好梦。

　　《男人的事》——非常有特色的一个栏目,男人的创业、男人的心事、男人的梦想、男人的烦恼,男性特有的气息弥漫其间,也是女性走进男性世界的捷径。

　　阅读材料,思考以下问题:

　　1.你觉得《特别关注》好看吗,它的定位是什么?

　　2.分析《特别关注》栏目设计的特点。

【课程内容】

8.2.1　期刊定位策划

　　期刊的市场定位是办刊人对刊物及其形象所作的一种总体策划行为。

定位准确,可提高期刊的市场竞争力。截至 2012 年,我国共有期刊 9 867 种,恰如其分的市场定位,找到唯我所有,别人所无的空间,就能让自己的期刊从众多期刊中脱颖而出。如果一种期刊没有找到自己的市场定位,或者定位不明确,就很难在市场竞争中取胜。

(1)期刊定位的构成要素

1)读者定位

读者是期刊市场所锁定的主要目标,读者定位是指通过市场调研发现和明确期刊的实际读者对象,并使刊物的总体编辑构思与之相适应。明确的读者定位,能使期刊拥有相对稳定的读者群,是刊物生存的基础条件之一。

①自然条件,包括读者的性别、年龄、婚姻状况、民族、生理特征及其所处的地理环境等因素。编辑出版期刊,可以专门针对某种性别、年龄、民族或地域的读者。

【技能提示】

对某些自然条件可进一步细分,从而使设定的目标更加到位。如时尚类期刊就可以把 17 岁到 35 岁的女性细分成各个不同的年龄段,然后再具体勾画每个年龄段读者的时尚、审美特点。对有些自然条件又要做综合考虑。

【案例 8.2】

《少男少女》是一本性别互补的刊物,它的一半内容供少男阅读,另一半内容供少女阅读。两个部分相向逆排,各自从两头开始向中间延伸,如此构成两个有吸引力的青春世界。再如《中外童话画刊》,一半是欢乐版,一半是幻想版,分别从两头向中间延伸。

②社会条件,包括读者的文化程度、经济水平、职业、专业、社会地位与社会阶层等因素。针对不同的职业群体可进行不同的期刊定位,如机电、印刷、农业等方面的期刊。针对不同的专业人员,也可进行不同的期刊定位,如法学、新闻出版、经济学等方面的期刊。各阶层的文化、经济水平不同,为期刊的定位提供了非常大的市场空间。

③心理条件,包括读者的情感、意愿、追求、嗜好等。人类的心智千差万别,期刊定位若只考虑读者的自然条件和社会条件是不够的,还需要准确细致把握读者

的心理需求。如读者的情感、意愿、追求、兴趣、嗜好等,再进一步设定有共同心理取向的读者,构建满足读者需求的刊物。

成功的期刊定位在于找准读者自然条件、社会条件、心理条件的最佳结合点,做到浑然一体。而从纵向看,对某一种期刊来说,读者定位既要十分明确,又非一成不变,需要根据社会的发展和期刊市场的变化动态地调整。

2) **特色定位**

期刊的特色是期刊定位形成的基础。特色是指事物所表现的独特的色彩、风格。在期刊的海洋中要找准自己生存的空间,必须依靠自己鲜明的特色,依靠在某一领域研究的相对优势,在读者中形成明晰的"人弱我强、人无我有"的吸引力,才能得到社会认可。期刊的特色是被读者感知、接收和认同的个性。特色定位是指期刊在内容与形态方面要体现自己独有的个性,并能够有力吸引自己的目标读者群。

期刊的特色定位要注意以下问题:

①保持期刊内容的特色。期刊的特色需要内容来支撑,其价值大小、读者多少,主要取决于刊物的内容、质量和栏目的设置。成功的期刊,在内容方面都有独特的个性,否则就不可能具有吸引读者的魅力,在期刊市场上也很难生存。

【案例8.3】

《读者》的特色在于实现"人格化培养,人性美升华"。《读者》30多年来以弘扬优秀文化为己任,坚持正确的舆论导向,始终不渝地坚持"博采中外、荟萃精华、启迪思想、开阔眼界"的办刊宗旨,遵循"选择《读者》,就是选择了优秀的文化"这一办刊理念,发掘人性中的真善美,体现深刻的人文关怀;融思想性、知识性、趣味性为一体,在刊物内容及形式方面以渐变适应不断变化的社会生活,与时俱进;追求高品位、高质量,不但如此,编辑部还能根据时代的变化更新自己的办刊思路,提出"与读者一起成长"的办刊理念,赢得了海内外各个年龄段和不同阶层读者的喜爱,被誉为"中国人的心灵读本"。

【案例8.4】

《知音》期刊定位为大众期刊,以情感纪实类内容为主打,主要的读者对象是中等文化的中青年女性。《知音》期刊率先在中国期刊界提出了具有哲学理念的"人情美、人性美"办刊宗旨,并将这一理念内化为《知音》的特质。"人情美、人性美",是中华文化的传统美德,也是人类共有的人性深处最美好的精神和情感,主要包括三个方面:一是探索创造,包括人的追求、奋斗、创业,并以此实现人生价值;二是无私奉献,包括人与人之间、人与社会之间的各种美好关系,如友情、亲情、爱情等;三是生命的尊重关怀,包括对生命本身的感悟、体验和诗意表达等。坚持"期期精彩、篇篇可读"的质量标准,始终把握着时代的脉搏,多层次、多方位、多视角地展示社会生活中真实与广阔的精彩画面,赢得了读者长期的喜爱。

②保持期刊形式的特色。期刊形式的特色,即期刊的标志性。标志性是期刊的重要特征,它突出的是期刊的外观特色,是出版者打造期刊特色的重要组成部分。期刊引人注目的封面设计,别出心裁的版式构思,精致美观的印刷装帧等外在形式,能给人以美的享受和"先入为主"的视觉刺激。

期刊的封面设计应与期刊内容相协调,做到既符合内容、体现主题,又独具匠心、别具一格,在庄重大方的基础上使刊名字体、字号的设计及排列错落有致,富有特色,令读者过目不忘。版式设计应在吸取众刊所长的同时,设计出符合自己内容的独特版式,从标题到正文,都给人以合理得当、协调大方的美感,使读者不仅能分享质量上乘的文章,而且领略到编排的形式美,令读者赏心悦目。

③形成期刊品牌。品牌形象是一种无形资产,是期刊的标志和代号。有"识别器"的作用,可减少读者在选购期刊时所花费的时间和精力。品牌形象的知识产权为期刊所有,并受法律的保护,这就有利于期刊与其他期刊特别是同类期刊的竞争。利用品牌形象还可实行品牌推广和品牌延伸战略。

特色是期刊成熟的标志,期刊形成品牌的过程同时也是期刊形成特色的过程。品牌期刊大多也同时在特色和风格上取胜。

3)风格定位

形成期刊外在形态风格的方法主要有:

第一,选择恰如其分的标志色。彩色标志较单色标志更具吸引力,但标志的颜色不宜超过 3 种。

【案例 8.5】

女友杂志社旗下有《女友·CUTE》校园版、《女友·LOVE》家园版等多个版本杂志。其中,《女友·CUTE》校园版定位于以时尚、个性、成长、蜕变为主题的都市年轻女性刊物。目标读者:18~25 岁喜欢超前消费、有品牌意识但又追求自己的个性、爱好一切新兴事物并乐于尝试、有着积极的生活方式的都市年轻女性。大学女生和刚踏入社会的职场新鲜人是《女友·CUTE》校园版读者的主力阵营。《女友·LOVE》家园版定位于"现代女性的生活读本",追求全方位生活享受为主打内容,同时是体现物质、精神双重生活的女性刊物。目标读者面向25~35岁的职业女性,关注生活,注重情感,体会休闲,回馈工作。与城市职业女性分享生活理念和经验,抚慰和拓展心灵空间。坚持爱、美、新的旗帜不变。致力于营造"爱的阳光、美的梦幻、新的乐园"的刊物氛围,并坚持以之为主旋律和品质定位。提供全球化的女性视野、全真式的女性观察和全方位的女性关怀。

图 8.2 《女友·CUTE》校园版期刊封面

图 8.3 《女友·LOVE》期刊封面

第二,选用富有表现力的标志字符。如法国的《她》(*ELLE*),刊名采用修长的美术字体,字母之间分得很开,不与封面上的人物形象相冲突。汉字的变化形式更多,利用汉字的文化特点进行美术设计更有特色。

第三,选择与期刊总体风格相符的标志图案。现在许多期刊都设计了"刊标",把它印在期刊封面的显著位置上。

【案例 8.6】

《天涯》是一本思想性较强的文学期刊,它的封面是著名设计师韩家英设计的。封面采用毛笔勾勒的文字和图形为基本设计元素进行设计,打破人们原有的文字排放规律,运用虚实结合的手法把图形和文字结合在一起,通过无数的层次来

图 8.4 《天涯》期刊封面

增强画面的空间感,它的设计穿梭于旧与新之间,探索当代的社会与文化,每期的封面以新与旧的文字表现"现代的传统"。这就使得各期的封面都渗透着一股强有力的文化气息,而且一直坚持用朴素的牛皮纸装裱,这种朴实的材料的色泽与质感来加强此类封面设计的古典韵味,形成了独特的风格(图 8.4)。

(2)期刊定位的途径

期刊定位的途径有许多种,主要讲办刊过程中常用的 3 种途径。

1)通过调查确定市场定位

一种期刊在创刊前,肯定要做大量的调查工作,摸透读者的精神文化需求,弄清期刊可在市场上占有的位置,才能做出对期刊的总体设计。为此,首先必须进行市场调查。

【案例 8.7】

美国的亨利·鲁斯和布里顿·哈顿在创办《时代》周刊前,通过市场调查发现:虽然当时美国已经有了一些新闻期刊和评论期刊,而且还有商用无线电广播,但是却没有一种能够简明有趣地介绍一周新闻的期刊。于是他们便创办了《时代》周刊以填补这一空当。后来,《时代》周刊成为美国影响最大的新闻周刊,有世界"史库"之称,由时代华纳公司在纽约出版。实践证明,以出版周刊来介入新闻事业是期刊经营的一种有效的方式。

2)通过试刊校正市场定位

出版试刊是校正市场定位的一种有效途径。经过市场调查分析所设定的市场定位,难免与市场的实际状况存在一些差距,需要通过市场的实际检验结果来作必要的修正。出版试刊是选择一定的测试市场进行试销,了解潜在读者对新办期刊的市场反应。试销结果往往能直接反映该刊的市场走势,可据以对市场定位目标做适当校正,以使正式出版的期刊能更好地适应市场。因而,现在许多新办期刊都采用试刊的方式来校正自己的市场定位。试刊一定要有自己的特色,要把它办成最好的宣传品,力争让更多的读者通过试刊来了解未来的刊物。

【案例 8.8】

《最小说》是郭敬明主办的一本青春文学期刊,该期刊以青春题材小说为主,资讯娱乐以及年轻人心中的流行指标为辅,每月发行两期(上、下)。

3)通过改刊调整市场定位

市场定位是一个动态的发展过程,在办刊过程中,如果发现刊物与市场规律不尽符合或者严重脱节,可考虑对原来的期刊定位进行调整。这意味着首先必须打破刊物在读者心目中所保持的原有位置和结构,按照新的观念调整,以创造有利于刊物发展的新秩序。

改刊,即刊物改变原来的刊名、版面、内容、风格、出版周期等。

【案例 8.9】

《家庭》是全国知名的大刊。但很少有人知道,《家庭》原名《广东妇女》,是在 1982 年 1 月改名为《家庭》的,并推出试刊号。为什么要改刊呢?当时全国妇女类期刊除《广东妇女》外,还有《中国妇女》《内蒙古妇女》和辽宁的《妇女》等。随着形势的发展,《广东妇女》编辑部意识到原来的期刊在地域上被广东所束缚,题材上又受限于妇女工作,从内容到读者群都显得狭窄,于是决定更改刊名并重新做市场定位。改刊后面貌一新,发行量节节攀升,成为全国最具影响力的期刊集团。

通过改刊对期刊的形式和内容做彻底的改革,从而寻找新的市场定位,应该是试刊真正的目的。因而这种改刊与创刊并没有实质性的区别。如果只停留在更换刊名层次,而不做实际的改革,是不可能在市场定位上取得突破的。

8.2.2 期刊栏目设置

(1)栏目的作用

期刊均设置有若干栏目,将不同性质与内容的文章,分别放在不同的栏目之下,以"栏"隔开来,每栏因有名称,故称之为栏目。因此,栏目是期刊中辟有专门篇幅以登载某类稿件的专栏的名称。其作用表现为:

①栏目具有中介作用。将分散的多篇文章先分别按内容、形式或其他共同点,分别纳入不同的栏目中,化繁为简,减少头绪,再把这些互相有联系的栏目集合成

一期期刊,成为有序化的系统。

②栏目具有系统要素的性质。每个栏目把栏目中的文章组成一个个有序的小系统,同时又以子系统的地位作为一个集合的要素,被解构到系统中去。如果没有栏目的设置,期刊就会杂乱无章。

③栏目有分门别类的作用。栏目对期刊文章进行归类,使期刊的文章编排有序。

④栏目有概括展示自我的作用。读者一看栏目,就知道有哪些方面的文章。

⑤栏目有体现编辑方针、编辑构思、特色风格的作用。

(2)栏目的策划

栏目策划是期刊编辑工作特有的内容,不同于图书编辑工作。有些刊物虽然没有标明栏目名称,却在目录所载的文章标题之间留有一定的空间或符号,形成隐形的栏目。

栏目策划有以下几个方面的要求:

1)点面结合,结构合理

栏目是若干文章的有机组合体,这些文章或者主题相同、相似,或者内容上有一定联系,或者在表现形式上比较接近。栏目设置要有面,即全方位满足读者需求;也要有点,即从几个角度切入来突出表达期刊的宗旨和性质。点面要互相结合,形成一定的版块结构。

各种期刊的栏目数量多少不等,但总的来说,整体数量要有度,因过多容易导致期刊结构松散,过少则显得较单调,要根据具体期刊的性质和读者对象等因素来考虑。

各个栏目要有轻重之分,编辑要按照本刊宗旨,抓住重点栏目,通过"拳头产品""品牌栏目"来提高刊物的整体水平。

2)既要稳定,又求创新

栏目设置不能经常变动,也不能一成不变,要在基本保持稳定的同时开创新栏目,及时捕捉读者新的兴奋点。

【案例8.10】

《故事会》的十多个栏目都是逐步形成的:1993年推出"16岁的故事",1996年推出"名人讲故事",2000年推出"3分钟典藏故事",2007年推出了"故事中国·网文精粹"。这些栏目的适时推出不但开辟了故事领域新天地,而且还带动了一大批新作者加盟故事会创造队伍。策划新栏目时要考虑有一定的文章资源支持,否则,名称再好的栏目也难办好。

分析《故事会》的栏目构思:

①与当前社会现实相联系,如"百姓话题";

②从作者身份的角度考虑,如"名人讲故事";

③从读者生活中发掘,如"16岁的故事";

④从其他文献中选择,如"3分钟典藏故事";

⑤从网络资料中选择,如"故事中国·网文精粹"。

3)简明贴切,一目了然

栏目的名称要精心设计,力求简明贴切。简明是指名称要让读者一目了然,一看就知道是怎么回事,不会产生误解。贴切是要与刊物的整体结构相吻合,栏目设计得好,往往是刊物的亮点之一,因而也是争取读者"眼球"的重要手段。栏目设计还可采用多种语法修辞手法。

8.2.3 期刊选题与组稿

(1)期刊选题

期刊组稿首先要拟定选题。要根据一定时期刊物办刊目标拟定选题,它体现这个时期编辑工作的中心和办刊的方向。期刊选题与图书选题意义有所区别。从期刊出版的基本特征来看,所谓期刊的选题是指编辑以科学文化发展和读者阅读需求为总前提,紧密结合刊物实际,将编辑自身意图及作者写作实情相联系,策划组织的文稿题目[①]。

期刊选题是指期刊编辑部为实现办刊宗旨、突出刊物特色、增强刊物吸引力,而针对不同时期的社会热点或本专业、本行业的热门话题策划并组织的每期一个主题的专稿。这组专稿一般是记者或多个作者就一个议题或者问题进行讨论的文章组合。这些文章可以有不同的观点和见解,也可以从不同的层面和角度论述。许多刊物的"封面聚焦""封面故事""本期视点"皆是属于策划类的专题报道。

选题策划在期刊工作中,具有重要的地位与价值。选题策划是期刊编辑过程中的重要环节之一,有特色、有新意、有创意的选题策划不仅可以体现期刊的学术

---

① 龚维忠.现代期刊编辑学[M].北京:北京大学出版社,2007.

品位、认识能力、审美情趣和整体编辑水平,而且可以增加期刊的文化含量和专业内涵,增强一本期刊对实践的指导性、参与性,塑造期刊的品牌形象,提升期刊的影响力。

期刊按照固定的周期出版,稿件的发表有一定的滞后期。这个月编发的稿件下个月才能与读者见面。因而在制订选题时要有预见性,要赶在时间的前面,以适应形势发展的要求和读者的需要。因此,策划期刊选题要注意三点:一是要准确理解党的方针、政策;二是要坚持刊物的办刊特色;三是要时时想着读者。只有把三者很好地结合起来,才能提出既配合形势要求又符合办刊目标同时符合读者需要的选题。

不同类型的期刊,策划选题的方法不同。可从以下几个方面着手:

1)根据期刊定位策划选题

可根据期刊办刊宗旨和定位策划期刊选题,如健康类期刊,可策划疾病防治专题,以满足读者需求。

2)关注社会生活领域的大事要闻,策划选题

大事要闻能制造阅读热点,不同的媒体有不同的关注点。作为期刊的选题策划,要着眼于关注社会生活领域的重大事件、热点问题、一些标志性事件、创新性举措等,从中研究考量,选择适合的角度和切入点,展开专题报道。如非典、汶川地震,期刊可以结合自身特点,组织有关选题。

3)根据热点问题,进行选题策划

针对社会热点、有争议的话题策划选题,可以围绕这些理论热点问题,展开调查、讨论、专家访谈等。

4)围绕纪念日、大型庆典、重大的纪念活动策划选题

如中国共产党建党九十周年、汶川地震三周年等。此类专题,多以回顾性的图文稿件为重点。

5)策划人物专题

对成功人士的生活、工作经历进行报道、分析、评论,以彰显其成功经验,或从中得到启迪。

6)年度盘点性选题

此类选题重在对年度事件、年度热点进行分析、归纳、展望、总结,制造一些话题,如美国《财富》周刊一年一度的"世界500强排行榜"专题;《新周刊》组织策划的每年的"中国新锐榜"评比专题。类似的评比专题,如"作家财富排行榜""胡润中国富豪排行榜"以及"大学排行榜"等。

期刊的选题策划当然不限于以上几类。选题既出人意料，又要合乎情理，"运用之妙，存乎一心"。期刊的选题策划，目的在于打造期刊品牌形象，编辑人员也必须树立正确的世界观和核心价值观，给读者以新理论、新观念、新视野，才会在媒体的竞争中占有一席之地。

（2）期刊组稿

期刊编辑面对收到的大量稿件，哪些能用，哪些不能用，有一个分析和选择的过程。从客观上来说，稿件取与舍，取决于稿件本身的价值；但从主观上来说，则取决于编辑主体对稿件客体价值的认识程度及评判标准。如果说作者创作活动的独立意义表现在对选题的选择，读者阅读活动的独立意义表现在对精神产品的选择，那么，编辑劳动的独立意义则表现在对稿件的选择。

所以，对一份期刊来说，编辑对稿件的分析和选择水平，反映了编辑的素质，也在一定程度上决定了期刊的质量。期刊编辑分析和选择稿件，主要出于 3 个方面的考虑：

其一，为了体现期刊编辑方针、办刊宗旨，以及办刊风格和特色，选用那些适合本刊特点的稿件；其二，为了服务期刊特定的读者，选用那些合乎读者需要、兴趣和爱好的稿件；其三，为了适应期刊容量的要求，舍弃一些稿件。

期刊由于其所属类别、办刊宗旨、读者对象、发行地区、出版时间（月刊、双月刊或季刊）等不同，构成了各自的特点。这些特点能否凸显，重要的一环就是看稿件的选择。稿件的选择，不仅包括对不合格稿件的淘汰，而且包括在合格稿件中优选。要想保证稿件的质量，使期刊发挥良好的传播效果，就要重视选稿。创造性地进行选择，是编辑发挥能动性的表现。

【案例 8.11】

《自然》期刊在学术界享有盛誉，是世界上影响因子最高的科学期刊之一。什么样的论文能够入选《自然》期刊呢？执行编辑尼克在 2013 年指出，要做到：数据充分支撑结论；新鲜的论题和角度；能够吸引同领域读者的广泛兴趣；获得了重大的科研进步；取得了一定影响力；为进一步研究提供了新思路。

一般来说，编辑选稿的依据主要有：一是稿件价值（质量）。二是社会主导价值观。社会主导价值观在根本上支配着编辑的职业心理和日常行为。主导价值观往往同时表现为宣传价值的选择标准，具体表现为：与党的中心工作的一致性、针对性、普遍性、典型性、时宜性。三是期刊编辑方针。主要包括期刊的读者对象、期刊内容、期刊的水准和期刊的风格特色。四是新闻出版法规。它可以强制性地限定期刊刊载的内容。

那么,期刊编辑在分析与判断一篇稿件是否适用、价值大小时主要应依据什么标准,在工作中如何操作呢? 在编辑实践中,一篇稿件最终能否采用,可以参照以下六条标准来进行综合考虑:

①真实性,即看稿件的内容是否真实。真实性应该是选择稿件的第一条标准。那些具有抄袭、虚构、添加、拼凑、夸大、偏颇、孤证、回避内容的稿件是不真实的。

②创新性,即看稿件是否有新意。如果是理论性期刊,要看稿件是否有新观点、新思路、新方法;如果是社会生活类、新闻类期刊,要看稿件所写的事是不是新近发生的,其他刊物有没有刊登过。

③可读性,看稿件能否满足读者的需求。读者未知的东西,不一定都是读者需要的。判断稿件内容是否符合读者的需要,是符合少数读者还是广大读者的需要,是符合读者一般的需要还是十分迫切的需要,主要是看稿件同读者的相关性和接近性。

【案例 8.12】
《知音》的选稿标准是:真实,可读,新鲜,感人。知音体有其本身的社会效应,为读者打开一扇了解中国社会和人生的真实的窗户;寓教于乐,启迪人生;表现了人文关怀和一定的宗教情怀;有一定的社会公信力。唯新求是是《知音》最终的选稿标准,故事本身新颖,立意新,角度新,原生态讲述故事,同时写法清晰准确唯美生动,这样的稿件就是知音的好稿。

相关性主要是指文章内容要与读者的生活、工作或者兴趣爱好息息相关。接近性主要考虑稿件的内容与读者地理上的接近、与读者心理上的接近和与读者思想感情上的接近。比如,社会生活类期刊刊登本地发生的社会新闻的文章,就更能吸引本地读者的眼球。又如,不同专业、不同行业的人,对关于本专业、本行业内容的文章的关注度要远远胜于其他。再如,当一篇文章中的思想观点与读者的思想产生共鸣时,无疑会引起读者的浓厚兴趣。这就是接近性的作用。

④思想性是参照政策、法律、道德的要求,衡量稿件的思想性。思想性标准是一个重要的标准,一份期刊如何坚持正确的舆论导向,在编辑选稿的环节就应该得到体现。

⑤适应性是从稿件内容与本刊特点相对照,看稿件是否适合本刊的办刊宗旨、读者对象、发行范围、出版刊期等方面的要求。

⑥统一性是看稿件的体裁和文字表达是否充分反映了所写的内容。

充分利用来稿与注意掌握平衡稿件。经过编辑选择之后,除了刊用稿和不用稿之外,剩下的稿件还有其他3种处理方法:一是备用。由于版面有限或发表时机不成熟,这类稿件可留作以后使用;二是本刊虽不宜刊登,但可作其他处理,如可转投其他报刊或发内参;三是从不用稿中发现新的选题线索。所以,编辑在选稿中一定要充分利用来稿,最大限度地挖掘稿件中潜在的价值。

【案例分析与实训】

假如你是海南《行者》期刊的一名编辑,你能对你们期刊的定位以及栏目进行评价分析,并且提出改进意见吗?

《行者》期刊策划书

一、期刊宗旨("三为"宗旨)

为学院建设献力   为学生锻炼搭桥   为旅游发展献智

二、办刊目标("两高"目标)

成为海南高校中一本具有影响力的校园期刊

成为全国高校中一本具有影响力的校园期刊

三、期刊定位

学生衣食住行的总参谋

(内容涉及有关旅游产业链上的衣食住行吃喝玩乐等方方面面。)

四、栏目设置

1.锦衣玉食

有关大学生生活中吃和穿的两方面内容。收集报道吃和穿的最新资讯,引导学生正确的消费观,使学生养成一种良好的习惯。

2.我行我素

有关大学生生活中行的方面。报道大学生的旅游现状,针对大学生旅游中出现的问题加以讨论,形成对学生旅游的正确引导。

3.海南探秘

专门撰写有关海南的旅游景点的专题文章,针对海南旅游景点的问题,探讨解决之道。

4.旅院之星

专门报道旅游学院在学习生活中表现突出的先进人物的先进事迹,号召同学们学习,并以此为榜样,在旅游学院发挥自己的主观能动性,成为旅游学院培养出来的精英。

5.企业风采

介绍社会上和旅游学院所设专业有关的企业,并鼓励学生们积极努力,争取能到这些企业实践学习甚至工作,与企业建立实践合作关系。

6.驴友日记

采取征稿的形式,在旅游学院甚至整个海南大学征集优秀的有关旅游的稿件。

7.行者无疆

待期刊正常运作之后,将成立一个以喜欢旅游的学生为主体的"行者俱乐部"。届时本栏目将报道俱乐部的活动等情况。

8.旅游前沿

报道国内国外的最新旅游新闻,增加学生对社会形势的认识,以便能更好地把握自己所学的专业。

五、价格定位

免费赠阅。

六、读者分析

读者为旅游学院的学生和老师以及其他部分兄弟学院的学生及老师。

七、投稿方式

公开电子邮箱,一律采用网络投稿。

八、出版时间

不定期(尽量为每月一期)。

任务3　期刊装帧设计

【案例导入】

图 8.5　《爱你》期刊封面

观察《爱你》期刊封面及内文版式。讨论：

1.《爱你》的开本是多大？期刊封面由哪些要素构成？

2.《爱你》的版式设计有何特点？

【课程内容】

8.3.1 期刊封面设计

早期的封面主要起保护作用,但随着时代的进步以及人们对期刊认识的不断深化,封面的装饰作用、提示作用和吸引读者阅读的作用逐渐显现出来。封面有提示本期内容、突出重点文章的作用。让读者未看内容,就可从封面上大致了解本期的主要内容,既方便读者,又可吸引读者。

一般来说,期刊的封面由4部分组成,一是期刊的刊名,二是期刊的卷期号,三是期刊的提示内容,四是图片。期刊用于区别于其他期刊的名称、标志、包装等符号的组合,体现着期刊的个性和读者的认同感。期刊封面的主要作用就是体现期刊的个性并且体现期刊的统一风格。

期刊封面设计应注意的问题:

（1）与期刊的内容协调一致

封面装帧首先必须与期刊的性质保持一致。如果期刊的内容是严肃的、学术性的,那么封面就不能过分活泼,否则就会显得不和谐、不协调;如果期刊内容比较活跃、轻松、色彩丰富,封面便不能板着面孔;文化生活类期刊的封面要显得富有文化气息,而科学技术类期刊的封面就应体现相关的科技内容。对同一类期刊来说,封面装帧的设计也要注意做到"和而不同""同中有异",体现出自己的个性和风格。

【案例8.13】

《三联生活周刊》提出的口号是"一本杂志和他倡导的生活",它的灵魂是生活,它尝试以时代进程中社会、经济、文化领域中发生的新闻为由头,寻求用一种新的文化批评方式来阐释独特的生活理念。在描摹生活,再现生活的基础上升华生活、提高生活,总是比眼前的实际生活快半拍。《三联生活周刊》的封面一般都会采用新闻图片,与期刊中的一个栏目"封面故事"相互呼应。

图8.6 《三联生活周刊》封面

（2）注重细节的艺术感染力

封面装帧的细节包括用纸种类、刊名样式、年份和卷期号样式等多方面内容。

①表现力强的的纸张可更好地突出刊物的个性，如一般的胶版纸具有大众化特点，而光洁的铜版纸则有华贵的气质。

②刊名样式应当醒目、大方和富有个性。名家题写刊名更好。

③年份和卷期号的设计是期刊封面装帧特有的。由于期刊的时间性比较强，读者往往通过年份和卷期号来判断刊物的新旧，因此它们须放在突出、醒目的位置，甚至还可同时注明出版日期。

【案例8.14】

《时尚》期刊的一大特点就是印刷精美，设计高档。《时尚》是由《中国旅游报》创办。20世纪90年代初，旅游业是对外接触比较多的行业。做旅游报刊，有机会接触到不少的海外资讯，他们从旅游免税商店了解到很多品牌进入中国市场的心情十分迫切，可是在中国做广告很难，高档耐用消费品一般选择期刊做广告，可是在中国没办法平面着陆。一开始，他们就把目标定在了"高档豪华"上，针对正在兴起的白领阶层,向国外的期刊学习,做一本以刊登广告为生存支柱的期刊。要做到这一点,期刊的封面就必须做到精美考究,做到高品质化的装帧设计,其高品质化不是狭指期刊出版的单位经济成本高,而是指印刷及辅助印刷手段、纸张材质或仿纸张材质、开本等与主观装帧设计意念的最佳契合所创造的最佳阅读质感。

(3)强化封面的宣传效果

封面是期刊具有独特作用的地方,刊物可借此作自我宣传,以吸引读者的注意力,激发读者的购买欲。

①为让读者记住刊物,可在封面印上响亮的广告语。如《特别关注》的广告语便是:"成熟男士的读者文摘。"

②可将封面设计成故事型的,将封面形象与页内专文结合。它既是封面中心,也是本期内容的聚焦点。

③采用富有冲击力、有创意的图案来吸引读者的注意力。如美国《国家地理》在 1984 年 3 月号花 100 万美元采用全信息技术制作封面。在特定角度的光线照射下,封面上的秃鹫图像便会呈现出振翅而飞的样子,十分逼真动人,吸引了许多读者。其所发挥的广告效应不言而喻。

④在封面上印文章要目。这种方法增加了期刊封面的信息含量,可以展示期刊的内容风格,起到吸引读者阅读和购买的作用。

【案例 8.15】

《新周刊》给人的印象一向是新锐、特立独行,不论是它的文章的叙事方式,它的独特观点,还是它的封面设计都符合这一风格。《新周刊》要做"中国最新锐的时事生活周刊",所以它在图片运用上唯美、大胆、不拘一格,为图片加入了不少新闻与时尚的元素。

《新周刊》的一大特点就是每期都会选一个主题,以《新周刊》特有的视角进行分析。而每期期刊封面的图片都会和这个主题呼应,但与《三联生活周刊》相比,它不是选择与主题相对应的新闻图片,而是为图片注入幽默、人性化的元素。这种封面图片的处理方式也成为《新周刊》的一大看点,形成了自己特有的风格。

(4)有相对的稳定性

在封面的外部特征相对成熟之后,一般宜让其相对定型,基本不作大的变化,而且还要不断加以强化,有助于树立品牌形象。

【案例8.16】

《萌芽》的装帧设计很有特色,封面装帧的最大特点是刊名的设计。1990年以来,《萌芽》的刊名字体从未变过,其设计很有创意,独具匠心,给读者以美感。线条凹凸不平,形体活泼,显示着青春的张力,似乎膨胀着生命的力量,呼应着它的名字。刊名的字号随着封面的整体设计不断变化,颜色各异。有时是单一的白色,有时是彩色,有时填充图片,有时填充水墨画等,给人的整体感觉是轻盈、灵动和清新的。但不论字号和色彩如何改变,刊名的字体始终如一。正是因为《萌芽》独具特色的刊名和封面设计,才能在期刊市场上更好地吸引大众的眼球,达到极好的传播效果。

8.3.2　期刊开本与目录

（1）期刊的开本

期刊的开本一般有32开本、16开本,大32开本和大16开本。目前普遍使用的是大16开本,同时也有少量的8开本(如《新潮》期刊)和一些异型开本(如《岷峨诗稿》,24开)。国家也要求,从2000年起,期刊均使用大32开本和大16开本。

【技能提示】

期刊的开本与图书的开本、报纸的开本不完全相同。报纸的对开,是指将一个印张纸对折一次;4开,是将一个印张纸对折两次。4开的报纸与8开本的期刊的幅面大小是一样的。期刊展开后,有左右两个页面,右为单码,左为双码。图书、期刊的厚薄,以页码计数。页码有明码和暗码之分。明码指直接标出序号,暗码不标出序码,但仍算在页码的序列之中,比如一些期刊的彩插或广告,不标出页码但后面照样算入页码序列。期刊的总页码,一般为开本的倍数,这样便于印刷、装订,节省纸张。一个印张纸裁为16开本,可裁16页。如16开本的期刊多为32页、48页、64页、80页等。

（2）期刊的目录

1）目次

目次也称目录,指正文前所载揭示期刊内容、结构层次、文章标题的部分,供阅读时检索。编排格式,可以因不同设计思想而有所变化,但要保证基本内容符合标准化规定(图8.7)。

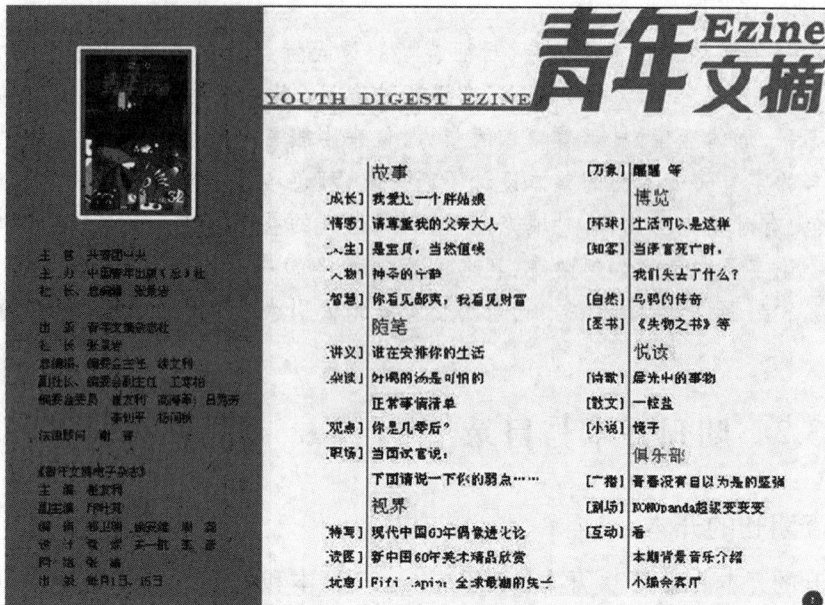

图 8.7 《青年文摘》目录

2) 目次表

目次表包括本期的全部内容,并与正文一致。可按栏目分栏编排,栏目标题应用不同的字体、字号表示,应包括题名、作者和所在页码。向国外发行的期刊宜增加一种以上外文。

3) 目次页

目次页一般单独占一页,置于封二的第一面,不与正文连续编页码。目次页的版头应标明刊名(副刊名)、卷号、期号、出版年月(如周刊还应刊登出版日)。

8.3.3 期刊的版面设计

(1) 期刊版面的构成要素

期刊的版面由版心和边白构成。边白由天头、地脚、切口、订口构成(图8.8)。

从古至今,读书人喜欢在天头、切口部位批注或作读后感想的记载,所以传统习惯是天头宽于地脚,切口宽于订口。

期刊排版受这种影响,版式上也沿袭下来。

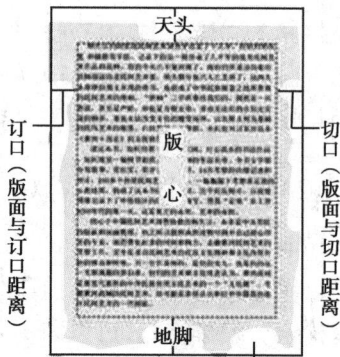

图 8.8 期刊版面示意图

由于生活习惯的不同,其他国家的刊物边白的比例与我们国家的刊物也不同,我国的比例一般是,订口：切口：天头：地脚＝2∶3∶4∶6。图文所占据刊物页面的面积即版心。版心与边白比例即版面率应恰当。据统计期刊的版面率一般为百分之六七十,如《读者》的版面率为64%。

【技能提示】

有许多刊物,如文学期刊《大家》、学术刊物《经济学家》等,边白留得较多,能给读者在阅读疲劳之余以轻松、清新的感觉。页眉是版心的一部分,排在横排刊物正文的上部或下部,内容包括刊名、专栏名、题目、卷、期、年、月和页码等。在港、澳、台地区,有些刊物竖排,页眉则在奇数页面正文的右边和偶数页面正文的左边,均接近切口。按刊物性质不同,页眉有详略之分。

科技期刊或供人摘录的期刊,页眉的项目多一些,文化生活等大众刊物少一些,甚至只有页码。除页码每页排印外,页眉的内容有单双页交替分别排印的,也有逐页全部排印的。分栏就是编辑根据文章内容和刊物类别等不同的需要,对版心进行分割。

分栏的作用主要有：一是控制字行长度,便于读者阅读。读者视力移动的距离一般为5号字20个字左右的长度,在这个长度范围内,便于阅读。期刊16开本一般分为2~4栏,24开本一般1~3栏,32开本一般不分栏(图8.9)。二是安排版面灵活,使之富于变化。特别是生活类和时事新闻类刊物,分栏能让版面富于变化,错落有致,避免呆板。同时,也便于灵活安排稿件。三是能体现稿件的性质。重要言论、学术文章,期刊一般不分栏或分两栏,版面安排多为一整块,不作零碎的版式处理。四是能使期刊形成自己的风格。

根据《中国社会科学期刊质量标准》,幼儿、低年级小学生阅读的刊物,应以4号字为宜,成人读物一般不小于5号字,老年读物字号应稍大一些,如专供老年人阅读的大字本。有些期刊,尤其是学术性期刊,为了多刊载文章,大量使用小字号,如《毛泽东思想研究》等。有些生活类期刊也大量使用小号字,如《看电影》,内容很多,但看起来吃力,不宜提倡。常用的字体有楷体、宋体、报宋、仿宋、魏碑等。现在的电脑技术,字体花样很多,空心体、斜体、立体、舒体等都有。字体的应用,一是可以体现稿件的性质,一般编者按、编后、每月评论、卷首语等用楷体,正文用仿宋,标题用黑体等。二是字体选用得当可以活跃版面,尤其是标题字体的选用的变化,能调整读者的视觉。构成期刊基本形式的因素,除上述这些外,还有线条、底纹、色彩等。线条常用于天头、地脚,以隔开页眉与正文、正文与注释。

图 8.9　期刊"三栏"版面图

（2）期刊版面设计技巧

1）标题的设计处理

期刊不要求各级标题全刊统一，标题处置非常灵活，既可置于版面上方，也可置于版面的下方、左侧或者右侧，或者置于版面中间甚至某个角上，还可横跨两个页面形成合式标题。标题文既可横排，也可直排。标题所占面积大小也没有一定之规。标题所占面积与正文文字所占面积比例适当即可（图 8.10）。

图 8.10　期刊版面设计图

2）图版的处理

图版与一栏栏文字、一段段文字在版面上都是"块"。但图版往往是最先吸引读者注意力的部分。因此，在利用黄金分割定律对版面上的点、线、块等进行组合和分割时，应当妥善处理图片与其周围文字块的对比和分布，以及照片、图画与文字在色调上的相互关系（图8.11）。

图8.11　期刊图版示意图

3）空白的处理

空白与文字、图片等具有同等重要的意义，是版面形式美不可分割的部分，故对空白的巧妙运用，可得到古人所谓的"不着一字，尽得风流"之效果。如将文字构成的块尽量往版面的中、下部推移，天头和左右留出较大的空白，可让喜爱动笔的读者记下心得体会，段落与段落之间、文章与文章之间、栏目与栏目之间，有意留下一些空白，可产生一种曲径通幽的意趣（图8.12）。

图 8.12　期刊版面空白处理示意图

4）和合页面的处理

读者阅读期刊往往是摊开来的，于是两个页面便呈相互对称的和合面，因此期刊版式不但要求单个页面的均衡，还要考虑两个页面拼合后的效果（图 8.13）。

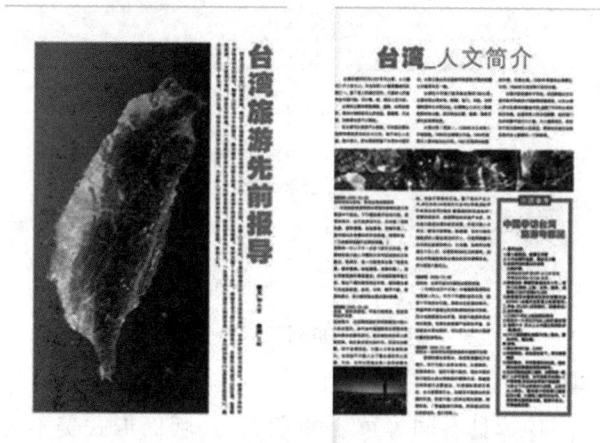

图 8.13　期刊和合页面示意图

5）画版样

目前常见的期刊版样纸有二栏和三栏。画版样与报纸基本相同。但有一个特别的注意点，即"双版"。"双版"又有"文同版对"和"文异版对"两种情况。

"文同版对"，即左右两版是同一篇文章。这时要注意左右两版作为一个整体来安排标题、正文和插图。

"文异版对"，即左右两版不是同一篇文章。这时标题在形状、大小、位置方面,都要避免雷同。例如左版标题用横排,右版标题最好用直排。正文的分栏,也要避免一样,左版分三栏,右版最好分两栏。左右两版要呼应、配合。左版左上角有一幅图片,右版就宜将图片安排在右下角,以求均衡,否则就会有重心倾斜之感。尽可能减少"下转""上接",以免给读者阅读带来不便。具体方法是将文章的字数计算准确,适当调整标题的占位。如果文章排到一页的末尾还有少量安排在下一页的下方,那么把下一页的上方(强位)排另一文章。

【案例分析与实训】

　　文中提到的期刊中,你认为哪些在装帧设计上比较有特点?请结合所学知识进行分析。

【综合实训】

1.以《读者》期刊为例,进行栏目策划分析和版面设计分析。

2.以一本青年期刊为例,增设两个以上的新栏目并说出你的设置理由。

3.选择一本你熟悉的期刊,分析其装帧设计的特点。

【课外拓展】

立体期刊的装帧设计
——以《哈哈画报》为例

　　在少儿期刊的百花园中,适合各个年龄段阅读的期刊五光十色、精彩纷呈,它们或图文并茂,或色彩艳丽。这些期刊的编辑们绞尽脑汁,使出浑身解数,开设各种栏目,配上精美插图,或邀来名家,或为孩子们提供平台,以求出新出奇。但万变不离其宗,期刊还是平面的,无论图文都无法突破传统设计的限制。而2005年底全新改版的《哈哈画报》使用了立体的装帧设计,充分调动少儿读者的视觉、听觉、嗅觉、触觉和味觉诸系统的功能,给少儿读者一种体验式的互动阅读,从而吹进一股清新之风。一年之后,这种立体的装帧设计,获得了国家知识产权局颁发的"多功能画册"国家专利。

　　在书刊的装帧方面,采用立体设计的方案,使之具有可以抽拉、翻动、旋转、跳出等效果,此类书刊被称为可动书(Movable Book),也有称为玩具书(Playbook 或Toybook)的。不过,两者还是略有区别的。前者必须用手去抽动纸片,或者移动藏匿起来的图文,或者掀开闭合的内容。而玩具书则是指打开书页就会立即弹跳出折叠页或深藏在内的图文内容的装帧设计,因此,也可叫弹跳书(Pop-up Book)。

　　立体期刊是建立在平面期刊的提升基础上的延伸或分类,是实施使期刊品质升华的再设计、再创造。

请查找资料并分析立体设计具有哪些特点?

《中国国家地理》的策划

《中国国家地理》,原名《地理知识》,创刊于 1950 年 1 月,是一本关于地理知识方面的期刊。期刊内容以中国地理为主,兼具世界各地不同区域的自然、人文景观和事件,并揭示其背景和奥秘,也涉及天文、生物、历史和考古等领域,是中国著名的地理期刊。该刊中有深度的报道和精美、有保存价值的图片经常被中央及地方媒体转载,具有很强的可读性和收藏价值,国内外很多家图书馆已经把该刊作为重点收藏期刊。

值得大家思考的是,《中国国家地理》既非时政类刊物,又非财经类刊物。一份严肃的科学类刊物,能得到读者的承认和厚爱,月发行量上百万册,这是非常不容易的。这靠的是什么呢? 请查找相关资料分析《中国国家地理》策划的亮点有哪些?

模块 9

新媒体编辑

学习目标

知识目标

1.了解新媒体的概念和发展历史；

2.掌握新媒体的主要形态特点；

3.掌握新媒体编辑的基本要素；

4.掌握新媒体编辑的基本方法和流程。

能力目标

1.能分析新媒体的主要形态和特点；

2.能对指定内容按照不同新媒体编辑方法进行基本的编辑；

3.能运用新媒体编辑工具进行简单的新媒体编辑加工。

任务 1　认知新媒体

【案例导入】

看下列图片(图 9.1 至图 9.6),请同学们分析一下,哪些可以根据它们的传播方式和特点分成一类媒体,有哪些是新媒体?

图 9.1　人民网首页

图 9.2　新华网首页

图 9.3　今日头条 APP

图 9.4　人民日报小程序（公众号）

图 9.5 《中国青年报》

图 9.6 《意林》杂志

　　以上 6 种媒体形式,新华网和人民网可以称为网络媒体,今日头条 APP 和人民日报小程序(公众号)可以称为手机媒体,《中国青年报》和《意林》杂志可以称为纸质媒体。纸质媒体为传统媒体,网络媒体和手机媒体为新媒体。

【课程内容】

9.1.1　新媒体的概念

　　新媒体至今还没有一个统一的定义,但有很多专家学者从不同的方面提出了自己的观点。下面是一些主要的观点:

　　"所有人对所有人的传播",这是美国《连线》杂志对新媒体的定义。

　　清华大学熊澄宇教授提出:"所谓新媒体是一个相对的概念,'新'相对'旧'而言。从媒体发生和发展的过程当中,我们可以看到新媒体伴随着媒体发生和发展在不断变化。广播相对报纸是新媒体,电视相对广播是新媒体,网络相对电视是新媒体。今天我们所说的新媒体通常是指在计算机信息处理技术基础之上出现和影响的媒体形态。这里有两个概念,一个是出现,是指以前没有出现的;一个是影响,所谓影响就是受计算机信息技术影响而产生变化的,这两种媒体形态是我们现在说的新媒体。"①

　　美国网络新闻学创始人、"博客(Blog)"报道形式首创者丹·吉尔默提出"新

---

① 熊澄宇,廖毅文.新媒体——伊拉克战争中的达摩克利斯之剑[J].中国记者,2003(5).

闻媒体 3.0"(Journalism 3.0)的概念:1.0 是指报纸、杂志、电视、广播等传统媒体或者说旧媒体(Old Media);2.0 就是人们通常所说的以网络为基础的新媒体(New Media)或者叫跨媒体,但新闻传播方式并没有实质改变,仍是集中控制式的传播模式。而媒体 3.0 就是以博客为趋势的 We Media(还没有一个非常贴切的中文译名,可以译为"个人媒体""自媒体""我们媒体"或"共享媒体")。

真正以"新媒体"这个概念作为系统研究对象而形成一个学科,则是近 40 年以来的事情。这个时代的新媒体是在数字信息处理技术基础之上出现或有影响的媒介形态,如互联网络、电子出版、卫星通信、数字电视、手机终端等。通常认为,今天意义的新媒体的起点,是第二次世界大战结束后美国一些军用通信技术转为民用,如计算机网络和卫星通信。这些技术的应用在 20 世纪七八十年代形成规模,并引起相应的传播学研究,从而确立起新媒体传播研究这一学科领域。[①]

从上面的定义可以看出,"新媒体"是不断变化的,对于新媒体的定义,学者们各有不同观点,至今没有定论。

本书归纳起来认为:新媒体是相对传统媒体而言的,是新的技术支撑体系下出现的媒体形态。当前所说的新媒体即数字化媒体。当前新媒体从其内涵分析,可以看作是 20 世纪中后期在科学技术取得巨大进步的背景下,在信息传播领域出现的建立在数字技术基础上的,能使信息传播范围大大扩展、传播速度大大加快、传播方式丰富多样的、有别于传统媒体的新型媒体。从其外延来说,新媒体主要包括光纤电缆通信网、双向传播有线数字电视网、通信卫星和卫星直播电视系统、电子计算机通信网、大型电脑数据库通信系统、互联网(Internet)、移动便携平台和多媒体信息的互动平台、多媒体技术以及利用数字技术播放的广播网等。

纵观当下学术界和大众媒体对"新媒体"的各种说法,在不同场合"新媒体"的许多不同的名称,其以数字技术为核心的媒体本质是不变的,以事实为依据的核心内容是不容随意涂抹的。人们把新媒体理解为网络媒体,或者定义为"第四媒体";把如日中天的手机定义为"第五媒体",并有意无意地视其为新媒体的发展方向。无论是第四媒体还是第五媒体,无一例外地被人理所当然地称为"新媒体"。如此命名,实际即为以数字媒体为核心或以数字技术为依托作为一套逻辑规则与选择标准。随着科学技术日新月异的发展进步,未来会出现什么样的新媒体形态,将不得而知。

人们在实践中应用并发展着新媒体,同时也在不断表述和界定新媒体概念,并从不同角度给予新媒体定义。本书介绍的新媒体,以当前的数字化媒体为依据。

---

① 宫承波.新媒体概论[M].北京:中国广播电视出版社,2009.

9.1.2　新媒体的主要形态

新媒体的形态主要包括网络媒体、移动媒体、电视新媒体三大类。

(1)网络媒体

网络媒体是基于互联网技术基础之上,让人们轻松获得和传播信息的数字化媒体。互联网由不同类型、地域、规模、独立运行和管理的计算机网络组成,通过网站等形式让人们不需要专业技能和复杂操作,轻松获得和传播丰富多彩的信息。这种信息的便捷传播,使得互联网迈入了媒体的行列。网络媒体被视为是继报刊、广播、电视之后的第四媒体,是最早出现的新媒体形态,也是当今最重要的媒体形态之一。

随着技术的发展,网络媒体目前主要包括门户网站、搜索引擎、即时通信、网络社区、电子报刊、博客、微博、播客、维客、威客等传播形态。

1)门户网站

顾名思义,门户网站是人们接触互联网的第一站。在互联网诞生之初,门户网站提供的众多类目和服务对网民遨游网络起到了基础性的引领和导航作用。门户网站这一名称译自英文"PortalSite","Porta"是门、入口的意思,故门户网站被理解为人们进入互联网的始发地,是一个为了满足网民对于信息与服务的不同需求而产生的信息共享的网络枢纽。在这个枢纽中,网民为了相同的目的——获取信息而来,又为了各自不同的目的而去。于是,门户网站就成了集合众多内容、提供多样服务的"大门厅",以便最大程度地成为人们上网的首选。著名的门户网站如国外的 AOL、MSN,国内的新浪、搜狐、网易、腾讯等。(图 9.7、图 9.8)

图 9.7　国内门户网站:新浪网首页

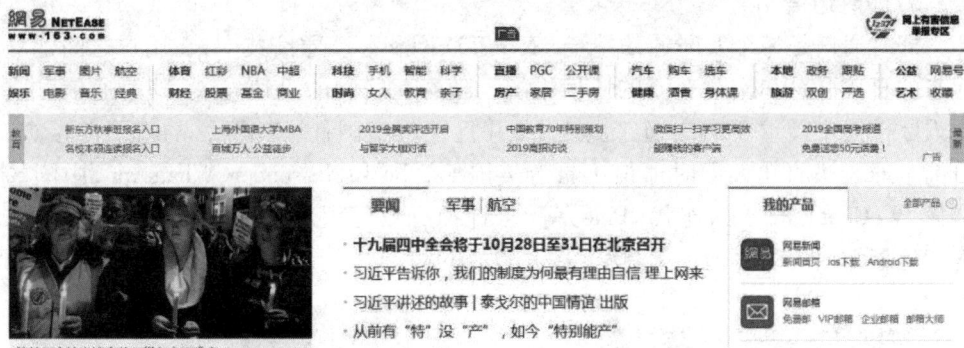

图 9.8　国内门户网站:网易首页

2)搜索引擎

搜索引擎是指根据一定的策略、运用特定的计算机程序从互联网上采集信息,在对信息进行组织和处理后,为用户提供检索服务,将检索的相关信息展示给用户的系统高性能的搜索引擎能够充分发掘并利用网站的资源来为商务、教育、科技等各种领域服务,搜索引擎正在引领一种新的信息经济。有数据表明,互联网上 70%左右的信息是通过搜索得到的,搜索引擎服务是互联网络上最基本且最重要的服务。从功能和原理上搜索引擎通常被分为全文搜索引擎、元搜索引擎、垂直搜索引擎和目录搜索引擎等四大类。常用的搜索引擎有百度、Google、搜狗搜索、360 搜索、必应(Bing)等。

图 9.9　搜索网站:百度

图 9.10　搜索网站:谷歌

3)即时通信

即时通信是一个实时通信系统,依靠互联网和移动通信技术,在用户之间建立起来的直接联系和实时交流的通信系统。随着互联网的迅速发展,即时通信已成为人际传播中最重要的沟通工具之一,并且还是中国社会化网络的重要链接点。目前全球公认的几大即时通信工具有美国 Facebook Messenger、WhatsApp、中国的微信(WeChat)、日本的连我(Line)等,合计拥有数亿用户。在我国还有 QQ、阿里旺旺等最常用的即时通信工具。(图 9.11、图 9.12)

图 9.11　微信截图

图 9.12　QQ 截图

4)网络社区

网络社区是互联网最早兴起的概念之一,是伴随着网络以及网络行为的扩展而出现的一个人类社会活动的新空间,包括早期的 BBS、论坛、个人主页以及当下融合了 RSS 元素的博客、SNS 网站等,是社会群体互动的最重要的网络场域之一。国内大的综合网络社区有天涯社区、西祠胡同、百度贴吧等,国外著名的 SNS 有MySpace、Twitter(通称推特)等。(图 9.13、图 9.14)

图 9.13　天涯社区截图

图 9.14　百度贴吧截图

5）电子书报刊

电子杂志又称网络杂志、互动杂志，通常指的是完全以计算机技术、电子通信技术和网络技术为依托而编辑、出版和发行的杂志，以 HTML5 技术（早期应用 Flash 技术）为独立于网站存在。电子杂志兼具平面与互联网的特点，融入了图像、文字、声音、视频、游戏等要素，并与之动态结合来呈现给读者，此外，还有超链接、即时互动等网络元素。电子杂志延展性强，可移植到 PDA、MOBILE、MP4、PSP 及 TV（数字电视、机顶盒）等多种个人终端进行阅读。

图 9.15　中国青年报电子报截图

图 9.16　电子杂志《中国经济周刊》截图

图 9.17　电子杂志《环球人文地理》截图

图 9.18　电子图书《资治通鉴》截图

版权信息

书名：茶花女
作者：小仲马
译者：李玉民
ISBN：9787505742680

本书由北京创易时代国际文化传播有限公司授权掌阅读电子版制作与发行

版权所有·侵权必究

图 9.19　电子图书《茶花女》截图

6)博客、微博

博客(Blog)，又译为网络日志等，是一种通常由个人管理、不定期张贴新的文章的网站。博客上的文章通常根据张贴时间，以倒序方式由新到旧排列。一个典型的博客结合了文字、图像、其他博客或网站的链接及其他与主题相关的媒体。其能够让读者以互动的方式留下意见，是许多博客的重要要素。

微博，即微博客(MicroBlog)的简称，是一个基于用户关系的信息分享、传播以及获取的网络平台，用户可以通过 PC、手机等多种移动终端接入，以文字、图片、视频等多媒体形式，实现信息的即时分享、传播互动。从某种意义上说，微博就是微型的博客，两者既有相似，又有不同：都可主动发布信息和获取信息，但博客是被动阅读，必须去对方的首页看，而微博在自己的首页上就能看到别人的微博；博客要求靠网站推荐带来流量，而微博通过粉丝转发来增加阅读数，微博信息实时、广播式传播方式更利于信息的交流和传播。(图 9.20、图 9.21)

图 9.20　央视新闻新浪微博截图

图 9.21　知名主持人谢娜新浪微博截图

7）播客、维客、威客

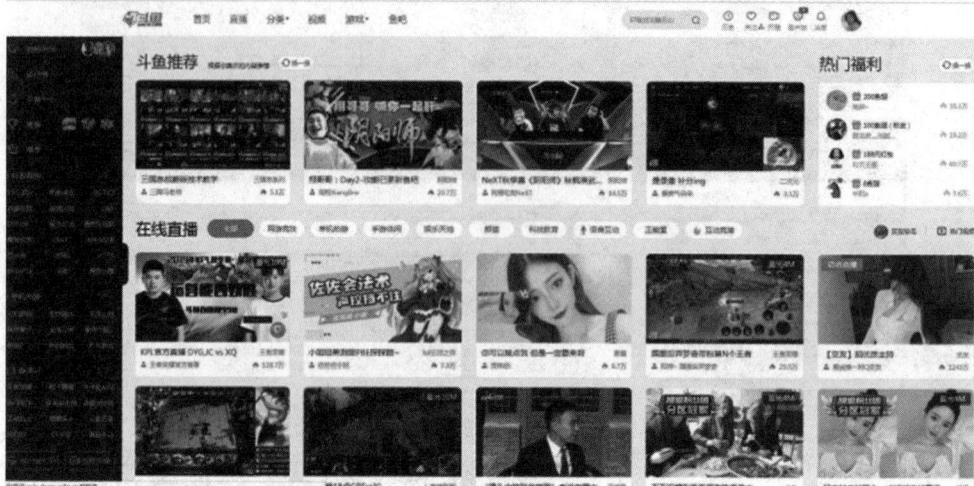

图 9.22　斗鱼直播网首页截图

图 9.23　猪八戒威客网首页截图

（2）移动媒体

移动媒体是指以移动终端为载体,通过无线信息技术与移动通信技术进行信息传播、社会互动的新兴媒体形态。当前,移动媒体的主要载体有手机、平板电脑、掌上电脑、其他移动视听设备等移动终端。随着信息技术的发展和通信网络融合,一切通过无线网络传播信息的移动终端都可以作为移动媒体的载体,如电子阅读器、移动影院、MP3、MP4、MP5、数码摄录相机、导航仪、记录仪等。

本书重点介绍以手机为载体的手机媒体。

手机媒体,是以手机为视听终端的个性化信息传播载体,它是以分众为传播目标,以定向为传播效果,以互动为传播应用的大众传播媒介,被公认为继报刊、广播、电视、互联网之后的"第五媒体"。手机媒体具有高度的移动性与便携性,信息传播具有即时性、互动性、私密性、整合性;受众资源极其丰富,多媒体传播,同步和异步传播有机统一,传播者和受众高度融合。手机媒体的常见形态有手机短信(彩信)、微信、手机电视、手机书报刊、手机搜索、手机游戏、手机微博、手机短视频、手机新闻客户端等。

1）手机短信、彩信

手机短信、彩信是手机媒体在人际传播中最常见的传播形态。

手机短信是手机短消息服务(Short Message Service)的简称,即用户通过手机或其他电信终端直接发送或接收的文字或数字信息。随着技术的不断发展,后来出现了文本短信以外的语音短信。语音短信运用电话或电脑终端,通过语音短信平台(电话或网站)传递语音信息。

手机彩信是多媒体信息服务业务(Multimedia Messaging Service)的简称,即在手机上实现多媒体信息服务。彩信不仅可以传输文本、声音信息,还可以传送图像、数据等各种多媒体格式的信息。

2）手机书、报、杂志

手机书有手机电子书和手机有声书。电子书最早只能在网上阅读,随着手机的不断发展,逐步转变为可下载在手机中阅读的电子书,简称为手机书。手机有声书是一种移动有声阅读应用,是用听的方式来"看"的书。

手机报是依托手机媒介,由报纸、移动通信商和网络运营商联手搭建的信息传播平台,用户可通过手机浏览当天发生的新闻,因而手机报被誉为"拇指媒体"和"影子媒体"。

手机杂志是指直接在手机上阅读的多媒体资讯杂志。突破网络电子杂志的框框,无须网络,无须下载,直接可在手机上阅读,图文并茂,甚至附带动画的电子杂志。

图 9.24　起点阅读、咪咕阅读　APP 截图

3）微信

微信（WeChat）是为智能终端提供即时通信服务的免费应用程序。微信支持跨通信运营商、跨操作系统平台通过网络快速发送语音短信、视频、图片和文字信息。微信提供组织及个人面向公众推送信息的平台——微信公众号，将品牌信息推送给广大的微信用户，减少宣传成本，提高品牌知名度，打造更具影响力的品牌形象。微信公众号分为订阅号、服务号、企业微信（企业号）三种类型。订阅号为用户提供信息和资讯，每天可以发送一条群发消息；服务号旨在为用户提供服务，一个月内仅可以发送四条群发消息；企业微信（企业号）是为企业或组织提供移动办公平台，帮助企业完善内部管理，它只适用于企业、政府、事业单位或其他组织。

图 9.25　中国政府网、中国教育信息化微信公众号截图

4）手机新闻客户端

手机新闻客户端是随着手机 APP 应用的发展而兴起的一类手机新闻传播新形态。这种传播形态的特点在于，它翻转了之前大众传播时代甚至是前移动互联时代的传受关系。以用户驱动和数据驱动，更便捷、更实用、更具互动性、更加个性化，并不断进行产品和服务迭代。

图 9.26　学习强国、腾讯新闻客户端截图

（3）电视新媒体

电视新媒体主要有数字电视、IPTV、移动电视与户外视频新媒体。

1）数字电视

数字电视（Digital TV，DTV），指节目信号的摄取、记录、处理、传播、接收和显示均采用数字技术的电视系统，包括节目采集、节目制作、节目传播到用户端接收的全过程。数字电视信号的处理、传输、发射和接收过程中使用数字信号，与目前普遍使用的模拟电视相比，数字电视不仅可以让观众接收到更高质量的电视信号，还可以使观众由被动收看转为主动点播，不再受到节目播出时间的限制。数字电视大大增加了可传送的节目容量，可从原来模拟电视的几十套增加到几百套。随着有线数字电视的推广，中国目前的几亿台电视机将成为一个集公共传播、信息服务、文化娱乐、交流互动于一体的多媒体信息终端①。数据显示，截至 2010 年 12 月 31 日，中国有线电视用户总量达到 1.75 亿户，其中有线模拟电视用户数量为 8 900 万户，地面数字电视传输方式如图 9.27 所示。有线数字电视用户为 8 600 万户，有线电视数字化渗透率达到49.14%②。

2）IPTV

IPTV 全称是 Internet Protocol Television，中文名称是互联网协议电视，也叫交互式网络电视。按照国际电信联盟的定义，IPTV 是指通过可控、可管理、安全传送并具有质量保证（QoS）的无线或有线 IP 网络，提供包含视频、音频（包括语音）、文本、图形和数据等业务在内的多媒体业务；其中，接收终端包括电视机、掌上电脑（PDA）、手机、移动电视及其他类似终端。现阶段我国的 IPTV 特指通过可控制、可管理、具有质量保证（QoS）的有线 IP 网，提供基于电视终端的多媒体业务。IPTV 利用宽带网，以家用电视机（或计算机）作为主要终端设备，集互联网、多媒体、通信等多种技术于一体，通过互联网络协议向家庭用户提供包括数字电视在内的多种交互式数字媒体服务的崭新技术。该技术囊括了互联网、电视网、电信网的功能和优势，再加上其数字化的传输模式，使得其能够穿越时空、跨越媒体、跨越不同的终端，以更为人性化和交互式的服务向用户提供海量的数字化信息，可配置多种多媒体服务功能，包括数字电视节目、可视 IP 电话、DVD/VCD 播放、互联网浏览、电子邮件以及多种在线信息咨讯、娱乐、教育及商务功能。IPTV 是现行媒介组

---

① 石磊.新媒体概论［M］.北京：中国传媒大学出版社，2009.
② 中国互联网络信息中心［M］.中国手机媒体研究报告，2008.

织结构中电视产业、计算机互联网产业和电信产业三方优势的集成,这种集成的优势就是 IPTV 核心竞争力所在①。IPTV 网络构成如图 9.28 所示。

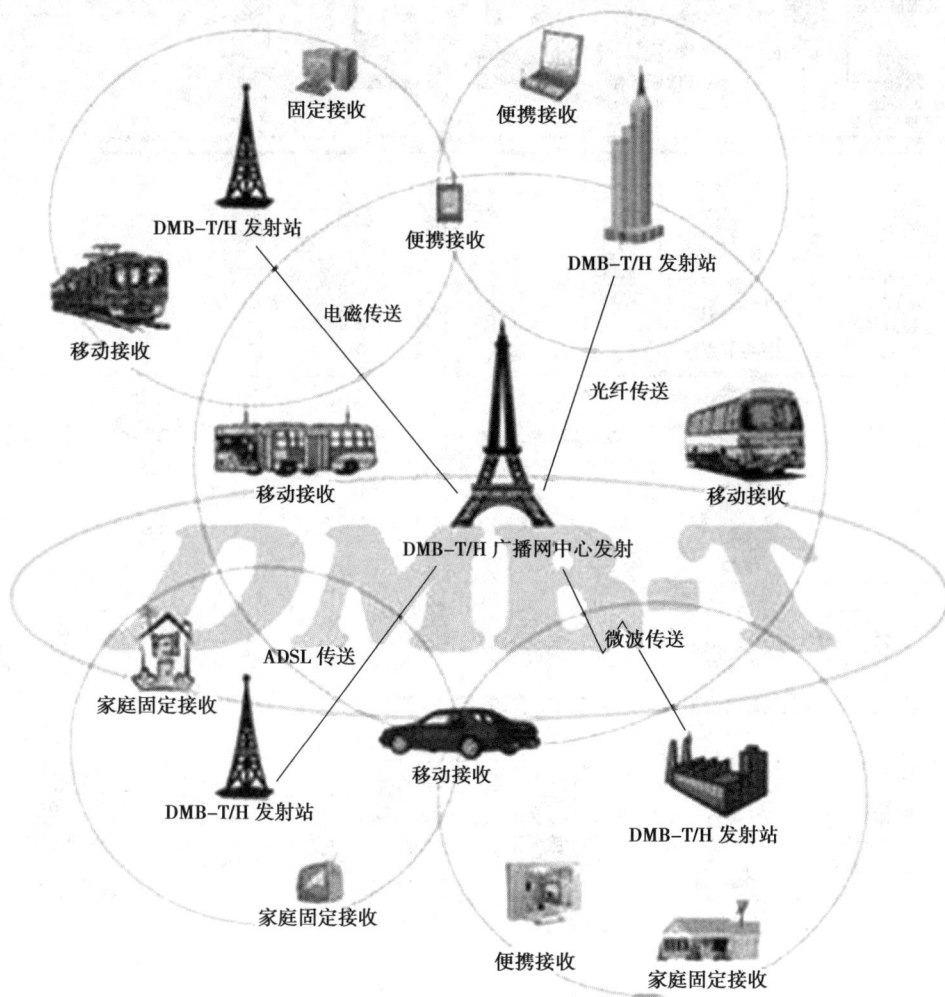

固定接收

便携接收

DMB–T/H 发射站

便携接收

DMB–T/H 发射站

移动接收

电磁传送

光纤传送

移动接收

移动接收

DMB–T/H 广播网中心发射

家庭固定接收

ADSL 传送

微波传送

DMB–T/H 发射站

移动接收

DMB–T/H 发射站

家庭固定接收

便携接收

家庭固定接收

图 9.27　地面数字电视传输方式示意图

在我国,数字电视是由广播电视系统主推的,而 IPTV 是由电信运营商主推的。

---

① 石磊.新媒体概论[M].北京:中国传媒大学出版社,2009.

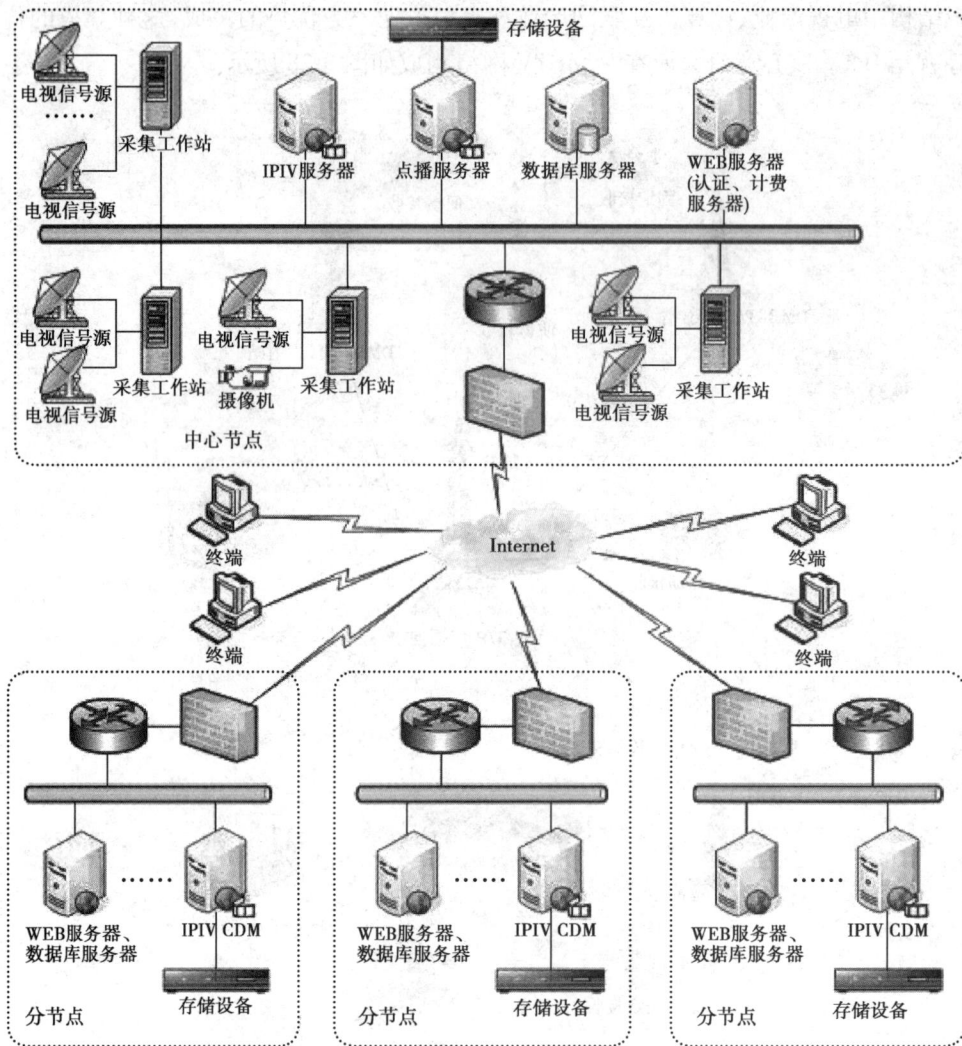

WebIPTV网络电视网络拓扑图

图9.28 IPTV 网络拓扑图

3)移动电视

移动电视,以数字技术为支撑,通过无线数字信号发射、地面数字接收的方式播放和接收电视节目。它最大的特点是在处于移动状态、时速 120 千米以下的交通工具上,保持电视信号的稳定和清晰,使观众可以在移动状态中轻而易举地收看电视节目。目前移动电视的主要应用为公交电视。对公交移动电视来说,"强迫收视"是其最大的特点。公交移动电视的强制性传播使得受众身在公交车上,没有选择电视频道的余地。不过,传播内容的强制性有利于拓展"无聊经济"的巨大利润空间,移动电视正是抓住了受众在乘车、等候电梯等短暂的空闲进行强制性传播,使得消费者在别无选择时被它俘获,这对某些预设好的内容(比如广告)来说,传播效果更佳[①]。

4)户外视频新媒体

户外视频新媒体,是指安放在人们一般能直观看到的地方的数字电视等新媒体,是有别于传统的户外媒体形式(广告牌、灯箱、车体等)的新型户外电视媒体,同时也包括这些交通工具相应的辅助场所如航空港、地铁(轻轨)站、公交站内所衍生的渠道媒体——LED 彩色显示屏、视频等[②]。

9.1.3　新媒体的特点

(1)海量性与共享性[③]

互联网将全世界的计算机和计算机网络连接起来,从而形成了一个巨大无比的数据库,网上的信息可以说无所不有,互联网的信息量在理论上可以做到无限量。而传统媒体的容量有限:报纸、图书和期刊有版面限制,广播和电视有播出时间限制。截至 2019 年 6 月,中国网站的数量为 518 万个(图 9.29),移动互联网接入流量消费达 553.9 亿 GB,同比增涨 107.3%(图 9.30)。[④]

网站数量　　　　　　　　　　　　　　　　　　　　　单位:万个

2016.6	2016.12	2017.6	2017.12	2018.6	2018.12	2019.6
454	482	506	533	544	523	518

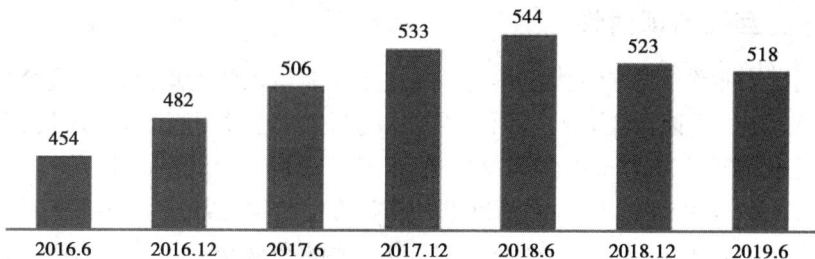

来源:**CNNIC**中国互联网络发展状况统计调查　　　　　　　　　　2019.6

图 9.29　中国网站数量

①②③　石磊.新媒体概论[M].北京:中国传媒大学出版社,2009.
④　中国互联网络信息中心[M].中国互联网络发展状况统计报告,2019.

移动互联网接入流量

单位：亿GB

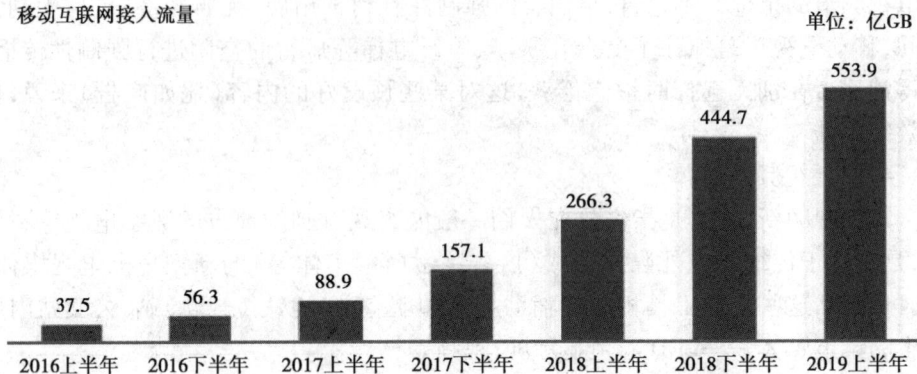

来源：工业和信息化部

2019.6

图 9.30 移动互联网接入流量

数字化新媒体改变了传统媒体信息受控严格的局面,改变了传统媒体地域性传播的特点,信息传播流通自由,传播的范围大至全球,人们在任何地点、任何时间都可以与他人进行各种形态信息的沟通交流。新媒体空间上的开放性导致了传播地域上的全球覆盖,时间与空间上的开放性导致了信息的海量存储,可以横向容纳世界各地的信息。世界上任一时间、任一地点发生的任一事件都有可能成为网络信息被广泛传播。新媒体的普及为世界各个角落的机构和个人获取信息、输出信息提供了前所未有的便利①。

(2)交互性与即时性

传统媒体能给受众传递大量信息,但受众反馈给媒体的信息以及受众之间的交流是很少的,更谈不上取得实际效果。新媒体则通过网页、即时通信、电子邮件、短信、公共论坛、微博、微信、二维码、客户端等手段,给受众提供了一个双向交流平台。在参与性较强的 IPTV 节目里,受众的反馈意见甚至能改变节目的后续发展;受众在与媒体交流的同时,还可以与其他的受众交流。受众不仅是信息的接受者,同时也是信息的传播者。交互性使得传播者和接受者的角色转换极其容易,消费者很容易从一种传播状态切换至另一种传播状态②。

受众在传统媒体上看不到或者看不全正在发生的事情。他们从报纸上看到的,从广播里听到的,从电视里见到的,往往都是过时了并且是经过过滤了的消息。基于数字化的新媒体则打破了传播的时空阻隔。互联网门户网站的新闻总是

---

①②　石磊.新媒体概论[M].北京:中国传媒大学出版社,2009.

处于不断滚动播出和随时更新状态,手机拍摄的照片瞬间可以转发出去,卫星直播电视能把发生在世界各地的重大事件同步呈现在受众面前,即时性使新媒体把第一时间、第一现场的权力牢牢抓在手中①。

【案例9.1】

在著名的伦敦爆炸案中,市民威廉·达顿用手机拍摄了照片,在朋友的博客上以近乎于图片直播的方式报道了灾难现场状况。这些照片很快进入各大电视网的新闻头条。在这次报道中,手机、博客、互联网以及播客密切配合,显示出了新媒体的巨大威力。

图 9.31 伦敦爆炸案现场一角

(3)延展性与融合性

新媒体上任何一条信息都不是孤立的,后面都对应着一个立体的、巨型的相关信息库。它不是以字符,而是以结点为单位组织各种信息的。一个结点是一个"信息块",结点内的信息可以是文本、图像、图形、动画、声音或其组合。信息在组织上采用网状结构,结点间通过关系链加以链接,从而构成表达特定内容的信息网络。信息网络对信息的存储通常按照交叉联想的方式,从一处迅速跳到另一处,打破原文本只能按顺序、线性存取的限制,它有良好的编辑功能,可以进行多窗口编辑,使得编辑可以方便地处理更多元素。延展性还表现在可以随时对信息进行修改、增补,并及时转发出去。

新媒体改变了传统媒体只能提供单一形态信息的特点,将不同媒介的用户互联,保证用户可以在任何地方、通过任何终端进入网络,得到直接或间接的服务。

---

① 石磊.新媒体概论[M].北京:中国传媒大学出版社,2009.

新媒体的融合性还体现在它具有超强的消解力和沟通力：消解了传统媒体各形态（电视、广播、报纸、通信）之间，国家与国家之间、社群之间、产业之间、信息发送者与接收者之间的边界；沟通了以往泾渭分明的计算机、电信、大众化传媒业①。

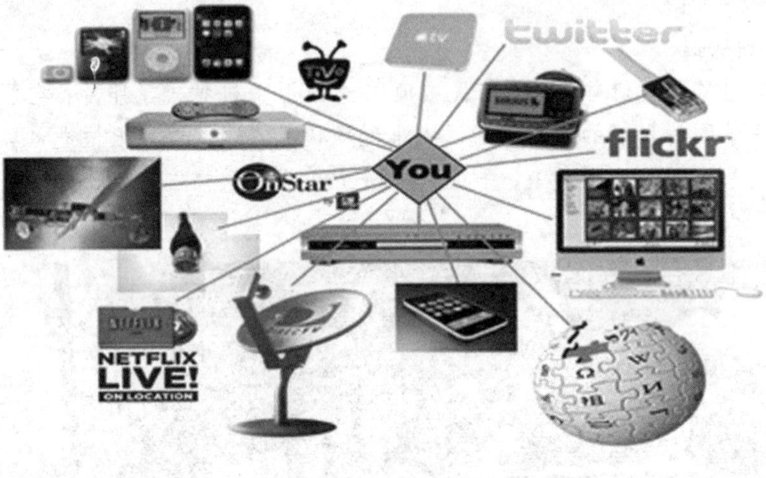

图 9.32　新媒体概图

（4）分众性与社群化

传统媒体的传播是点对面的传播，属大众传播。新媒体传播则具有一点对多点、多点对多点的特性，具有分众效应。根据受众使用哪种终端，能将受众从大众中区别出来；根据受众消费哪一类新媒体内容，可进一步从受众中划分出小众来。

新媒体本身就是分众媒体，通过其掌握的用户数据库，新媒体能以量化的方式对目标受众进行多层分众处理，并将信息精准地送达给他们。新媒体的这一特征，更加适应受众需求的多样化和受众市场的细分化趋势。受众可以利用各种检索工具在各类数据库中"各取所需"；受众还可以自由地选择信息接收的时间、地点以及媒介的表现形式；与此同时，作为另一端的传播者也可用一种"信息推送技术"，提供根据用户的需求为他推送信息的专门化服务。媒体和受众不再需要按线性的播出流程被动地接收由编辑安排好的节目内容，而可以在无限广阔的节目信息空间中，根据自己的爱好和需求检索、选择和传播节目。数字化传媒改变了以往受众收听广播、收看电视必须同步性的特点，而实现了异步性，即受众在任意选定的时间进行收听收看，还可以反复收听收看。

以互联网作为主要成员的新媒体的人们大多是"群居"的，各种各样的社区、

---

① 　石磊.新媒体概论［M］.北京：中国传媒大学出版社，2009.

BBS 和自由论坛、俱乐部、微信公众平台充斥在虚拟空间的各个角落。这些社群往往形成一些很牢固的人际互动网络,粉丝团、IT 人士等各种网络社群相当活跃①。

【案例 9.2】

天涯社区,创办于 1999 年 3 月,自创立以来,以其开放、包容、充满人文关怀的特色受到了全球华人网民的推崇,经过十多年的发展,已经成为以论坛、部落、博客为基础交流方式,综合提供个人空间、相册、音乐盒子、分类信息、站内消息、虚拟商店、来吧、问答、企业品牌家园等一系列功能服务,并以人文情感为核心的综合性虚拟社区和大型网络社交平台。

图 9.33　天涯社区论坛截图

---

①　石磊.新媒体概论[M].北京:中国传媒大学出版社,2009.

任务 2　主要新媒体编辑流程

【案例导入】

9 月开学在即,不少新生已经装好行李,准备到期待已久的大学校园报到。而汕头大学的一位新生的开学报到方式很特别,堪称"最有仪式感的打卡"!

汕头大学 2019 级市场营销专业新生卢悦,于 7 月 27 日从湖南省益阳市桃江县卢家村出发,徒步前往汕头大学。他历时 26 天,跋涉 1 300 多千米,终于在 8 月 21 日上午 9 时顺利抵达汕头大学!

图 9.34　卢悦徒步到达汕头大学

湖南籍 2019 级考生卢悦被汕头大学市场营销专业录取后,这位"00 后"新生便与父亲卢庆丰以及 11 岁的妹妹卢珺一行三人,于 7 月 27 日由湖南省益阳市桃江县卢家村出发,全程徒步一千多千米赴汕头大学报到。

原来，高考前卢悦父女俩就约好，一旦考上大学，不管在哪，父女俩都要一起徒步去报到。

"一开始，我觉得就像是开玩笑地那么一说，但是后来我发现爸爸是非常认真地做了这个决定。"卢悦告诉记者。

"我也仔细地思考了一下，与其荒废一个月的假期，不如收拾行囊，在路上边走边学。"卢悦说，在发现爸爸在认真地准备攻略后，她欣然赞同爸爸的建议，后来妹妹也加入了他们的行列。

天气炎热时，父女三人为了在步行中保持充沛的体力，一般会选择早上 5 点左右出发，气温最高的中午，他们在沿路的家具城或银行休息几小时。卢悦说："我学会了应对不同的突发情况，学会了如何安排一些事情，以及懂得了如何在最短时间内让对方了解到自己的目的。"

8 月 15 日，妹妹卢珺在跋涉途中度过了自己的 11 岁生日，今年 9 月份，她准备上小学六年级。7 月的华南，天气炎热，酷暑难耐。卢珺也向记者调侃道："我们走到哪里，太阳就跟到哪里。"

他们遇见过执意载他们一程的好心人，遇见过热心带他们参观景点的过路者，而借出家中小院给他们休息。

卢庆丰粗略算了算，三人每天大概喝掉水 30 斤，这一路就喝掉了约 400 公斤。

可他们却几乎没掏钱买过水，除了晚上在酒店烧水外，全靠热心人提供。为他们灌满水壶的人更是数不胜数。徒步十余天时，他们未曾买过一瓶水，全靠热心人提供。

卢悦笑称，可能这趟徒步行程用得最多的就是两支防晒霜和两大盒藿香正气水了。

8 月 21 日上午九时，父女三人顺利抵达，受到校纪委书记冯兴雷以及汕头大学师生热烈欢迎。

记者在卢庆丰的朋友圈看到，他们此次徒步既走过益阳烈士公园、刘少奇故居、毛泽东故居、彭德怀故居，也登上过南岳衡山、炎帝陵、井冈山。

原来，为了让孩子们通过自己的脚步丈量祖国的美好河山，沿途看到祖国的发展和地域文化，更加热爱生活更加热爱国家，卢庆丰为这次徒步细心规划了一条"红色路线"。

谈到这次徒步的意义，自称"狼爸"的卢庆丰说，是为了全面锻炼孩子的意志品质以及在认知社会、人际交往等方面的能力。

"之前出行一般都是父母先安排好了，我基本没有安排过行程。但这次旅程，爸爸全程放手给我安排。虽然还没统计各项花费，但肯定少于一万元。"卢悦告诉记者,一路上,她负责安排三个人的食宿,学着订酒店,找餐馆,做景点攻略,设计路线等,这些事情学起来并不是一帆风顺的。

其中一件"糗事",便是第一次预订酒店的时候,在手机软件上预订错了地点,结果退订单时多交了三十多元的"学费"。此次远行已经告一段落了,顺利安全抵达汕头大学的卢家父女三人显得特别开心。

"汕头大学的老师和师兄师姐非常热情,很出乎我的意料,校园整洁干净,很大气,是我心目中大学的样子。"卢悦告诉记者,被录取到汕大,看到美丽的校园特别开心,她非常感恩,也对接下来的大学生活很向往。

以上案例内容摘自某微信公众号推文《26 天徒步 1 300 公里赴大学报到! 父妹同行! 这个湖南妹子成最硬核新生》,该推文发出后在 2 周内阅读量超过 10 万次,请同学们分析这篇推文在新闻选题、语言表述、内容编排、层次结构方面有何特点?

【课程内容】

新媒体的形态有多种,本书重点介绍网络媒体(网站)、电子书报刊这几种主要的新媒体的编辑流程。内容表现形式主要以文字、图片为主,音频、视频信息本书不作介绍。

9.2.1　网络编辑

(1)网络编辑的特点

网络媒体是基于电子技术、数字技术、网络技术等高新技术的新媒体。因此,网络的传播特性必然影响和制约网络信息的编采业务,使之呈现出与传统媒体完全不同的特点。概括而言,网络编辑的主要特点有[①]:

1)交互性

在传统的编辑活动中,编辑与作者和读者的互动过程缓慢,读者基本处于被动的地位。而在网络编辑活动中,整个编辑过程是动态的,受众从"旁观者"变成了"参与者"。作为网络编辑,把反馈信息作为改进网络编辑工作的最佳依据,或者直接充当网络传播的内容,应充分尊重受众的主体精神和传播权利,自觉维护自由平等交流的网络环境。

---

① 谭云明.助理网络编辑师考试指南:三级[M].北京:中央广播电视大学出版社,2008.

2）数据库化

网络媒体的信息总量是传统媒体无法比拟的。网络媒体几乎拥有无限的信息空间。一般大型的网站都建有自己的数据库管理系统，对信息进行分类整理，既便于网站自己存储管理数据，又便于读者查询检索资料。强大的数据库对增强网络传播的影响力和吸引力起着至关重要的作用。

3）非线性编辑

无论是书报刊等平面印刷媒体，还是广播、电视等电子媒体，传统媒体的信息编辑方式都以线性编辑为主。所谓线性编辑，是指记者和编辑对所采集的大量素材、文字、图片、声音、影像等进行整理，从中挑选出报道（或出版）所需的片断，按照线性流程组合成新闻成品或出版物的工作方式。网络信息编辑则是以数字化技术为基础的非线性编辑方式，即通过 AD（模拟信号转换成数据信号）转换的二进制数字信息，将图像、图形、动画、字幕、声音进行数字化综合处理，以一种分散的、不连续的离散方式来编辑。它采用多媒体、超文本的写作与编辑方式，信息的联结不再仅仅是线性的，而是网状的；报道（或出版）的文本结构不再仅仅是线性的，而是超文本形态的。如此，网络信息文本的构成，不仅有文字文本，而且有声音文本、图像文本、动画文本及影视文本。非线性编辑特点要求网络编辑人员具有不同于传统编辑人员的思维方式和工作能力，具有更高层次的整体意识。

4）全时化

网络不受地域、时间限制，几乎覆盖全世界，使得新闻的全时性只有在网络媒体上才能实现。在网络上可以第一时间发布新闻，还可以随时更新、修改、删除已经发布的新闻，有的网站甚至可以在线直播，这就在客观上造成了网络编辑的全时化特点。网络信息的全时化发布也带来了网络信息不易过滤的缺点，而且更新的速度快也易于造成信息泡沫。网络编辑就应当有高度的职业责任感和新闻敏感性，不仅能够快速收集各种信息，确保信息真实、可靠，还要能够过滤有价值的新闻信息使之凸显出来。

5）编辑工作的复合性

网络编辑往往集信息采集、编辑加工以及制作于一体，需具备完善的知识与技能结构。网络媒体符号融合了文本、图形、图像、声音、视频等多媒体信息，传统三大媒体的优势均被网络兼收并蓄。多媒体化作为网络信息的一种特殊表现形式，是其他媒体所不能企及的。网上的世界不同于传统媒体的泾渭分明，报纸网络版可以有音频、视频报道，广播电视媒体网站同样也包括丰富的文字信息。网络多媒体的融合，可以丰富网络信息的内容，提高信息的真实性和可信度，增强 Web 页面的视觉冲击力。正因为网络信息是多媒体的整合，网络编辑也成为掌握文字、音频、视频等不同媒体信息的剪辑、编辑技术的复合性工作。同时,网络信息整合的特点强化了网络编辑工作的复合性。

(2)网络编辑的工作流程

1)发现新的信息源

在网络信息时代,不知道到哪里寻找信息是件恼人的事。别只盯着新浪或者网易,这样是省事,但永远慢一步。而且,别人的选择未必适合自己媒体的定位。

【技能提示】

发现信息源的方法。第一,定期查看导航网站是否增加了新的内容网站。各门户网站、网址网站都有专人搜集、整理、分类重要网站。不要只相信自己的眼睛和判断,要相信更多的眼睛看得更多、更准。第二,从 Google 新闻中,发现新的信息源。Google 全靠机器算法筛选新闻决定了它必须盯住所有有价值的内容网站,并给所有内容网站权重。第三,到各种论坛中,特别是本站论坛中淘内容。论坛中的信息质量参差不齐,很多原创被埋没在大量的垃圾内容中。论坛内容源能有效解决网站内容日益同质化的问题。第四,和同行交换内容源。同行和你一样关心、发现内容源,同行有一半的可能性比你搜集的内容源质量高。

2)反复揣摩读者对象

心中要始终有读者,否则读者眼中也没你。只有选准了读者,你才知道怎样处理标题及内容,以及文章权重。

【技能提示】

每类读者都选出一个典型。所编辑的网站有几类读者,就对应几个大家比较熟悉的人。将读者分类具象为具体的人。自己容易想清楚,也容易和同事交流读者问题。从概念到概念的交流,意义不大。特别注意的是,和典型读者保持联系,询问他们的感受。

3)快速制作导读

导读和摘要不同。如果全文是美女图,摘要是缩小版的美女图,导读则是美女的一个袖脚,引导读者点击进去。摘要是为了快速阅读,导读的目的是诱发点击。所以,导读要放在目录页,摘要要放在最终页。

【技能提示】

制作最直接的导读是直接选取文章中能引起阅读和思考的段落。导读要避免故意制造悬念。

4）标题制作

与传统媒体标题相比，网络信息标题具有题文分开、单行题多且长短适度、实题为主、超文本链接编排、多媒体辅助等基本特点；主要由主题、小标题、准导语、题图、附加元素构成，其中主题是其必要构成要素，其他均为非必要元素。

【技能提示】

网站标题以主谓宾齐全的句子为基本单位，尽量不用倒装句。有标题的字数必须控制在规定范围内：不能超过20字，不能折行；也不能少于15字，不能长短不齐。网站标题更像新闻的导语。网站标题可在标题中注明类型，如评论、观点、分析、图文、通讯、特写、长篇、快讯、详讯、综述等，在类型后加冒号。以图片为主或图片精美的新闻标题开头注明"图文"，以文字为主的文章在标题后注明"（图）"，一张以上可标"多图"或"组图"。有后续报道的热点新闻题目可注明"'某某事件'后续"。标题中尽量避免各种简称。标题中提及的人名如果不为受众熟知，应在不折行的条件下注明他的职务或头衔。标题中不得出现港台用语，比如飞弹、软件、华文等。

5）发展互动作者

通过更显著版位、版主"头衔"、置顶、精华等手段进行精神鼓励。留言者、BBS发帖者、Blogger、Wiki 作者时时需要鼓励，否则，他们没义务为网站产生内容，他们受兴趣支配。这些互动作者，既是你的忠实读者，也是你的免费作者。

【技能提示】

网络媒体不是纸媒体的电子版，也不是文摘报。它是用户手中的媒体。互动作者不是你的员工，不可以用员工的标准要求他们。互动作者的所作所为都是有道理的，都是需要妥协的现实，绝不要抱怨互动作者，而是要善于发现其积极的一面，提倡积极的一面。筛选用户是个复杂的、长期的过程。再难也要做，花再多的时间也要做。如果每天都能从互联网上请到免费的编辑、记者，是一件多么惬意的事情。

6）制作大型专题

制作大型专题，即留得住的专题，这样的专题相当于一个频道。值得下工夫做的专题一年一般不会超过5个。

【技能提示】

制作大型专题可以用"百度"搜索一下，自己做的这个专题，如果能排在第一位，这个专题就很成功，如果连第一页都排不上，那就是在浪费网站稀缺的编辑力量。对于已经做过的专题，一个季度至少要维护一次。专题一定要有自动更新模块，保持48小时内，一定要能从日常更新中获得相关的更新。

7）制作长期知识库

知识库从长期看，其访问量远远大于新闻。制作知识库的过程，也是编辑学习行业知识的过程。在工作中学习，是学习的最高境界。Wiki是制作知识库的好工具。Wiki不仅可以制作知识库，而且可以将这个知识库变成社区，引发更多的用户参与制作知识库。

8）写编辑日志

编辑通过Blog到读者中去。Blog是编辑的反馈系统，编辑靠这个反馈系统，不断调整自己的编辑工作，日臻完善。习惯用Blog写编辑日志，会大大促进编辑工作的顺利开展。

【技能提示】

编辑的Blog是编辑团结网站忠实读者，发展免费编辑队伍的阵地。把日常编辑工作中的想法写出来，才可以积累。如果只是想，则可能想起这个，忘记了那个。写的过程也是思考的过程。要相信所谓编辑心得，不仅是自我的感悟，更是相互讨论启发的结果。

9）编译外电

编译外电是编辑练笔的最好手段，同时能丰富网站内容。有了相关材料，掌握写作方法之后配上采访，就是一名好记者了。

【技能提示】

编译是向原文作者学习写作的过程。学习写作没有好的办法，只有多练笔。编译是练笔和习作有用的好途径。

10）提出发布系统的修正方案

提出发布系统的修正方案，目的是提高效率，将三个步骤合并为一个步骤等。

【技能提示】

发布系统是程序员开发的，但程序员并不怎么使用发布系统，对发布系统感受不多，编辑每时每刻都在使用发布系统。编辑一定要将自己使用发布系统的感受及时通知程序员，以便程序员改进发布系统。要习惯于将抱怨写成改进意见，发给程序员，将喜欢的功能也发给程序员，程序员有可能将这个功能改进得更好。不管怎样，尽快让程序员知道你对发布系统的喜好。

（3）网络编辑的工作流程

网络编辑工作流程主要包括信息收集、信息筛选、内容加工和内容原创、网络互动与管理，网络信息的制作与发布。[①] 网络编辑有时会涉及传统媒体，涉及传统媒体的内容与传统编辑工作相同，本书将不作介绍。

1）网络信息的收集

俗话说"巧妇难为无米之炊"，在网络编辑工作中信息素材的重要性不言而喻，信息收集工作即是网络编辑的一项基础工程。网络信息的收集主要包括文字、文本信息、图片信息、音频视频信息的收集。文字是网络编辑工作中最主要的部分，文本是指带标点符号的文字。图片不但可以使界面美观，还可以更加清晰地传递信息，起到"一图万言"的作用。网络信息搜集一般应用具有强大功能的搜索引擎，应用提炼关键词、细化搜索条件、应用逻辑命令、精确匹配及应用特殊搜索命令等方法，快速高效搜索信息，并使用单击下载链接方式或使用专业下载工具下载收集到的信息。

2）网络信息的筛选

在网络上收集与网站相关的各种信息后，需要把握信息质量，进行信息价值判断，将信息分门别类地列出，根据网站频道需要选择有效信息。网络信息发布与生俱来的随意性、匿名性，使其来源的真实性成为最大的问题；且网络信息的来源渠道是多元化的，不同来源的信息，其质量也可能不同。网络信息收集与筛选需要注意对网络信息来源进行分析、把关，有计划性、针对性、科学性、连续性和预见性地筛选网络信息，从网络信息的真实性、权威性、时效性、趣味性、实用性等方面，筛选

① 谭云明.助理网络编辑师考试指南:三级［M］.北京:中央广播电视大学出版社,2008.

出满足网站的定位和个性信息需要、满足网民的信息需求的信息;按信息内容、地域、形式、体裁、时效性、重要程度及信息来源分门别类,在不同的频道中应用发布。

【案例 9.3】

　　某网站新闻频道设军事新闻、财经新闻、教育新闻等栏目,请将以下稿件归类到恰当的栏目中去。

稿件一:全球中文学习平台正式上线

　　据教育部消息,全球中文学习平台日前正式上线发布。教育部语言文字信息管理司司长田立新在发布仪式上介绍,全球中文学习平台汇聚各类中文学习资源,以更好地为广大中文学习者提供优质服务为宗旨,于 2016 年底启动建设,是落实国家语言文字事业"十三五"发展规划相关任务要求的具体举措。

　　据悉,全球中文学习平台充分利用人工智能和互联网等先进技术手段,针对不同年龄、地域的学习者,包括非母语学习群体,提供个性化的学习资源和工具。平台设置普通话测试、译学中文等特色模块,综合体现智能化和个性化、公益性和开放性相结合的特点,并融合智能语音和人工智能技术。平台以提供免费学习资源为主,突出公益性质。

　　此外,为保障平台可持续发展,逐步形成资源共建、成果共享的开放式建设模式,全球中文学习联盟于 2019 年 10 月 24 日正式成立,首批发起单位共 21 家,人民教育出版社任第一届理事长单位,科大讯飞股份有限公司任秘书长单位。

稿件二:消费新亮点见证中国大市场

　　前几天的"双 11",再次折射出中国消费市场的巨大潜力。天猫最终成交额定格在 2 684 亿元,京东累计下单金额超过 2 044 亿元,其他平台的交易量也快速增长。国际媒体也注意到,中国"双 11"是全世界最热闹的网上购物节。这为观察中国经济打开了一扇窗口。

　　消费对经济增长的基础性作用继续巩固,发挥了经济增长稳定器和压舱石的作用。今年前三季度,我国消费市场平稳增长,最终消费支出对经济增长的贡献率达到 60.5%。从规模上看,全国实现社会消费品零售总额 29.7 万亿元,同比增长 8.2%。如果把"双 11"供需两旺的场面比作奔腾的浪花,那么它反映的正是中国消费市场如大海般的体量。这正是中国经济能够抵御风险、行稳致远的底气所在。

　　数字化转型的新趋势,带来消费的深刻变革。消费行为因为数字化而可以被感知和分析,能够逆向优化生产和供给,从而帮助品牌商、生产商更好地创造新供给。比如,江苏扬州杭集镇,借助消费趋势数据分析开发出的电动牙刷,在没有电商运营团队的情况下成为网红产品;食品企业三只松鼠,用数据供应链连接消费者和供应商,在不直接生产产品的情况下重新定义新零食;传统零售银泰百货,将交易系统、营销系统等全部上"云",在不增加物理设备的情况下实现商业效率倍增……无论是生产企业、平台企业,还是传统百货、零售企业,数字化转型使得生产、销售和消费不再泾渭分明,而是相互渗透、彼此影响,既能够创造新消费、优化消费体验,又能够降低交易成本、提高供给质量和水平。

"中国市场这么大,欢迎大家都来看看"。中国有近 14 亿人口,中等收入群体规模全球最大,市场规模巨大、潜力巨大,前景不可限量。中国巨大的消费潜力,不仅在推动中国经济高质量发展,也在为世界贡献着消费红利。

稿件三:我国成功发射第 49 颗北斗导航卫星

2019 年 11 月 5 日 01 时 43 分,我国在西昌卫星发射中心用长征三号乙运载火箭,成功发射第 49 颗北斗导航卫星,标志着北斗三号系统 3 颗倾斜地球同步轨道卫星全部发射完毕。

2017 年 11 月 5 日,北斗三号第一、第二颗组网卫星顺利升空、成功入轨,开启北斗系统全球组网新时代。两年时间,工程 7 大系统、300 多家参研参试单位、数万名科研人员心连心、肩并肩,圆满完成 16 次卫星发射任务,成功将 24 颗北斗三号组网卫星和 2 颗北斗二号备份卫星送入预定轨道。目前,北斗三号系统建设已进入决战决胜冲刺阶段,后续还将发射 6 颗北斗三号组网卫星,全面建成北斗全球系统。

此次发射的北斗导航卫星和配套运载火箭分别由中国航天科技集团有限公司所属的中国空间技术研究院和中国运载火箭技术研究院抓总研制。这是长征系列运载火箭的第 317 次飞行。

【案例分析】

通过分析稿件内容及稿件归类方式,上述稿件可以进行如下分类:稿件一讲述的是全球中文平台上线的新闻事件,属于有关在线学习和教育的内容,可将其归类到"教育新闻";稿件二讲述 2019 年"双 11"中国大市场消费情况,属于财经方面的信息内容,可将其归类到"财经新闻";稿件三报道的是我国成功发射第 49 颗北斗导航卫星,内容上属于航天防务,所以可以将其归类于"军事新闻"。

3)网络信息内容加工

网络信息内容加工分网络信息内容编辑、网络信息标题编辑和关键词与超级链接设置①。

网络信息内容经常有观点性、事实性、知识性、辞章性错误。网络编辑的任务就是要发现并改正这些错误,对网络信息的观点角度、内容篇幅进行调整,改正信息内容中的错别字、语法错误、标点错误、数字与单位错误、逻辑错误、知识性错误、事实性错误、观点错误、表述性错误,并针对信息内容进行补充,增补信息内容中交代不清或不足的内容,如有助于加强网民对信息内容理解的人物、地理、历史、科学名词等方面的资料,对当前信息内容只描述最新信息而没有提及信息内容的来龙去脉的简要回叙复述,对一些意义深远却又只是就事论事的信息内容补充一点看法、评论。

网络信息标题,是用以提示、评价信息内容的一段最简短的文字,旨在提示文章内容、吸引网民阅读。网络编辑要根据需要,按照看稿、命意、立言、修饰几个基本步骤对收集的信息内容标题进行一次再加工。

网络信息编辑工作绕不开关键词与超级链接。关键词可以方便网民理解信息内容的主题并获得关键信息、信息检索、信息分类,且负有重要的"导航"职能,在超级链接的使用与相关信息的选取中有显著功效;超级链接是网络信息传播中的一个特殊手段,是互联网的重要特点,为因特网的核心技术,它使得网络文本与传统文本在写作与阅读方面产生了一些根本性的区别。网络编辑要遵循精确性和规范性、全面性和适度性、逻辑性和层次性原则,分析主题,把握中心,提炼、设置关键词,并选用适当数字的关键词进行逻辑排列。在信息内容中对关键词设置超链接,利用超链接改写文章,设置信息延展性阅读,改变传统的写作模式,对一些重要概念进行扩展,将单篇网络信息内容进行分层,以便更好地满足网民的阅读需要。

【技能提示】

网络信息标题注意结构要尽量简化、网站对字数的限制、标题与内容提要之间的相互配合。网络信息标题要适当利用字符变化的设计效果,有效运用色彩、空白、题花、线条及巧用标点符号对标题进行编排和美化。一方面,标题是网络信息多级阅读的起点,是信息内容的基本层次提示,在很多情况下,网民只是通过阅读标题来了解基本信息,而不再进入正文阅读,因此,网络标题应该能传达事实的基本要素。另一方面,标题担负着吸引眼球,引导下一步阅读的作用,在没有正文出现的情况下,在同一个级别的标题中,只有那些具有"亮点"的标题才能赢得更高的点击率。

---

① 谭云明.助理网络编辑师考试指南:三级[M].北京:中央广播电视大学出版社,2008.

4) 网络内容原创

网络媒体除了转载信息内容外,必须要有自己的一些原创内容。具有代表性的网络原创内容形式主要有原创新闻、原创文学、博客,此外,还包括论坛(BBS)、电子邮件、留言板、聊天室等。由于国家相关政策的限制,绝大多数网站不具备新闻采访权,尽管如此,作为网络编辑了解新闻采访知识、掌握新闻写作的基本方法,了解各新闻体裁的特点和写作规律以及新闻相关知识仍十分重要。网络内容原创与传统媒体大同小异,本书不再赘述。

5) 网络信息的制作与发布

网页是信息的基本载体,在当今的信息时代,要求网络编辑应具有网页设计与制作方面的相关知识。[①]

网络信息的制作必须要掌握常见软件的使用。网页制作软件有多种,每种软件也在不断更新,因此,学会一个软件中某几项操作,并不是软件学习的最终目的。学习软件时,最重要的是了解一个软件的主要功能及每一重要功能的实现方式。学习时要打开思路,做到触类旁通。这样,才能从总体上把握一个软件,当软件升级后,也能迅速地适应其变化。网页设计与制作是一项操作性较强的工作,需要多进行实际操作练习。将理论内容和实际操作有机地结合起来。由于互联网和计算机技术的迅猛发展,更需要不断学习有关的新知识和新技术。

网络信息发布的重要渠道之一是通过网站的信息发布系统高效、批量地完成信息的发布工作。因此,编辑需要熟练地掌握信息发布系统的使用。可以说,信息发布系统是网络编辑最主要的工作平台。一个完善的网络信息发布系统应具备四种功能:第一,能提供强大的站点管理功能,使得站点管理员方便地管理站点用户、配置站点参数、管理站点数据。第二,系统提供强大的稿件编辑功能,使得网络编辑人员可以通过一个"所见即所得"的可视化工具轻松地撰写和编辑稿件。第三,系统具有完善的稿件审核、发布机制,使编辑所写的稿件能及时地得到主管的审批,并及时发往相应的频道或栏目。第四,系统提供方便的模板制作和管理功能,根据需要方便制作、修改和上传模板。

6) 网络互动组织与管理

互动意味着受众可以更广泛、更深入地参与到网络传播中,也意味着网络媒体可以更好地把握受众的脉搏。随着受众在网络传播中的作用日益增强,运用受众调查了解网民的意见、态度、需求等,已经成为网络媒体的一项日常工作。网络媒体不仅要为受众参与网络传播提供更好的条件,还需要用各种方式对受众的参与

---

① 谭云明.助理网络编辑师考试指南:三级[M].北京:中央广播电视大学出版社,2008.

行为进行组织和管理①。

网络互动管理既要利用各种手段充分发挥网民参与的积极性,又要使网络互动朝着健康有序的方向发展,要张弛有道、松紧适度,审时度势、灵活把握,制度化管理与人性化管理相结合,选择适当的方式与网民进行交流互动。主要的互动管理内容包括电子邮件的管理、电子公告服务管理、博客的管理、即时通信工具管理和网络调查。电子邮件管理需要对网民发送来的邮件内容审核,分类处理,采用合适的方式发布网民发来的邮件;电子公告管理需要对参与互动的网民的身份进行管理,参与资格管理,互动内容的分类、发布方式的确定、呈现方式的确定,内容审核与处理,发表方式处理;博客的管理需要以博客作者为中心,重视博客作者的体验,激发广大普通博客作者对博客写作和浏览的兴趣;即时通信工具需要有各种流行即时通读工具合理应用;网络调查是网络媒体了解网民的一个基本渠道,也是为网民提供的一个表达自己要求的渠道,主要包括受众情况调查和受众意见调查。

【案例 9.4】

人类历史上首次!"嫦娥四号"去月球背面的秘密!

"嫦娥四号"将于 2018 年底发射升空,进行人类历史上的第一次月球背面登陆。嫦娥四号将奔赴月球南极——艾托肯盆地的冯·卡门陨坑。此次月球远侧探索任务的科学仪器安装在一颗着陆器和一辆月球车上,用于分析该地区的地表特征和地下构造。

嫦娥四号预计于 2018 年底发射,造访月球南极——艾特肯盆地的冯·卡门陨坑。科学家表示艾特肯盆地是太阳系内已知最大的撞击坑,对其进行勘测有助于解答与月球有关的一系列重要疑问,包括内部结构和热演化。

冯·卡门陨坑宽 186 千米,坐落于艾特肯盆地西北部,地势比较平坦。这个陨坑遍布次级撞击坑,喷射物覆盖陨坑内的绝大多数月海玄武岩。喷射物的源头至少有 4 个——芬森撞击坑、冯·卡门 L 撞击坑,冯·卡门 L′撞击坑和安东尼亚第撞击坑。此外,该地区还存在广阔蜿蜒的山脊和沟槽。

最近,中国地质大学地球科学院的黄俊带领的科研团队发表了一篇关于嫦娥四号着陆区的论文,阐述目标着陆区的一些重要特征。研究人员对冯·卡门陨坑的特征和历史进行了详细的三维地质分析,发现该地区存在受线性特征影响的月海玄武岩以及来自周围撞击坑的喷射物。科学家在论文中指出这些研究发现为嫦

---

① 谭云明.助理网络编辑师考试指南:三级[M].北京:中央广播电视大学出版社,2008.

娥四号任务的实地勘察提供了框架。论文于5月刊登在《地球物理学研究杂志：行星》。

嫦娥四号任务的"鹊桥"中继卫星已经升空，帮助地面任务控制中心与嫦娥四号以及未来的远侧探索任务建立通信。"鹊桥"卫星于5月搭乘长征4C火箭从西昌卫星发射中心升空，现已进入地月拉格朗日L2点运行，成为世界上第一颗围绕该点运行的卫星。

嫦娥四号着陆器和月球车本是嫦娥三号任务的"备份"，后者于2013年12月发射并成功让"玉兔"号月球车着陆。嫦娥四号的某些科学仪器与嫦娥三号类似，例如着陆器上的登陆相机、地形地貌相机、全景相机、可见光/红外成像分光仪以及两个用于揭示着陆区地下结构的探地雷达。

嫦娥四号着陆器还将携带一台低频无线电分光仪，将与"鹊桥"卫星的低频无线电分光仪共同进行太空物理学观测。此外，嫦娥四号还将搭载德国制造的一台月球中子与辐射剂量探测器，用于分析月球远侧的辐射环境。嫦娥四号的月球车将搭载瑞典制造的中性原子探测器，在设计上用于研究太阳风与月表物质之间的交互。

作为嫦娥四号的"乘客"之一，月面微型生态圈也将入主月球，用于天体生物学实验和大众科普。这个生态圈是一个由特殊铝合金材料制成的圆柱形罐子，重3公斤，里面将放入马铃薯种子、拟南芥种子、蚕卵、土壤、水、空气以及照相机和信息传输系统等科研设备。月面微型生态圈实验由中国的28所大学设计，重庆大学牵头。研究人员将密切关注种子的发育，看能否在月球生根发芽，开出第一朵"月球花"。

上面这则消息共分8个自然段，采用的是倒金字塔结构，第一自然段为概括式导语，用最简明的语言把最重要、最新的事实概括性地展示在开头，以引起网民的关注。第二～第八自然段为消息的主干部分，也是本消息的展开部分，对导语叙述的事实进行解释、补充、深化，详细介绍了嫦娥四号的具体情况。最后一个自然段是消息的结尾，介绍了嫦娥四号的乘客"月面微型生态圈"，用期待开出第一朵"月球之花"作为结尾，使新闻事实更加充实，属于自然结尾法。总之，这则消息新闻要素齐全，结构完整，条理清晰。

9.2.2　微信公众号内容编辑

微信公众账号分为订阅号、服务号和企业号，现在微信公众号内容编辑人员的需要量越来越大，那么一个微信公众号内容编辑流程有哪些基本步骤和方法呢？

(1)策划内容选题

1)内容定位

选题指在写作之前,对文章所要描述的主题的初步确定。选题是内容编辑极为重要的一步,选题是关键。当然选题不是随意蹭热点话题,而是要以公众号定位为前提,加上文章的中心主题来确定。

选题要符合自己的用户群体,用户关注的初衷是什么? 喜欢公众号哪个方面的内容? 公众号定位准确,后面的选题和内容都围绕定位开展。好的选题一般有如下共性:一是正确的价值观。二是可读性,能够引起用户的兴趣。三是重要性,有比较大的价值。四是具有信息增量,如有好的切入角度、较高的视野、有深度。

2)内容选题方法

内容选题方法可以理解为寻找选题渠道,在工作和生活中有哪些收集选题素材的途径? 要养成收集话题的习惯,发现用户感兴趣的话题随时记录下来,每周对收集的话题进行分类汇总,研究其共性。内容编辑可以有很多方式获得内容选题,如朋友圈、微博、豆瓣话题广场、综艺节目、营销日历(历史上的今天、传统节日、纪念日、发布会、电影上映日等特殊时间点)、自媒体平台的评论区、借鉴同行话题等。

3)标题制作

一个好的标题可以吸引用户,因为在微信公众号的推送信息或者是朋友圈里,用户最先看到的就是标题,一篇文章的成功 80% 来源于标题的贡献。在标题的设置上编辑要精益求精,"只做好标题,不做标题党"是微信公众号编辑的技能之一。那么什么样的标题更能引起关注呢?

一是标题要真实、有价值。标题能够表达出文章的核心或重要内容,不靠"标题党"吸引客户。二是标题要简洁明了,避免晦涩难懂。三是标题要精彩,让人过目不忘。四是注重时效性用词,让文章更准确及时。五是注重名词的运用,让标题能够区分目标用户。六是注重数字的运用,让人更加有兴趣。

(2)采集内容素材

内容的撰写主要体现为原创、转载或整合用

图 9.35 《中国教育报》
微信公众号截图

户想法等方法。整合用户想法可以是制造话题,推送用户精彩评论或反馈,也可以用讲故事的形式表达。

原创需要素材收集,并将收集到的素材撰写成文章。素材收集渠道有很多,如查看微信、头条、微博、百度、知乎等自媒体平台热门文章话题,按关键词搜索。查看各行业公众号的爆文,掌握最新行业快讯,实时了解微博热议和百度热搜。也可查看每日热文、爆文推荐、文章搜索、每日热点、节日大全和未来头条等。

转载也是内容素材收集渠道之一。原创作者将文章设置为开放转载的模式后,所有公众号都可以进行转载,不能修改正文和作者。并且会在文章底部显示原创公众号来源。白名单转载。询问原创文章公众号作者是否可以转载,如可以转载需对方作者添加白名单账号。分享页转载。未设置开放转载的原创文章,其他公众号可通过原创分享样式予以分享,并附上推荐语。在转载账号的分享页面展示分享推荐语和原创文章的部分内容,全文需跳转至原创文章页面阅读。

(3)内容整理加工

有了好的文章内容还不够,还要再考虑用户的阅读习惯,特别不能让用户有阅读上的障碍。首先内容绝对不能有导向问题。其次文字要顺畅、规范、精美。第三,文章表现的方式要更丰富,除了文字和图片外,还有音频、视频、VR 等。

完成素材收集后,还将进行图文装饰,需要用排版工具对字号、字体颜色、段落格式进行修改,添加合适的主题模板或样式,排版要看起来舒服。

公众号文章可以插入多张合适的图片,作为留白给读者眼睛休息的时间,图片尽量选与文章内容贴近的图片并注意图片内容、色彩色调冷暖一致。还可以适当用些表情包,让文章传递一份情绪。一般来说,整体颜色不要太多,可以遵循适度配色原则。排版样式简单明了,图片清晰等,达到一种合理并且让用户理解的设计。

(4)内容检查发布

1)选择合适的内容发布时间
发布时可选择在固定的时间发布,发布的频

图 9.36 湖南图书馆微信
公众号截图

率要一致,以便养成用户的阅读习惯,培养一批忠实用户。在固定时间发布,比如每周星期几乃至每天的几点,这样用户会提前预设该时间的阅读计划,对于用户的留存起到一定的作用。

2)进行图文数据分析,反复检查发布效果

内容编辑除了生产内容、精细排版之外,还需观测图文的发布效果,发现转化渠道。反复、多次地进行预览检查,确认无误后再发布。

3)积极与用户互动

引导用户互动,如点赞、评论、分享、投票、回复关键词、后台互动、线上活动等。维护互动,针对留言给出回复等,一条精彩的留言回复,有时候能够胜过一篇精心创作的文章。还要根据互动反馈调整工作。

9.2.3　电子书报刊编辑

(1)电子书报刊的特点

电子书报刊拥有许多与传统书报刊相同的特点:包含一定的信息量,比如有一定的文字量、彩页;其编排按照传统书报刊的格式以适应读者的阅读习惯;通过被阅读而传递信息,等等。但是电子书报刊作为一种新形式的书籍,又拥有许多与传统书报刊不同的或者是传统书报刊不具备的特点:

1)采用数字技术

采用数字技术的存储介质相较传统书籍而言容量更大,可以容纳更多的信息量,进而使得成本更低,可以存放的内容更丰富,信息检索更方便,资料的利用率大大提高,可读性增强。同时可以以更灵活的方式组织信息,更具系统性,更方便信息检索,方便读者阅读。

2)多媒体

电子书报刊一般都不仅仅是纯文字,而添加有许多多媒体元素,诸如图像、声音、影像,在一定程度上丰富了知识的载体。

3)制作方便

电子书报刊的制作不需要大型印刷设备,因此制作经费也低;不占空间;方便在光线较弱的环境下阅读;文字大小、颜色可以调节;可以使用外置的语音软件进行朗诵;没有损坏的危险。

4）多封装方式

电子书报刊的分类依据其封装方式，可以分为 HTML 类、FLASH 类、静态图文类。HTML 类：此类电子书报刊最为常见，制作软件更是层出不穷，代表格式有 CHM 等。由于源文件是 HTML 格式，在制作软件支持的前提下，我们完全可以利用 HTML 网页制作技术赋予电子书报刊各种华丽的特效。FLASH 类：此类电子书报刊在国内尚属少数，国内的 FLASH 高手们还是偏向制作动画和游戏。更为专业一点的，则偏向于制作 FLASH 网页。静态图文类：此类电子书报刊也是十分常见的，代表格式有 PDF 等。素材以图片、文字信息为主，偶尔也会插入音频、视频等信息，相对于 HTML 类偏重于特效技术的风格，此类电子书报刊的重心则是放在美工制作上。虽说素材是静态图文，但外在表现形式则是多种多样的，最近网上流行的一些电子书报刊已经普遍采用了鼠标拖拽翻页功能，给读者的感觉更接近于真实的平面媒体，这也是该类电子书报刊为广大读者所青睐的原因之一。

（2）电子书报刊编辑的工作内容

电子书报刊编辑的工作内容与网络媒体编辑和传统媒体工作内容基本相同，在此不再复述。但作为编辑，了解电子书报刊的常见格式是有必要的。

电子书报刊的常见格式有 EXE 文件格式、CHM 文件格式、EBK 文件格式、PDF 文件格式、WDL 文件格式、EBX 文件格式。EXE 文件格式是目前比较流行，也是被许多人青睐的一种电子读物文件格式。这种格式的相关制作工具也是最多的。它最大的特点就是阅读方便、制作简单且制作出来的电子读物相当精美，而且无须专门的阅读器支持就可以阅读。CHM 文件格式是微软 1998 年推出的基于 HTML 文件特性的帮助文件系统，以替代早先的 WinHelp 帮助系统，在 Windows 98 中把 CHM 类型文件称作"已编译的 HTML 帮助文件"。EBK 文件格式原本是 Voyager 公司的 MAC 机读书软件格式，后来逐渐传播到 PC 机上，凭借其他一些著名中文网站的使用而在国内风行起来。PDF 文件格式是美国 Adobe 公司开发的电子读物文件格式。这种文件格式的电子读物需要该公司的 PDF 文件阅读器 Adobe Acrobat Reader 来阅读。WDL 文件格式是北京华康信息技术有限公司开发研制的一种电子读物文件格式。EBX 文件格式也是最近才出现的，它的阅读风格与微软的 Microsoft Reader 很相似。

（3）电子书报刊的编辑流程

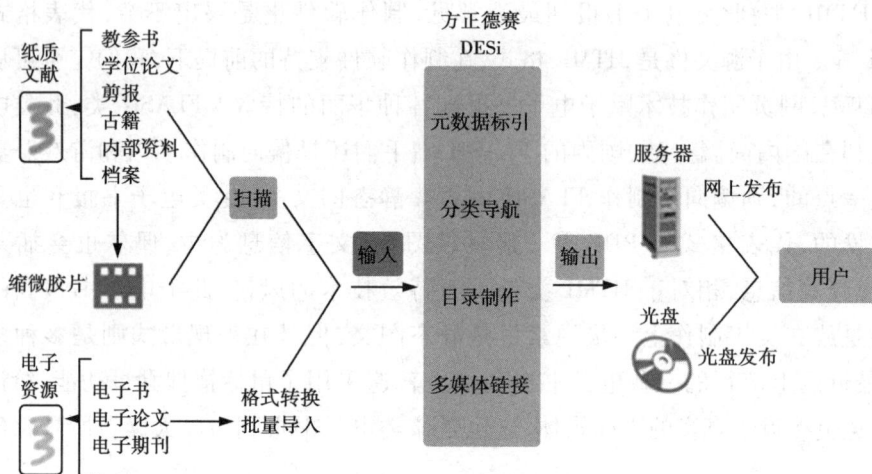

图 9.37　方正数字出版流程图

1）电子书报刊的选题

电子书报刊的选题分两种情况，一种是选择已经完成传统编辑的书报刊作为制作对象；另一种情况是全新选题进行编辑工作。

2）资料的收集与整理

选题确定后，就要根据该选题收集相关的资料和图片等。对于已经完成传统编辑流程或是已经出版的书报刊作为对象的收集整理过程，主要是对已有书报刊电子文件的整理，或是对已出版书报刊的扫描识别处理。如果是全新选题，则在资料收集过程中，要整理出书报刊的大致结构（书报刊目录）和书报刊风格（整体设计风格）。

3）编辑加工

收集整理的资料，会出现格式、文字内容不够完全准确等问题，需要对收集到的资料进行校对核实，有针对性地查漏补缺、修正错误，并将文字资料按规定的格式进行先期排版。

4）页面设计

按照编辑整理好的资料、结构和风格说明进行设计：使用 PhotoShop 和 Fireworks 等图形处理工具以及一些图标制作工具，设计出书报刊的封面、内文版式以及图标和 Logo 文件等。这一步相当于传统的装帧设计。

5）合成与制作

根据选题及设计,将编辑整理的资料运用相应的电子书报刊制作软件进行电子书报刊的制作设计。即将书报刊的封面、版式、图标、内容进行排版。在制作时需要注意的是,首先要确定将要制作的电子书报刊最终需要什么样的文件格式,以便在制作时选择对应的制作软件。

6）校对定稿与完成制作

电子书报刊制作过程中,需要对设计的版式及内容进行校对,以保证最终定稿出品的电子书报刊版式、内容无差错。电子书报刊的校对流程,主张采用传统书报刊的三审制,力争使制作的每一本电子书报刊都是高品质的作品。电子书报刊终审定稿后,即可以生成指定格式的电子书报刊文件,完成电子书报刊的制作。

7）运行与测试

在电子书报刊定稿制作完成后,最好自己运行虚拟机进行一次测试,测试的目的一方面是看电子书报刊在各种版本的操作系统下能不能正常打开,另一方面是看一下在不同分辨率下电子书报刊的显示效果。虚拟机软件推荐 VMware 或是微软的 VirtualPC。在虚拟机的帮助下,可以完全模拟出各种操作系统环境。

8）发布与发行

电子书报刊制作完成后,就是电子书报刊的上传发布,这一步可以相当于传统书报刊的制版印刷。这里所指的发布是指上传到相应的电子设备或是网络。发布之后,就是利用各种发行渠道推广发行。

【案例 9.5】

数一数新中国 70 年成就,请允许我骄傲一下！

再过 1 周的时间,新中国 70 年华诞就要来临。

回望过去的 70 年,中国经济发生了翻天覆地的变化,取得了举世瞩目的成就。

9 月 24 日,庆祝中华人民共和国成立 70 周年活动新闻中心召开第一场新闻发布会,细数这些振奋人心的变化。

人均 GDP 提高到 6.46 万元

中华民族从站起来、富起来到强起来实现飞跃。1952—2018 年,GDP 从 679.1 亿元跃升至 90.03 万亿元,实际增长 174 倍;人均 GDP 从 119 元提高到 6.46 万元,实际增长 70 倍。

成为世界经济第二大国

置身世界的坐标来看,目前,中国已成为世界经济第二大国、货物贸易第一大国、外汇储备第一大国、服务贸易第二大国、使用外资第二大国、对外投资第二大国。

移动通信、现代核电、载人航天、量子科学、深海探测、超级计算等领域取得重大科技成果。

居民享受新"四大发明"

信息化深入发展,居民在网上购物、用手机支付、骑共享单车、坐高速列车成为常态,所谓新"四大发明"。1949—2018 年,常住人口城镇化率从 10.6% 提升至 59.6%。

成为世界制造业第一大国

70 年来,中国从传统农业国转为现代工业国取得显著成效,目前已经成为世界工业第一大国、制造业第一大国,拥有联合国产业分类中全部工业门类。

发明专利申请数连续 8 年世界第一

2018 年,中国研发人员全时当量为 419 万人年,研发人员总量连续 6 年居世界首位;全社会研究与试验发展经费(R&D)为 19 678 亿元,稳居世界第二,R&D 与 GDP 之比为 2.19%,超过欧盟 15 国平均水平;全国发明专利申请数 432.3 万件,连续 8 年居世界第一。

人均预期寿命上升为 77 岁

教育、文化、医疗卫生、体育、社会保障、扶贫脱贫、生态环保事业全面发展。70 年来,中国人均预期寿命从 35 岁上升为 77 岁,森林覆盖率从 1976 年的 12.7% 提高到 2018 年的 22.96%。

对世界经济增长贡献率居世界首位

目前,中国是联合国五大常任理事国中派出维和部队人数最多的国家;中国经济增长对世界经济增长的贡献率居世界首位;中方共建"一带一路"倡议已得到 160 多个国家和国际组织的积极响应。

这些成就是否已让你心潮澎湃?

资料来源:《中国新闻社》微信公众号

【案例分析】

1.标题作为微信文章的重要组成部分,其内容是吸引微信用户继续阅读的关键,新闻标题的制作是微信文章编辑过程的一个重要环节,是全文的浓缩和概括。由于微信文章的新闻内容比较简洁,新闻标题更需要精练简洁。微信标题也通常带有口语化色彩,案例中第一人称的标题是微信文章特有的表现形式。有的微信文章篇幅较长,通过标题作为吸引受众继续阅读的入口,在编稿时可以把标题作为稿子的第一句话,让读者通过文章标题对微信文章内容有大致了解。

2.微信文章的文字要简洁精练。微信文章的阅读通常是一种快速浏览,稍长一点的文章会让读者有厌烦感,产生阅读疲劳。依据这样的阅读习惯,微信文章要尽量少用长句,多用短句,语言平实易懂,言简意赅,少用形容词和虚词,用尽量少的文字,涵盖最多的信息,节约受众的阅读时间。一般手机每屏只有200字左右的容量,因此在内容的表述上不宜使用大段文字,微信文章的结构通常段数较多,每段字数较少。在段落之间通常会穿插图片、动画、短视频等多媒体素材,提高受众的阅读兴趣。

【综合实训】

运用 iebook 超级精灵软件制作个人电子简历

每个同学在大学学习过程中都会有需要推荐自己的时候,就业就更不用说了。推荐自己最具体的方式莫过于简历。请同学们根据自身的情况,制作一份个人电子简历,在巩固所学知识的同时,也为以后的就业自荐准备一份漂亮的简历。

1.资料收集与整理

收集个人及相关资料:个人基本信息,所修课程及成绩表,获奖证书,参与过的活动照片,发表或参与的一些文字资料、视频,其他一些取得的成绩证明,书写自荐书,下载一首自己喜欢也适合作为电子简历背景音乐的 MP3 音乐,在网上搜索一两篇新闻添加自己的评述,以及其他展示自己的相关资料。处理好一些需要事先处理的资料,如图片的处理、文字的录入等。

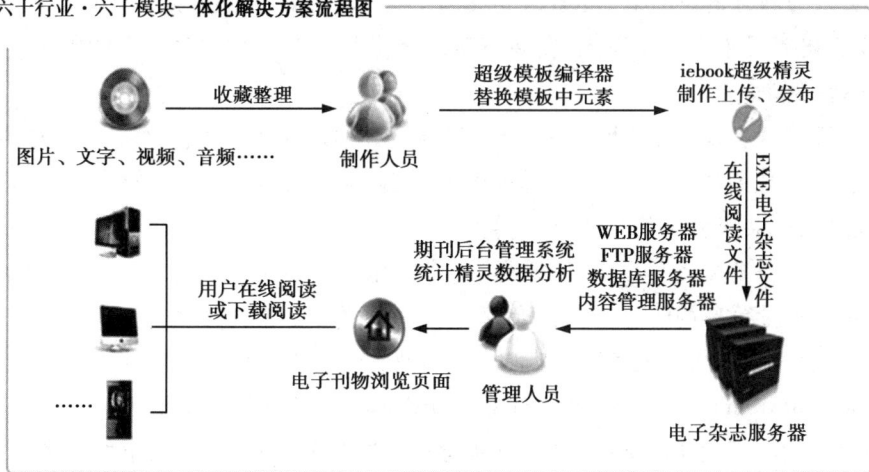

图 9.38　iebook 超级精灵电子杂志解决方案流程图

2.制作要求与标准

个人电子简历要求内容丰富,文字、图片、音视频均有应用。

3.个人电子简历的制作

具体运用软件制作方法,请参照相应软件帮助说明。本书推荐使用 iebook 超级精灵,同学们可以在 iebook 超级精灵软件官方网站:http://www.iebook.cn 下载相应软件。

【课外拓展】

习近平总书记指出,全媒体不断发展,出现了全程媒体、全息媒体、全员媒体、全效媒体,信息无处不在、无所不及、无人不用,导致舆论生态、媒体格局、传播方式发生深刻变化,新闻舆论工作面临新的挑战。这是对全媒体时代特征的高度概括,也是对媒体融合发展态势的深刻洞察。无论是"策、采、编、发"的生产流程,还是"报、刊、网、端、微、屏"的分发过程,只有因势而谋、应势而动、顺势而为,深入理解全媒体时代的挑战和机遇,才能推动媒体融合向纵深发展。

当今时代已经从传统媒体的"舆论主场"到人人都有麦克风的"舆论广场"。一方面,"终端随人走,信息围人转"。随着我国网民规模的不断扩大,网络空间成为媒体发力的新领域。另一方面,从机器人写稿到 AI 合成主播亮相,技术创新推动媒体形态、传播方式加速演变,技术要素为新闻采集、生产、分发、接受和反馈打开了想象空间。融媒体时代的传播平台,不仅是新闻的发布者、信息的传播者,而且日益成为服务的提供者、关系的构建者。可以说,媒体融合发展前景广阔,大有可为,也出现了不少功能强大、发展强劲的融媒体平台,"学习强国"APP 就是其中的典型案例之一。

2019 年 1 月 1 日,中共中央宣传部"学习强国"APP 正式上线。"学习强国"APP 作为权威的思想宣传平台,既是内容丰富、涵盖广泛的学习平台,也是多种媒体相互促进、共同发展的媒体平台。

作为一个多媒体呈现、多资源聚合、多技术应用的互联网学习和宣传平台,其不仅提供海量免费的资讯、图文、音频和视频等学习资源,探索移动互联时代"有组织、有管理、有指导、有服务"的学习平台建设,而且平台的主体内容与学习强国网站(www.xuexi.cn)同步更新,形成手机与 PC 客户端资讯的同步推送。

"学习强国"的 PC 端包括"学习新思想""学习慕课"等十几个板块和百余个一级栏目,手机客户端则包括"强国通""学习""电视台"等板块,涉及时政要闻和大量可以免费获取的视频、音频、图书、在线课程及其他学习内容,而且"学习强国"没有广告植入,为用户获取相关学习内容提供了更为便捷的渠道。"学习强国"能在短时间里取得成功很大程度上基于其利用融媒体优势提供优质内容和服务。

请你查找相关资料并体验"学习强国"平台的各项功能,分析"学习强国"平台是如何做到媒体融合的?

模块10

常用编辑应用文写作

学习目标

知识目标

1.了解各类编辑应用文的基本理论；

2.熟悉常用编辑应用文的写作基本格式与写作要求；

3.掌握其写作方法和技巧,获得较为完备的编辑应用文写作基本知识。

能力目标

1.能够运用相关应用文写作知识,收集信息、处理信息、分析问题、解决问题,提升学生的人文综合素质；

2.能够正确运用编辑应用文写作基本技能,能够撰写常用编辑应用文。

任务 编辑应用文写作

【案例导入】

　　编辑应用文写作是编辑人员日常工作的重要内容。

　　1980年由国家出版事业管理局、国家人事局拟订,国务院批转的《编辑干部业务职称暂行规定》中明确指出,编辑人员除应"具备本专业一定的基础理论和专业知识外,还应掌握编辑业务(如联系作者,组织、整理、撰写稿件等),有一定文字水平,能够对稿件进行初步处理"。根据全国出版专业职业资格考试《考试大纲》要求,编辑应掌握撰写编辑应用文的基本规律和要求,熟悉选题报告、审稿意见、约稿信、退修信、退稿信、答读者信、内容提要、作者简介、出版简讯、出版物评论的撰写要领;掌握编辑计划、凡例、编者按、出版前言、出版后记的撰写要领。"编著合一"已成为检验编辑出版人合格与否的重要条件之一。

【课程内容】

　　在编辑、复制、发行三位一体的图书出版过程中,编辑工作处于出版过程的开端和核心地位。而编辑应用文写作是常见的编辑业务重要文件,也是全国出版专业职业资格考试重要内容之一,因此,写好编辑应用文是每位编辑人员应熟练掌握的基本功。

10.1.1 编辑应用文概念及特点

(1)概述

　　应用文,是人类在长期的社会实践活动中形成的,用以传递信息、处理事务、交流感情的工具,如公文、书信、广告、说明书、会议记录等。

　　编辑应用文是编辑人员为处理编辑工作过程中的各种事务而写作的文字。

(2)编辑应用文种类

编辑应用文包括为完成选题策划、实现选题方案、做好稿件加工整理等编辑工作而撰写的选题报告、编辑计划、审稿意见、送审报告等编辑业务文件；为进行各种业务往来或加强与作者、读者的联系而写的约稿信、退修信、退稿信、答读者信等编辑工作书信；为完善书刊的内容结构而写作的内容提要、出版前言、编者按、凡例、作者简介、出版后记等书刊辅文；为加强对书刊的宣传而写作的新书预告、书讯、书评、征订单等书刊宣传文字都属于编辑应用文的范畴。

(3)编辑应用文的特点

1)编辑应用文的行业性

虽然编辑人员所在的出版主体单位不同，所涉及的专业和服务的目标读者各异，但其工作的性质和内容却是相同的，其工作都是围绕"组织、选择和完善稿件"而展开进行的。

2)编辑应用文的实用性

编辑应用文是为完成某个出版项目或履行其中的某个步骤、解决某个问题而写作的，有明确的实用目的。

3)编辑应用文的规范性

①文字的规范。从出版流程来说，文字编辑是中枢环节，其承担的既有政治责任、经济责任、社会责任，又有文化责任。编辑要充分认识规范使用汉语言文字的重要意义，严格执行规范使用汉语言文字的有关规定。

【技能提示】

规范汉字主要指：1981 年 3 月国家标准局公布的《信息交换用汉字编码字符集·基本集》(GB 2312—80)收录的 6 763 个汉字；1986 年 10 月根据国务院批示由国家语言文字工作委员会重新发表的《简化字总表》所收录的 2 244 个简化字；1987 年国家标准局公布的《信息交换用汉字编码字符集·第二辅助集》(GB 7589—87)收录的 7 039 个汉字、《信息交换用汉字编码字符集·第四辅助集》(GB 7590—87)收录的 7 237 个汉字；1988 年 3 月由国家语言文字工作委员会和新闻出版署发布的《现代汉语通用字表》中收录的 7 000 个汉字；以及未经简化的大量的历史传承字。

新闻出版总署通知，要求进一步规范出版物文字。通知要求，在汉语出版物中，禁止出现随意夹带使用英文单词或字母缩写等外国语言文字；禁止生造非中非外、含义不清的词语;禁止任意增减外文字母、颠倒词序等违反语言规范现象①。

②内容的规范。编辑应用文内容的规范性,首先要求其符合国家有关的法律法规;其次要求在各类编辑应用文的写作中,对突出重点、语气、注意事项等写作内容遵循一定的规范要求。

③格式的规范。编辑应用文虽然不像公文写作那样有严格的规范格式,但其撰写时也不能脱离目的和内容,形式主义地追求格式化,也不能摒弃行之有效的格式。

④编辑应用文的职务性。编辑应用文的撰写是编辑为履行工作职责,以出版单位名义撰写给作者或读者的一种应用文体。

【技能提示】

编辑作为应用文的执笔者,即使在出版物上刊登和在媒体上发表其撰写的编辑应用文,一般也不署本人的姓名。

10.1.2　编辑应用文写作的基本要求

(1)目的明确,观点鲜明

编辑人员在撰写应用文前,先要确定写作意图,在语言表述上抓住关键,效果显著地提出对文稿的意见或建议。

如《青狐》(王蒙著)的图书推广文字:"王蒙画《青狐》,风姿万种,才情百态,悟出人生哲理,下笔如冷面杀手?'季节'裁新体,波浪千般,苦闷九重,说破春秋奥妙,行文是古道热肠!"很多读者觉得其宣传文字不知所云。

(2)布局严密,思路清晰

编辑应用文不论文体长短和表现方式,都要做到中心突出、条理清晰、合乎逻辑,使读者一目了然,充分了解写作的目的、意图及所阐述的内容。

(3)语言简练,心态平缓

编辑应用文写作应以意思表达完整、明确为前提,用妥当、结实的字或句把中心意思鲜明地展示出来。

---

① 新闻出版总署规范汉语出版物:禁止非中非外词语.中国新闻网,2010-12-21.

此外,在强调编辑人员做事能力的同时,还应提倡一种与人共事的能力,即与人合作的能力。编辑人员在撰写应用文时应秉着平和友善的心态,不能因握有出版主动权而在编辑应用文中过多地掺入个人感情色彩,或使用偏激的语言,或将自己的观点强加于人,更不能因作者的书稿质量未达一定要求而用语中伤作者。

(4)签署完整,归档备查

编辑应用文作为编辑工作过程中的业务文件,在一项工作完成或出版物正式出版之后,都应该归档保存,以备日后查阅。

【技能提示】
编辑应用文存档时,姓名要完整,不能只写一个姓或者名字中的一个字。时间也要规范地按顺序写全年、月、日,不能只写月、日或只写日,以免今后无法断定文件的确切作者和写作时间。

10.1.3 编辑业务文件

(1)选题报告

1)概述
选题报告是编辑人员对准备出版的图书进行构思和策划的书面报告。
优秀的选题策划是图书获得极佳市场表现的前提。

2)选题报告的内容
选题报告的内容包括选题策划名称、策划原因和依据、策划内容和形式设想、策划的学术文化价值和出版价值、与同类出版物的比较、作者介绍、读者定位、装帧设计、市场需求及效益估算、交稿和出版日期、选题策划酝酿或提出的有关情况等。

此外,对翻译作品的选题,要注意说明原著的主要内容及其中是否发现有政治性问题,先介绍原著作者的情况、该书在国外出版后的反响以及海内同行专家对该书价值的评估。同时还要写明译者的简况,包括译者的业务水平和试译稿的质量,若已有译本出版的,则要写明复译的特点;对古籍整理类的选题,要写明校勘的情况及所据的版本,写明是否有注释或解题和说明等内容。选题报告的上述内容,因具体选题的不同而可详可略,其顺序也并非固定不变,也不是只有一种格式,但一般都要有所反映。

【技能提示】

选题名称要求准确而且有艺术性。选题名称一般为一个,如果有几个名称可供选择,可以一一开列出来,如果一时难以确定,可以先列暂名,但不能空缺。

3)选题报告的形式

①表格式。编辑工作表格中设有固定项目,编辑只要逐项填写相关内容即可。此形式一般用于普通的书稿。

②文本式。也称文章式,多用于重大出版项目及套书、丛书、系列书。

与表格式选题报告相比,文本式选题报告中各个项目的详略和次序可根据突出重点的要求自行安排,还可以应需要自行添加表格式选题报告中没有的项目。

【案例 10.1】

《万物"互联"的秘密》图书选题报告①(节选)

一、选题名称

《万物"互联"的秘密》图书选题名称参考了《万物运转的秘密》这本畅销书的书名。这本科普图书从 2014 年发行至今,一直保持着良好的销售状态,位居少儿科普图书畅销榜单的前列。从书名上借助大众对《万物运转的秘密》的熟知度与口碑好感,让读者对本图书产生熟悉感,进而拉近读者与新书的距离,获得一定的关注。

二、内容概述

《万物"互联"的秘密》是一本围绕网络科学技术的日常应用进行科普的少儿图书,其主要以互联网的出现、发展与未来发展趋势为时间线,将应用到日常生活中的相关技术呈现给小朋友,让读者在相对愉快地氛围中学习科学文化知识。在第二章同类出版物畅销图书的分析中,《不可不知的科学》《不可思议的发明》都采用了手绘原理图的方式进行知识科普,利用色彩鲜明的图画和简单有趣的文字获得读者青睐。

本书内容主要包括八大主题,先将其用表格形式呈现。

图书目录	内容主题
飞快传输的信息	电脑与互联网是什么
去跟艾米写封信	电子邮件的由来

---

① 史苗苗.万物"互联"的秘密[D].青岛:青岛科技大学,2019:33-52.

续表

图书目录	内容主题
一件衣服的神奇历险记	RFID 芯片
独一无二的人脸	人脸识别技术
智能手机	智能手机的科普介绍
家里来了新朋友	智能机器人的科普介绍
带你俯瞰世界	无人机的拍摄原理

三、目标读者

从广泛意义上,男生对机械、物理、自然科学类图书的好奇心与探索欲要高于同年龄段的女生。从消费者的角度,"7~11 岁"年龄段的少儿自主购买《万物"互联"的秘密》这本书的可能性相对较少,故消费者人群主要是一二线城市中的 80、90 后父母,这类父母群体一般拥有相对较高的科学文化素养,针对孩子的教育相对具有前瞻性。综上,《万物"互联"的秘密》图书的目标读者群是"7~11 岁"年龄段的男性小读者,消费者人群主要为生活在一二线城市的 80、90 后父母。

四、创作体例及写作要求

(一)创作体例

创作体例主要借鉴《不可不知的科学》的以手绘原理图为主的创作体例,专业的文字内容尽量简洁,可以清晰明了地阐述其中的科学知识。另外,又同时增加了生活场景的描述画面,拉近小读者距离的同时,也能增加阅读的趣味性。

(二)写作要求

图书《万物"互联"的秘密》要求利用漫画故事搭建读者与科学文化知识的桥梁,但同时要求专业性的文字内容要精简干练,相关技术应用原理要经过相关专家的专业审核,至少需要两位作者及一位专家编审:文字作者主要负责每个章节的故事的建构和专业性内容的写作,文字作者,要兼具儿童视角创作能力和科普图画书创作经验,文风幽默风趣,内容上简单且能够清晰表达技术原理;绘本作者或者插画师主要按照故事文本的逻辑关系,用一系列的图画完美呈现出来,具有自身独特的绘画风格,有一定的辨识度;专家编审主要负责文字和图画中的知识正确性的审核。

五、目标著绘作者及专家编审

（一）著绘作者人选

纸上魔方,出版作品主要有《互联网大战》《追踪网络病毒》《比人脑还聪明的电脑》(吉林出版集团)《趣味手绘儿童百科全书》等。中国童书榜最佳童书奖、桂冠童书奖《漫画万物的由来》作者郭翔,作品主要有《勇者传说》《查理日记》等。乌猫,《太阳和阴凉儿》绘者,2018年度原创图画书的入围书目,其绘画风格独特且能够利用色彩变幻表达现实生活中的大与小,动与静。

（二）专家编审

邝厚民,现任广东省计算机学会理事和全国职业技能大赛计算机项目评委,作品主要有《畅享云生活:解读互联网世界的动漫科普读本》《音视频编辑处理》《二维游戏设计与制作》等。邬贺铨,中国互联网协会理事长,曾多次参与互联网行业专业书籍评论。志伟研,中国人工智能学会理事研究员、科大讯飞股份有限公司副总裁王卓博士撰写图书推荐语。

六、编辑意图及编辑形式

（一）编辑意图

通过借鉴引进版少儿科普图书的优点,不断地总结,打造中国原创科普图书,发掘优秀的科普作家以及绘本作家,进而打造优秀的本土力作,助力中国原创少儿科普图书的出版。

（二）编辑形式

开本选择:8开(787毫米×1 092毫米)

纸张选择:128克铜版纸

装帧选择:精装

色彩选择:图书内文采用较为淡雅的蓝色色调

七、选题可行性分析

第一,于同类畅销选题中寻找差异化。同类畅销书中少有专门针对日常生活中的网络科学技术应用的知识进行科普。《不可思议的发明》《不可不知的科学》等图书都是借助手绘原理图的方式进行知识科普的,故可以用同样的方式专门做网络科学技术应用知识科普这个选题。

第二,注重知识的趣味性、参与性、品质感。本选题意将一些关键技术的原理图以漫画故事+手绘原理图的方式清晰的制作出,然后进行知识讲解,可以很好的解决上述难题。

第三,"科普热"激发更多读者群体及消费者需求。优秀的科幻作品对于科学有着重要的指向作用。以《三体》《流浪地球》为代表的科幻作品的成功带动着大众对于科学文化知识的好奇与探索。年轻一代的父母对孩子的科学文化素养教育更加重视,基于"硬"科学的创作背景也使得许多家长和孩子激发了对科学的好奇心与求知欲。

八、选题价值分析

(一)社会价值

根据 2018 年 CNNIC 最新发布的《中国互联网络发展状况统计报告》,10 岁以下的网民占 3.3%,小学及以下的网民占 16.2%。在互联网高速发展的当下,物联网、云计算、数据挖掘等新兴技术层出不穷,已经影响到日常生活中的方方面面。

(二)文化价值

国家大力支持并推行的全民阅读需从娃娃抓起,特别注重处于青少年阶段读者的阅读习惯和阅读兴趣的培养。《万物"互联"的秘密》图书可以帮助青少年更好地了解所生活的当下社会,激发他们对科学技术的探索欲。

(三)商业价值

通过对同类书市场调研分析,该类型的图书具有一定的市场潜力,在图书出版之前,制定出核心的广告语及特色的营销方案,主动配合营销发行部门进行宣传推广、渠道铺货,从而使图书的商业价值达到最大化。

九、成本估算及定价

(一)成本估算

1.固定成本

(1)字数与印张的估算:图书采用 8 开,一共需要 84 页。考虑到图书扉页、版权页、目录等涨出 10%~15% 的版面,本图书实际印张约为 11 个。

(2)文字排版费用估算:全书用以四色印刷,排版费用为 60×84＝5 040 元。

(3)稿费估算:文字部分以 260 元/每千字,预计 2 000 字/每章,七个章节计 14 千字,文字稿费计 3 640 元。图片共 42 张对开页面,200 元/对开计算,计 8 400 元。

(4)编审专家费用:100 元/每千字,14 千字,计 1 400 元。

(5)校对费用:每千字 20 元/每千字,校对费共计 280 元。

(6)封面及内文设计费用:预计 2 000 元。

(7)图书营销预算费:6 000 元。

(8)库房储运与管理费用:4 000 元。

以上,固定成本费共计 30 760 元。

2.变动成本

(1)纸张材料费用估算:29 576 元。

(2)印刷费用估算:9 900 元。

（3）装订费用估算:1 650 元

综上,变动成本共计 41 117 元。

（二）图书定价

图书印数为 5 000 册,根据测算图书成本为 71 877 元,按照折扣为四折定价,共约 71 877÷0.4＝179 692 元。每本书定价＝179 692÷5 000＝35.9 元。

十、工作计划及安排

（一）选题策划:2019 年 3 月至 4 月

第一阶段:2019 年 3 月完成选题策划书

第二阶段:2019 年 4 月图书选题论证

第三阶段:2019 年 4 月中旬选题申报

（二）书稿著绘、编校及审核:2019 年 5 月至 11 月

第一阶段:2019 年 4 月下旬与著绘作者签订合同

第二阶段:2019 年 5 月至 9 月完成图书初稿写作

第三阶段:2019 年 10 月至 11 月中旬完成书稿编校与专家审核

第四阶段:2019 年 11 月下旬完成书稿整体设计及发稿

（三）书稿印制:2019 年 12 月

第一阶段:确定印张及图书定价

第二阶段:申领书号与 CIP

第三阶段:样稿确认,发稿处理

第四阶段:样书质检,图书付印

（四）图书出版发行:2020 年 1 月

图书出版后在一月份的北京图书订购会上进行宣传。本书在发行方案上应该以一线、二线城市为主,目标消费者集中在消费水平较高的人群。

（五）营销推广:2019 年 12 月—2020 年 2 月

十一、营销与发行方案

（一）宣传方式

1.活动宣传

（1）新书发布会:通过电商平台、出版社或者出版公司专属的读者群进行新书发布,提升图书的影响力。

（2）书展推广:北京国际图书博览会（BIBF）和上海国际童书展（CCBF）。邀请作者作专题分享,通过互动、折扣价格或者赠书福利等吸引消费者注意力。

（3）图书订购会:在北京图书订购会上进行新书宣传。

（4）其他出版行业活动:参加第三届"中国最美书店周"等活动。

2.媒体推广:联系相关领域的媒体单位进行样书邮寄。

3.人物推广

(二)营销方式

1.社群营销

2.新媒体平台营销

(1)微博营销

(2)微信公众号营销

(3)视频平台营销

3.电商平台营销:当当、京东、亚马逊等电商平台

4.跨界合作:读书会、展览馆等

(三)发行方式

1.社群渠道发行

2.网络电商发行

3.地面店渠道发行

十二、《万物"互联"的秘密》目录和样章

(略)

(2)编辑计划

编辑计划又称"编辑方案",是选题报告被批准后,对编辑工作预先作出的打算与安排。

编辑计划的主要内容包括编辑方针、总体设计、人员分工、时间安排、编撰要求、组织活动的经费预算等。

制订编辑计划的书籍大多为重点选题、套书或大型工具书,为保证书籍按时按质完成,编辑应对书籍编辑活动进行时间、人员、流程等方面的安排,使之有组织、有领导、有计划地进行。

【案例 10.2】

《新中国六十年》编辑方案①

一、编辑方针

充分利用翔实的统计资料,讴歌新中国成立 60 年,特别是改革开放 30 年来,全国各族人民在中国共产党的领导下,励精图治,发愤图强,改革开放,建设中国特

---

① 中华人民共和国国家统计局.《新中国六十年》编辑方案.http://www.stats.gov.cn/,2009-05-06.

色社会主义取得的伟大成就;反映新中国成立 60 年来,社会生产力迅速发展、综合国力明显增强、人民生活显著改善、国际地位不断提升等各方面所取得的翻天覆地的变化,为新中国成立 60 周年献礼。

二、总体设计

《新中国六十年》为大 16 开本,精装彩印。全书以文字、图表和统计资料形式回顾总结新中国成立 60 年来我国社会主义经济建设取得的巨大成就。全书分为综合篇、行业篇、地区篇和资料篇等部分,中间穿插部分专栏短文和图片。

三、编辑大纲(分工)

(一)序言

(二)统计图

(三)综合篇

1.走向辉煌的 60 年

2.对外开放

……

24.国防

25.外交

(四)行业篇

1.农业

2.种植业

3.林业

……

(五)地区篇

……

(六)资料篇

四、编辑要求

(一)撰稿要求

文字部分:主要记录和反映新中国成立 60 年来各领域取得的辉煌成就。要求主题突出,观点正确,内容翔实,富有新意,数据运用得当,语言简洁通俗。每篇字数限制在一万字左右。

文中序号标示顺序依次为:第一层用"一、""二、""三、"……第二层用"(一)"……第三层用"1."……第四层用"(1)"……每个标题后面不加"。"。

请各有关部门的领导对本单位撰写的文章和数据认真审核,严格把关。

（二）数据的使用

1.数据以公开发布的最终数据为准，以 1949 年为基期，以 2008 年为报告期（与最新出版的《中国统计年鉴》一致）。

增长速度：1950—2008 年，年均增长 ××%；

绝对数：从 1949 年的 ×××× 增长到 2008 年的 ××××，年均增长 ××%；

累计数：1949 年至 2008 年累计 ××××。

2.凡引用其他司的数据，一律以相关专业司数据为准，请在起草过程中做好沟通核对工作。

3.速度和比重等相对数，保留一位小数；绝对数除 2 位数（含 2 位数）以下的保留一位小数外，其余只保留整数。

（三）稿件审定

所有稿件需经本单位领导审核签字。

五、进度安排

请于 7 月底之前，将领导签字后的最终稿件及电子文件送编辑部。

六、组织机构

（一）编委会

主任：马建堂

副主任：林贤郁　张为民　徐一帆　章国荣　谢鸿光　许宪春　李强

编委：国家统计局总经济师、总工程师及各司级单位主要负责人、有关部门人员、地方统计局和调查总队负责人

（二）编辑部

总编辑：李晓超　严建辉　毛有丰

编辑部设在国家统计局综合司和中国统计出版社，负责日常组织协调工作。

联系人：叶礼奇　熊自力　王立群

电话：010- ×××××××

（因篇幅有限，单行文字用省略号表示）

（3）**审稿意见**

若稿件得出"值得出版"意见，需再对稿件局部提出建设性的意见或建议。如陈建根对《唐宋词选释》的审读意见建议："此稿若经复审、终审，同意发稿付排，我想建议此书除平装外，也能印一部分精装本，供外销香港等地。俞平伯先生在海外颇有影响，此书出版，也会受到港、澳等地爱好古典文学读者的欢迎。我社如能考

虑出版一部分精装本外销香港等地,政治上会起到好的宣传效果,同时在经济上也会有好处。"①

【案例10.3】

《多难兴邦——新中国 60 年抗灾史诗》
专题备案报告及审稿意见书②

【案例呈现】

《多难兴邦——新中国 60 年抗灾史诗》是由湖南出版集团湖南人民出版社出版的一部具有纪念意义的图书,已列入新闻出版总署会同中宣部组织出版的《辉煌历程——庆祝新中国成立 60 周年重点书系》。以下是该书向新闻出版总署提交的专题备案报告及审稿意见表。

《多难兴邦——新中国 60 年抗灾史诗》专题备案报告

湖南省新闻出版局并呈新闻出版总署:

为庆祝中华人民共和国成立 60 周年,我社准备出版一批具有纪念意义的图书,《多难兴邦——新中国 60 年抗灾史诗》是其中的一种,该书已列入新闻出版总署会同中宣部组织出版的《辉煌历程——庆祝新中国成立 60 周年重点书系》,准备在 2009 年 9 月 12 日之前推出。

该书由中国人民大学郑功成教授为主编写。中国人民大学和武汉大学部分从事灾害研究的专家学者也参与了编撰。

该书共分八章,分别为第一章:多灾之国:自然磨砺中华魂;第二章:1949—1958:山河动荡岁月艰,风雨兼程历十年;第三章:1959—1968:天灾人祸降华夏,教训深刻警后人;第四章:1969—1978:山崩地裂齐携手,同舟共济渡难关;第五章:1979—1988:水火无情袭南北,人间有暖遍西东;第六章:水灾肆虐成大患,齐心协力挽狂澜;第七章:疫病冰雪大地震,人本民权固邦宁;第八章:多难兴邦:在减灾中走向现代化。书后附有新中国成立 60 年以来的重大自然灾害资料和抗灾法律法规汇编。

该书的主题是:尽管我国是一个多灾之国,但在党和政府的正确领导下,我们还是战胜了各种自然灾害,我们的国家没有在灾害面前倒下,反而变得更加繁荣富

① 罗维扬.编辑大手笔[M].武汉:崇文书局,2005.

② 杨旭明.编辑出版学综合案例教学[M].北京:中国人民大学出版社,2010.

强,我们的人民更加团结。在中华人民共和国成立60周年之际,我们要充分讴歌我党在领导全国人民抗击自然灾害方面取得的伟大成就,进一步坚定全党全国各族人民建设我们美好家园的信心。经我们审读,该书没有发现任何不当或违规的内容。但该书关于三年自然灾害和"文化大革命"时期自然灾害的表述是否准确,我们还是提请总署邀请权威专家把关,并根据相关规定办理专题备案手续。

专批。

湖南人民出版社

2009年8月20日

湖南人民出版社审稿意见表

类 别	文史类	稿 名	多难兴邦——新中国60年抗灾史诗		
开 本	16开	字 数	42万字	编著者署名	郑功成等编著
责任编辑审稿意见		该书是我社为庆祝中华人民共和国成立60周年而推出的图书,该书已列入新闻出版总署会同中宣部组织出版的《辉煌历程——庆祝新中国成立60周年重点书系》。 　　该书由中国人民大学郑功成教授为主编写。中国人民大学和武汉大学部分从事灾害研究的专家学者也参与了编撰。 　　该书共分八章,分别为第一章:多灾之国:自然磨砺中华魂;第二章:1949—1958:山河动荡岁月艰,风雨兼程历十年;第三章:1959—1968:天灾人祸降华夏,教训深刻警后人;第四章:1969—1978:山崩地裂齐携手,同舟共济渡难关;第五章:1979—1988:水火无情袭南北,人间有暖遍西东;第六章:水灾肆虐成大患,齐心协力挽狂澜;第七章:疫病冰雪大地震,人本民权固邦宁;第八章:多难兴邦:在减灾中走向现代化。书后附有新中国成立60年以来的重大自然灾害资料和抗灾法律法规汇编。 　　该书主题鲜明,观点正确。我们认为,该书经编辑加工后,已达发稿要求,请复审决审。 　　　　　　　　　　　　　　　　　签名:××× 　　　　　　　　　　　　　　　　　年　月　日				
复审人审稿意见		经审读,该书观点正确,特色鲜明。它通过对新中国成立60年以来一些重大自然灾害的真实描述,既讴歌了我们的党,也歌颂了我们的人民,是一本弘扬主旋律的优秀图书。该书还尊重事实,科学分析了这些自然灾害,总结了经验教训,对我国今后如何防灾减灾也有一定的指导意义。 　　该书编辑加工细致,文字差错很少。同意发稿。请终审。 　　　　　　　　　　　　　　　　　签名:××× 　　　　　　　　　　　　　　　　　年　月　日				

终审人审稿意见	该书已列入新闻出版总署庆祝新中国成立 60 周年重点项目《辉煌历程——庆祝新中国成立 60 周年重点书系》中,属于国家重大选题。作者全面系统地记叙了新中国成立 60 年以来我们所遭受的种种重大灾害,讴歌了我们坚强的人民在党的英明领导下坚强不屈,众志成城,抗灾救灾,重建家园的英雄气概。书稿主题鲜明,观点正确,内容全面,资料翔实,是一部具有重大价值的著作。 　　书稿经认真编辑加工,已达到出版水平。同意发稿。 　　　　　　　　　　　　　　　　　　　签名:××× 　　　　　　　　　　　　　　　　　　　年　月　日

(4)送审报告

1)概述

送审报告也称"外审报告",是编辑在审稿过程中,对文稿中无法判断的问题,需将稿件送交有关主管部门或专家审阅的书面文件。

两种情况需写送审报告:一是发现稿件中有重大的政治问题、政策问题、涉外问题、民族问题、宗教问题等,按国家规定需送有关主管部门审定;二是稿件中存在学术理论、学科技术等专业性特别强的问题,编辑难以把握其正确性的,需要送请有关专家审阅。送审报告由责任编辑拟稿,经编辑室主任签发提交至总编室审批。

2)送审报告的内容

①原稿和作者基本情况。概要说明稿件的来源、内容概要、重要的主题和事件、材料的运用和安排等。另外,还须简要介绍作者的工作单位、专业技术职务、资历、学术素养、著作情况等。

②编辑对原稿的意见和送审原因。在送审报告中,须附上编辑人员对稿件初审和复审的结论看法、外审的原因和需请外审者解决的问题。

③送审对象。对按国家规定须送审的稿件,要写明拟送交的主管部门名称。对需要请外审人员解决学术性、专业性问题的稿件,要慎重选择拟送审的人选,必须在充分了解审稿人员水平的基础上选定,以保证审稿质量。

【技能提示】

对于政治性问题、政策性问题等，需由上级机关转送有关主管部门，送审报告也必须按公文格式撰写，其格式包括标题、主送机关、正文、附件、发文单位及印章、发文日期、抄送单位等内容。

【案例 10.4】

2 万张"问题地图"想要偷偷溜出国①

2017 年 11 月 20 日，郑州海关驻铁路东站办事处查验关员在对深圳某公司申报出口至德国的 14 744 张"旅游海报"进行查验时，发现这些"地图"不仅没有审图号，在地名标注和划定范围均与实际大相径庭，特别是在涉及中国版图的部分存在重大问题。查验关员不动声色地将该批货物作出暂不予放行处理，同时将该线索移交郑州海关缉私部门处置。

郑州海关缉私部门迅速成立专案组对案件展开侦查，第一时间将暂扣"问题地图"送检。经河南省新闻出版广电局鉴定，该批"问题地图"因含有《出版管理条例》第二十五条所规定的禁止内容，被认定为图书类非法出版物；同时，经河南省测绘地理信息局鉴定，该批"问题地图"违反了《地图管理条例》，存在未经测绘地理信息主管部门审核，错绘我国国界线，漏绘我国重要岛屿等严重问题。2017 年 12 月 16 日，郑州海关缉私民警在东莞、深圳两地同时将犯罪嫌疑人魏某某等 4 人抓获，并在深圳某印刷厂扣押"问题地图"4 340 张，共查获非法"问题地图"19 084 张，总重 5.3 吨。

经查，犯罪嫌疑人魏某某为牟取利益，从互联网上接下订单，并指使他人冒用深圳某进出口公司名义伪造通关单据，将"问题地图"伪报成"旅游海报"试图并走私销售至德国。2018 年 1 月 19 日，郑州市人民检察院对该案主要犯罪嫌疑人批准逮捕，4 月 23 日对此案依法提起公诉，9 月 17 日，郑州市中级人民法院对此案作出一审判决：被告人魏某某以虚假申报方式出口国家禁止进出口货物，其行为已构成走私国家禁止进出口货物、物品罪，判处有期徒刑十个月，并处罚金人民币六万元，没收违法所得，涉案"问题地图"依法予以销毁。

根据《地图管理条例》规定，向社会公开的地图，应报送测绘地理信息主管部门审核；进口、出口地图的，应当向海关提交地图审核批准文件和审图号。

【案例分析与实训】

2015 年 2 月，某省甲出版社副总编辑王国平的老朋友沈成编写了《家庭理财

---

① 韩为卿.近 2 万张"问题地图"灰飞烟灭.中国新闻出版广电网，2019-01-24.

指南》书稿后,与王国平联系,希望安排出版。王国平翻阅书稿,认为其内容符合读者的需求,估计会有较大的发行量。于是,王国平与社长商量后,决定将该选题补充列入当年选题计划并补报备案。王国平据社长的授权与沈成签订了出版合同后,把该书稿交给经济读物编辑室的刘康,要求其设法尽快出书。刘康在2014年曾因负责编辑的一部图书编校质量不合格而被免去编辑室副主任职务,仅保留副编审专业技术职务。

接受《家庭理财指南》书稿后,刘康由于当时正忙于另一部书稿的编辑工作,就请某大学一名在读的博士研究生欧洋进行编辑加工整理。刘康翻阅欧洋加工后的稿件,作了几处修改便以"责任编辑"的名义签署了"已经做好编辑加工整理工作,可以发稿"的意见,将稿件提交编辑室主任赵敏副编审复审。赵敏抽查部分书稿,没有发现涉及政治导向和思想倾向的问题,就签署了"同意发稿"的复审意见。王国平接到这部事先已经看过的书稿后,随即签署了"同意发稿,请尽快安排出版"的终审意见。

办妥发稿手续后,刘康将书稿连同对版式设计的要求和外社美术编辑完成的封面设计电子文件一起交总编办转出版部门安排排版。校样打出后,经请示王国平同意,刘康将校样委托某校对公司包校一遍,并请该公司的一名副经理担任责任校对负责把关。刘康收回校样时未见重要质疑,即办理了付印手续。印刷厂一个星期后送来样书,甲出版社有关人员检查后未发现印装质量问题,就同意成批装订。2015年5月,甲出版社开始发行《家庭理财指南》。

2015年11月,省出版行政主管部门在图书质量检查中,发现《家庭理财指南》编校差错率为万分之三,属于不合格图书。

2015年11月20日,省出版行政主管部门发出关于《家庭理财指南》被确认为不合格图书的通报,责成甲出版社严肃处理。

问题一:甲出版社在出版《家庭理财指南》的过程中存在哪些错误?

问题二:甲出版社对《家庭理财指南》一书应该如何处理?

问题三:刘康将受到什么处罚?

(2017年中级出版专业职业资格《出版专业基础知识》)

10.1.4 编辑工作书信

(1)约稿信

1)概述

约稿信也称"约稿函"或"组稿信"等,是出版单位约请作者撰写稿件的信件。一般由负责落实选题的编辑撰写,以出版单位名义发给作者(或读者)。如果编辑与作者已经非常熟悉,也可以由编辑署名发出。

2)约稿信内容

①稿件题目。即选题的名称。可将选题名称列出供作者参考选择,如果作者对出版社给定题目不满意,也可以由作者根据选题内容自定题目。

②写作内容和要求。约稿信必须明确地告诉作者约稿目的、文稿内容范围和深浅程度、体裁要求、文字风格、读者对象等内容。另外,也可以向作者提供一些样章或示例供其参考。

③可供参考的资料。可向作者介绍一些同类出版物或专业网站供作者参考借鉴,并注意提醒作者避免与他们雷同。

④交稿时间和字数要求。应向作者说明全稿的规模、对章节或全稿的字数要求。对作者的交稿时间应写明具体月份,或者给作者下限日,如最晚何时交稿。

【技能提示】

约稿信写作时应注意充分调动作者的写作积极性,态度应诚恳、热情、真挚并实事求是。

【案例10.5】

《新阅读》2019 年约稿函①

亲爱的读者朋友:

《新阅读》自 2019 年第 1 期起进行改版。主要有以下三大改变。一是内容的调整:增设《经典阅读》《阅读文化》栏目,其他栏目保持不变。二是页码与印刷的调整:由 64 页改为 80 页,由双色印刷改为四色印刷。三是对封面及版式进行全新设计。

国家新闻出版署主管、中国新闻出版研究院主办的《新阅读》杂志,以"推动全民阅读,打造书香中国"为宗旨。主要栏目有《本期专题》《书香中国》《阅读访谈》《权威发布》《数字阅读》《阅读研究》《阅读文化》《阅读教育》《环球阅读》《经典阅读》《新书悦赏》等。

稿件要求:原创首发,一稿一发,附作者照片、简介、联系方式。

投稿邮箱:××××××@163.com。自投稿之日起一个月之内,未收到答复,可以另投他刊。感谢您对《新阅读》杂志的支持。

《新阅读》杂志编辑部
2019 年 1 月

---

① 资料来源:新阅读.2019.

（2）退修信

1）概述

退修信是出版单位将稿件退回作者,要求其进行修改的信件。

稿件退修有两种情况:一是经审读后认为基本可用但尚需作一些修改的;一是经审读后认为有一定基础但尚未达到出版水平,需要修改后再决定取舍的。

退修信中应将稿件中存在的问题客观地向作者提出,便于作者有针对性地进行查看或修改。

2）退修信的内容

①概述稿件的审读情况;②肯定稿件的优点;③指出稿件中的不足之处;④提出修改的意见或建议;⑤提供修改时可供参考的资料;⑥注明要求:如按一定写作格式、希望完成修改的时间和修改后的字数等。

【技能提示】

稿件如不采用,由初审者草拟退稿信;稿件如需退修,由初审者根据终审意见草拟退修信,并提出退修方案;稿件如果决定采用,一般由初审者担任责任编辑,负责加工整理等后续工作。另外,退修信和退稿信,都要经过复审者、终审者核签后与稿件一并移交作者。退修稿件在指定时期内未寄回且未见联系者可视为作者自动撤稿。

【案例 10.6】

《历代回文诗词选》的退修信①

徐元先生:

尊稿《历代回文诗词选》已拜读,甚佩。回文诗词为循汉字性能所创的特殊诗体,诚可赏心怡情,但究其极,实为韵文体之文字游戏,历代大家偶尔操觚,亦仅喜其争奇斗巧,显示才情,偶尔为之而不以正宗视之也。故"前言"揄扬,似微过量。但选成一集,使今日读者知古诗词中有此一体,亦非无谓。窃以为尊选不妨扩大范围,兼选古诗词中各种奇异体裁,如药名诗、数字诗、干支诗、离合诗、藏头诗、顶针诗、宝塔诗等,使诸体蔚为大观,或可改名为《中国古代异体诗选》,于读者当更有吸引力。为此,则原选回文诗词部分宜适当压缩,以清人所作为下限。"前言"亦宜略加修改,易去溢美之词,还其本来面目。并对增选各体,略作析述,诸体之部分篇目,或可就其创作背景作简要说明,当更能益读者之智。

---

① 罗维扬.编辑大手笔[M].武汉:崇文书局,2005.

以上意见或未尽墨,仅供酌择。何如,祈餐裁见示为盼。

上海古籍出版社 何满子

(3)答读者信

1)概述

答读者信是出版部门针对读者问题作出回答或解释的工作书信。

2)读者来信需回答的几种情况

①关于书稿出版问题咨询的;②对某一部书或文章提出批评意见的;③书稿撰写中碰到种种问题,需向编辑讨教的;④对如何出书、出书内容提出建议的;⑤向编辑请教或交流有关写作与阅读方面问题的;⑥就出版物中的某个理论问题或学术问题与有关编辑探讨的;⑦向出版社推荐或提供作品的;⑧向出版社或编辑提供有关学术会议、学术活动信息的;等等。

3)答读者信写作注意事项

①思想要重视、回信要及时;②语气要平和、回答要准确。

【案例 10.7】

《人物》杂志 致歉声明①

10 月 24 日,我们推送了一篇文章《江一燕得奖是真的,但是……》,其中提到的"美国国家地理全球摄影大赛中国赛区华夏典藏奖",未能仔细核查信息,将版权合作方表述为——"'华夏'代表的是美国《国家地理》杂志的中国版权合作方华夏出版社"。实际上,应为——"'华夏'代表的是美国《国家地理》杂志的中国版权合作方《华夏地理》"。特此更正,并向华夏出版社致以诚挚的歉意,也同时向读者致歉,我们将吸取教训,严格核查信息,不再出现此类错误。

【案例分析与实训】

1.写作题:根据所给材料撰写约稿信。(2017 年初级出版专业职业资格《出版专业理论与实务》)

2017 年 1 月,中共中央办公厅、国务院办公厅印发了《关于实施中华优秀传统文化传承发展工程的意见》(以下简称《意见》)。《意见》指出,要开展"少年传承中华传统美德"系列教育活动,创作系列绘本、童谣、儿歌、动画等。为积极贯彻落

---

① 资料来源:《人物》杂志微信公众号 renwumag1980,2019-10-26.

实《意见》,青少年出版社少儿编辑室编辑徐力策划了一套《中华传统美德故事》读本,主要面向6~12岁的读者,全书共分5册,按主题编写,文字轻松活泼,每册不超过5万字。该书拟邀请著名儿童文学作家齐子明担任主编,并要求作者2018年3月交稿。

该选题经集体论证后通过,列入2018年出版计划。

编辑徐力一直关注少儿图书市场,也搜集了不少相关资料。为保证图书质量,徐力愿意把这些资料提供给作者参考。同时,希望主编在适当的时候先提供全书提纲和样稿。

请替徐力撰写一封约稿信。

2.写作题:根据所给材料撰写编辑工作书信。(2017年中级出版专业职业资格《出版专业理论与实务》)

新地出版社科技编辑室收到一部书稿《专业户养牛学》。编辑李琳、编辑室主任林水清和总编辑刘默对书稿进行初审、复审、终审后,分别提出了审稿意见。

请根据审稿意见撰写一封给作者的信,400~700字,告知出版社对其书稿的处理意见。三个审级的具体意见如下:

初审意见

收到省畜牧兽医研究所梁豫生研究员的《专业户养牛学》书稿。

编辑通读了书稿。书稿40万字,分为9章,分述养牛生产的现状与发展趋势、牛场建设与养牛设备、牛的品种与繁殖、牛的营养与饲料、种牛的饲养管理、犊牛的培育、牛场卫生与牛病防治、牛产品加工、专业户养牛的经营管理等。

书稿结构框架合理,内容没有政治性问题,科学性较强,技术内容先进,具有实用价值,能向自学养牛技术的养殖专业户提供有效的帮助。

专业户是养牛业的重要方面军。一个时期以来,养牛业起起伏伏。因此,向广大养牛专业户推广先进养殖技术和管理知识很有必要。书稿质量基本符合出版要求,故初审建议接受出版。

呈请复审。

李　琳

2017 年 7 月 18 日

复审意见

复审通读了全部书稿,基本同意初审对书稿价值的肯定。

但是,书稿尚有不足之处。从总体上看,主要是学院气较重,不少学术性讨论、文献引证的内容恐让普通读者感到烦琐。就具体的章节而言,也存在一些可以优化改进之处:第一章主要介绍现代化养牛生产的物质技术条件和我国现代化养牛的发展趋势,这些似乎与专业户不够贴近;如果能多介绍一下农牧结合式、生态养殖式等养牛专业户的发展与经营情况,可能更符合专业户的需求。第八章中有关牛产品加工的内容,可以大幅度删节。第九章中的经营管理部分,需增加如何正确认识市场起伏状况,采取主动、积极的应对措施来规避风险等内容。

据此,书稿宜退修。建议作者精简学术性内容,强化实用性内容;通过相应的增删,将篇幅压缩到30万字以内,并且语言表述力求通俗易懂。这样,能够更加切合养牛专业户的实际需求。

呈请终审。

林水清

2017 年 8 月 23 日

终审意见

抽查了部分书稿,同意复审意见。

可将书名改为《专业户养牛》,纳入我社酝酿中的"养殖专业户丛书"。

请编辑室落实退修。

刘　默

2017 年 8 月 30 日

10.1.5　书刊辅文

书刊正文以外的附属文字,统称之为辅文,包括题字、目次、凡例、前言、序言、出版说明、编者的话、编者按语、检字表、各类注释、索引、跋、后记、附录等。

辅文多置于正文之前或之后,写作主体包括作者、编辑或其他人,其作用在于保证图书内容的完整,辅佐正文的内容表述,帮助读者加深对作品正文的理解,指导读者购买和阅读等。

(1)内容提要

1)概述

内容提要也称"内容简介""内容说明""内容摘要"等,是介绍书籍内容、学术价值、读者对象等内容的一种文字材料。内容提要是对原著的高度概括,篇幅不宜太长,以 300 字左右为宜。

【技能提示】

中外古典文学名著、古典学术著作、课本、图片、工具书、篇幅不大的儿童读物、初级普及读物,以及有前言、后记和从目录上一眼可以看出书籍内容的出版物可不加内容提要。

内容提要是书的附件,一般放在图书版本记录页上方、扉页后面、封面勒口、封二、封底(无扉页的放在封底)。

2)类型

内容提要没有固定的格式。不同类型的作品,内容提要的写法也不尽相同,但大致可分为四种类型。

①梗概型,也称"概括型",主要是对图书的主题、情节、表现手法、特点等作扼要介绍。

此类型提要适用于小说、戏剧等以情节为主的图书。

【案例 10.8】

《红楼梦》内容提要①

《红楼梦》以贾宝玉、林黛玉、薛宝钗之间的恋爱婚姻悲剧为主线,以贾、王、史、薛四大家族兴衰沉浮为背景,描写了封建贵族家庭各种错综复杂的矛盾,塑造了一系列贵族、平民以及奴隶出身的女子的悲剧形象,揭露了封建贵族阶级及其统治的腐朽与罪恶,曲折地反映了封建社会必然崩溃、没落的历史趋势。小说全面真实地展现了广阔复杂的社会生活,堪称我国封建社会后期社会生活的百科全书。作品对封建社会的婚姻、道德、文化、教育的腐朽、堕落进行了深刻反思,歌颂了封建贵族的叛逆者和自由美好、违反礼教的爱情,体现出追求个性自由的初步的民主主义思想。同时,作者以梦幻作为小说缘起,又以梦幻作为故事归结,并在文中时时强化人生如梦、世事无常的观念,流露出作者强烈的宿命论和虚无主义色彩。

②悬念型。此类内容提要常以对作品中人物命运的遭遇、情节的发展变化提出问题或制造悬念的方式出现,目的是为吸引广大群众兴趣、激发读者阅读欲望。

---

① 曹雪芹,高鹗.红楼梦[M].武汉:长江文艺出版社,2010.

较适用于少儿读物、科普读物和侦探、惊险小说等文艺作品。

【案例 10.9】

《漠苍狼:绝地勘探》内容提要①

20 世纪 60 年代,身为新中国第一批地质勘探队员,我们被秘密选调到某地质工程大队。

一纸密令,我们不明目的、不明地点、不明原因,来到最老到的地质工程师都不能确认的中蒙边境原始丛林。经过焦灼惶恐,甚至以为要被秘密处决的阶段,我们观看了一段专供中央高层的绝密《零号片》。胶片的画面让一直受到唯物主义思想教育的我们窒息:地震波传回的信息还原在胶片上,放大二百倍后清晰地显示——地下一千二百米处的岩壳里,竟然镶嵌着一架日式重型轰炸机!

这是阴谋还是超自然力?如果不是扯淡的空间扭曲,那么,是什么疯狂的力量让飞机出现在那里?!或者,这是战败前,日本军队进行的别具深意的举动?

带着疑惑和不解,我们作为数支勘探队中的一股,凭着绝大的勇气,从三十多米大的洞穴裂口进入地层,开始了惊悚诡异的旅程。

直到现在我依然在想,如果那时候我们没有唯物主义者坚定的信仰,在看到地层中埋藏的一切后,我们还能在那片让人绝望的黑暗中坚持下去吗?

【技能提示】

此类内容提要所提问题要确实能引起人们兴趣,制造的悬念要让读者兴奋起来,愿意将作品一口气读完,读过之后而且能回味出一些滋味来,增强其作品的可读性。

此外,内容提要还包括鉴定型(即主要是对图书的政治内容、学术价值、研究创新等内容作介绍)、说明型(即对图书作品主要内容、应用范围、性质及其方面作解释说明,从而使读者了解图书主要内容)和推荐型(即编辑为推荐稿件而写的提要,特点是简介与评介并重)。

(2)出版前言

出版前言也称"出版说明""编纂说明""编辑说明"等,是从出版者角度向读者说明该图书的编选意图或出版整理情况。一般置于目录之前,并与正文分别编页

---

① 南派三叔.漠苍狼:绝地勘探[M].长春:时代文艺出版社,2010.

码,其内容包括:

1)出版目的和价值

从出版单位的角度,说明出版该书的意图或该书所具有的学术价值、艺术价值、思想教育价值等,所以一般由责任编辑或出版社相关人员撰写。

2)图书的特点

对图书的内容、体例、写作手法、外观装帧等作简要说明,加深读者的印象,提炼该图书的价值,获得更多读者的认同。

3)作者、译者情况

作者、译者情况主要介绍作者在某一领域的杰出地位、学术交流、成果研究、所作贡献等及他的学术对社会的影响。

4)交代出版情况

出版情况主要交代该书的出版背景、流程(如策划、组稿、资料整理工作等)、文中数据来源、符号意义等。一方面让读者了解出版工作人员为此书付出的辛勤汗水,珍惜其劳动成果,提升其图书价值;另一方面缩短与读者的距离,增加读者的信任感,培养忠诚的读者。

【技能提示】

需编写内容提要的图书大致有4种:一、原书无序、无凡例的;二、原书有序,但读者仍把握不了其内容精要的;三、重版再版书;四、资料性图书,需用出版说明来介绍整理印制的原则方式等。

【案例10.10】

《书店卖场运营实务》出版前言①

近年来,随着我国出版体制机制改革的不断深入,行业主管部门多措并举,大力推动了出版物市场的繁荣发展,我国出版物零售业呈现出蓬勃生机。实体书店积极探索转型发展,不断进行经营创新、服务创新,开展多元经营,打造经营特色。本教材是职业院校出版与发行专业的专业核心课程教材,也可作为出版物发行企业广大员工培训之用。在编写过程中坚持了以下原则:

1.突出职业性。以培养学生职业能力为核心,注重职业资格证书和学历证书并重,力求使学生在能力培养上符合行业企业的职业要求。

2.突出实践性。从职业岗位能力分析入手,以实际工作过程为主线,合理构建

---

① 高澜.书店卖场运营实务[M].北京:北京师范大学出版社,2019.

教材的知识和技能结构,以"教、学、做"一体为教学模式,提高教材的针对性。

3.突出适用性。在表达形式上,力求文字表达通俗易懂,多处采用以图代文、以表代文的表现形式,增强教材的形象化。

本教材属于职业教育项目引领、任务驱动型的教材,具有以下特色:

1.内容全面,体系完整

本教材涵盖了书店卖场运营的基本内容,主要包括书店卖场规划、书店卖场设计、员工管理、进货管理、陈列管理、销售作业管理、促进出版物销售、客户关系管理、安全管理、业绩评价等方面的内容,囊括了书店卖场从前期选址开店到后期运营管理的全过程。各模块内容之间紧密联系、环环相扣,形成了一套完整的体系。

2.体例新颖,学做一体

本教材共设计 11 个模块,其下设【任务思考】【任务分析】【资料导读】【相关知识】【案例精析】【职场指南】【实践训练】七个工作任务,采用"逆向推导"的思维方法,以实际工作导入【任务思考】引发学习兴趣,【任务分析】帮助理清思路,寻求解决路径。再从完成任务所必备的技能需求向理论方向寻求界定【相关知识】的内涵和外延,并通过【案例精析】对业界经典案例进行评析,加深对知识的理解。同时,辅以【职场指南】进行知识补充和技能拓展。最后,通过理实一体化的【实践训练】,将所学知识运用到仿真实训中,不断提高对知识的理解能力和实践运用能力。

3.图文并茂,通俗易懂

本教材为校企合作共同开发,参编人员既有长期坚守出版发行教学一线的骨干教师,又有长期从事书店卖场运营管理的行业专家。在内容选择上以"实用为主,够用为度"的理念,紧密贴近我国出版物发行业书店卖场的工作实际,案例选择有现实指导意义,内容编排深入浅出、简洁明了,且采用图文并茂的形式,内容通俗易懂,便于融会贯通。

4.扫描书中的二维码,可以了解更多的特色书店、卖场信息。

……

本教材在编写过程中,参考了许多专家学者的专著,参阅了许多相关信息,特附参考文献于后,在此向作者深表谢意。同时,行业同仁宋宝华、喻婕提供了相关帮助,杨燕、刘炜协助做了大量文案工作,在此一并致谢!

由于编者水平有限,书中难免有不妥和不足之处,真诚希望读者批评指正。

编　者

(3)编者按

编者按也称"编者的话""编者附记"等。是编者对将要出版的书籍进行说明、分析或评论,目的在于帮助读者更准确、更深刻地理解文中内容。它是最简短、最轻便的言论形式之一,在编辑工作中用途很广。

编者按其内容性质可大致分为以下 3 种:

1)说明型

向读者交代材料背景、作者情况、出版目的、写作过程、前期学术成果对社会的影响等,帮助读者理解书籍内容、引起重视和兴趣,达到促销的目的。

此类编者按较适用于篇幅比较长、理论较深奥的文章。写这类编者按时,一定要做到以客观口吻来叙述,力求公正严明。

【案例 10.11】

"世界读书日"全称"世界图书与版权日"(World Book and Copyright Day),又译"世界书香日",最初的创意来自于国际出版商协会(IPA,International Publishers Association)。1995 年,国际出版商协会在巴塞罗那召开的第二十五届全球大会上提出"世界读书日"的设想,并由西班牙政府将方案提交联合国教科文组织。后来,俄罗斯认为,"世界读书日"还应当增加版权的概念。于是,1995 年 10 月 25 日—11 月 16 日召开的联合国教科文组织第二十八次大会通过决议,正式确定每年 4 月 23 日为"世界图书与版权日"。这一天也是作家塞万提斯和英国著名作家莎士比亚的辞世纪念日。

2)评论型

编辑对图书内容发表自己的意见或看法的编者按,表达的观点可以是对图书内容的肯定,也可以是否定。

此类编者按适用于一些有争议的话题或观点,编者对书籍内容加以分析并抒发自己的观点,以便读者快速地把握全局内容。

【案例 10.12】

给我们发来求助信的这两个考生所遇到的困扰,都是公正问题。我们正在建设一个公正的社会。他们有理由向社会、向高考招生办、向有关大学要求公正,因为教育——我们民族命运所系——不仅寄望于它输出新时代所要求的知识、人才,同样寄望于它输出新时代所要求的社会理性与道德。在任何一个社会中,教育都承担着促进社会公平的责任。教育体系中,每一个人、每一所学校都有责任维护公正。教育不公,教育机会的不公,是为害最大的不公。让我们大声说出我们的期望:公正从教育开始——既应公正地录取,也应公正地纠正错误。

3）提示型

将文中最具争议或存在普遍意义的问题提出，引导读者展开讨论的一种编者按形式。

此类编者按多用于期刊和报纸。

【技能提示】

编者按没有独立的标题，常置于图书扉页之后、正文或目录之前。篇幅在200字左右，甚至更短。编者按表明编者或出版者的观点和立场，关系重大，必须经过三审，由终审者定稿。

编者按和出版前言有相同之处：首先，它们的写作手法和语言特色相同，都多以叙述、说明、议论方式撰写；其次，它们都是从编辑工作的角度出发，以出版单位的名义向读者交代出版事项。

不同之处在于：首先，它们的作用范围有别，出版前言用于图书出版物较多，而编者按则既可用于图书，又可用于期刊和报纸；其次，他们的位置有别，出版前言一般是针对整本书的出版进行概括或总结，因此常放在图书正文的前面，而编者按的位置很灵活，可以放在文前，也可以在文中，甚至在文章后面。

（4）凡例

凡例又称"义例""例言""编排体例"等，是作者或编辑撰写的介绍图书内容、使用方法的说明性文字。

不同类型的图书，凡例所包含的内容也有所不同。一般包括向读者交代该书出版的目的、编选意图、内容梗概、选文标准、收词原则、归类方式、编排顺序、行文规范、年代划分、译文范围与译文要求、检索方法等内容，说明有关注释、插图、公式、表格、附录、索引等的特点，目的是让读者了解该书的编纂旨意、编排原则、格式特点和符号含义等，便于读者阅读、检索或使用。

1）使用范围

在我们使用图书有疑难问题时才会求助于凡例，所以在使用范围上，凡例大多用于工具书（如辞典、字典、词典、百科全书、手册、年谱、索引、资料汇编等）、古籍校勘、注释书、汇编书以及文集等图书。

2）分条款列出

凡例通常分条款列出。如商务印书馆出版的《现代汉语》2002年增补版的凡例，分为"一、条目安排""二、字形和词形""三、注音""四、释义"。

【技能提示】

凡例与出版前言的区别：凡例和出版前言一样，一般都置于正文之前。但是，出版前言置于目录前，可以不编入目录；凡例一般置于目录之后，并编入目录。

【案例 10.13】

《学生新华字典》凡例

本字典是为中小学语文教学而编写的一部小型工具书。全书收录单字(包括繁体字、异体字)10 000 余个，还收录了一些联绵词和重叠词。按汉语拼音字母次序编排。正文前附有《汉语拼音音节索引》《部首检字表》及《难检字笔画索引》，以供读者从音查字或从字形查字之用。

一、字头

(一)以简化字做字头，并在字头后用(　)、(＊)分别标明繁体字和异体字。括号内的繁、异体字只适用于个别意义时，在繁、异体字前加上所适用的义项数码，如：丘(＊坵)。同音节的，又按阴平、阳平、上声、去声、轻声五种声调顺序排列，同音同调的，按笔画数多少和笔顺排列。

(二)同一单字有不同读音的，分立字头，并在字头右上角标(一)(二)(三)等表明次序。如：结(一)jiē；结(二)jié。在释义之后附列另音。

(三)形同音同而在意义上需要分别处理的，也分立字头，并在字头的右上角标1、2、3 等加以区别。如谷1、谷2。

二、字形

(一)本字典的字头和释义一律使用现行规范字，不使用被淘汰的旧字形。

(二)在字头下除注明笔画、部首、五笔输入码外，一般都标注"六书"中的象形、指事、会意和形声，有些字有几个部首，都只标出一个部首。有些简化字不易看出造字意图，则依其繁体字标注"六书"。有些字难以确认属于何种造字法，则只好从略。未加五笔输入码的字多为生僻字。

三、注音

(一)本字典的字音依据普通话的语音系统，用汉语拼音字母标音。

(二)个别异读字也注音，轻声字只注音而不标声调。

(三)对释文中一些生僻字、多音字或复音词则加括号注音。

四、释义

(一)义项不止一个的，分条释义，用①②③等表示。一个义项还需分条注解，用 1.2.3.等表示。一个义项下如再细分，用 a.b.c.等表示。[　]中的复音词或词组，如分条注解，也用 1.2.3.等表示。

（二）义项多按本义、引申义、通假义、虚词义顺序排列。

（三）以释今义为主，也酌收古义。释义力求简明扼要，具有概括性。

（四）每个义项后，一般列举例词（含正序、逆序）或成语、名言等。

（五）在有些字头下所收录的联绵词、重叠词也简要释义。

（六）在注解后举例中，用"～"号代替本字。

（七）对易读错、写错、用错的字，在☞后分别从形、音、义三个方面进行比较辨析。

（5）作者介绍

1）概述

作者介绍又称"作者简介"或"作者小传"，一般置于正文前或勒口上。

2）内容

内容包括作者的生平（如姓名、笔名、年龄、籍贯等）、特长、教育背景、工作经历、专业技术职务、行政职务、主要成就和贡献、学术交流、著作获奖情况等，其内容视具体情况而定。作者介绍可由作者本人写，也可由编辑代写。

3）写作方法

每个人的阅历都比较丰富，但切忌将所有资料都堆积在案，应拣取与图书内容相关的作者信息。另外，作者介绍应精练简洁、准确无误，切忌掺杂虚假信息，欺骗或误导作者。

作者介绍大多以文字形式展现，对于某些重要的图书或作者，必要时可在作者简介中附上其作者肖像或生活照，帮助读者更好更快地了解作者，理解图书。另外，在写作文体上也不拘一格，可采用叙述、说明、议论或多种兼具的方式进行。

【技能提示】

作者介绍的内容应客观真实，评价适度，文字精练，切忌使用夸张的修饰语，如"大师""高手""著名的""世界第一""杰出的""最××××的"等。

【案例 10.14】

张爱玲简介

张爱玲（1920—1995），中国现代著名作家，本名张瑛，笔名梁京，生于上海，原籍河北丰润。

张爱玲出生在上海公共租界西区的麦根路 313 号一幢建于清末的仿西式住宅中。张家世显赫，祖父张佩纶是清末名臣，祖母是晚清洋务派领袖朝廷重臣李鸿章的女儿。张爱玲一生创作大量文学作品,类型包括小说、散文、电影剧本以及文学论著等。1944 年张爱玲结识作家胡兰成并与之交往,由此成就了二人之间的传奇爱情故事。1973 年,张爱玲定居洛杉矶,1995 年于洛杉矶寓所逝世,终年 75 岁。

张爱玲是我国现代文学史上一位充满传奇色彩的作家,她那种敢于大胆袒露自己个性及自我的创作主张,使得她成为众多人眼中的一个"异数"。她的性格如她书中所描写的人物性格一样凄美、孤傲而又矛盾。读她的文章犹如坐在一炉沉香屑旁,听她诉说着那些爬满了蚤子般充满悲剧感的小资生活,哪怕是在最喧嚣的都市你仍可以感受到来自她内心的那份孤寂。

(6)出版后记

1)概述

出版后记也叫"编后记""编余絮语"等,是编者向读者说明该书出版过程的文字性材料。一般由责任编辑撰写,其内容可以是对出版过程的感想和体会、对图书内容的交代或评价、对未来的畅想等,文无定法,篇幅无需太长,以 500 字左右为宜。

2)出版后记和出版前言的区别

相同之处在于:两者的写作主体一般都由责任编辑或出版社相关人员撰写,体裁内容都要求简明扼要。

不同之处在于:首先,它们的内容有别,出版前言多用来评论本书内容或交代该书出版的工作事项(如出版的意图、价值及出版流程等),而出版后记内容比较灵活、随意,可以是评价本书的内容,也可以是对书中的未尽事宜作补充说明,甚至是向读者说明写作过程的体会、认识、感想及对读者的希望等。

其次,它们在书中的位置有别,出版前言常放在图书正文前,而出版后记则紧跟书的正文之后。

再者,出版后记一般用在重要著作、大型工具书、论文汇编书籍中,而出版前言则适用于任何书籍。

【案例 10.15】
《我走过一条隐秘的小径》出版后记①

一直觉得,出版诗集是最需要作者谨慎对待的。诗歌不同于小说、散文。诗歌本身对作者的要求从来苛刻。2015 年,花城出版社出版我的第一部诗集《你交给

---

① 远人.我走过一条隐秘的小径[M].杭州:浙江工商大学出版社,2018.

我一个远方》之后，没想过今天又有机会出版第二部诗集。出版需要机会，诗歌本身需要的只是诗人创作的圆熟与精进。所以，整理诗集，我感觉比整理一部小说集或随笔集要胆怯得多、紧张得多、没有底气得多，时时都有战战兢兢的感受。

一个诗人终生留下的好诗不会太多，像惠特曼那种有两大卷《草叶集》传世的诗人，足可堪称奇迹。20世纪世界诗坛公认的诗歌大师如艾略特、叶芝等人，生前出版的诗集都是薄薄一册，直到写作并累积到晚年时，才有较厚的合集诗集出版。特朗斯特罗姆毕生的诗歌创作也不过三百来页，瓦雷里的诗歌全集也在四百页之内。这都在告诉我们，穷其一生，我们侥幸能写出让诗歌本身满意的诗歌不会很多。诗歌会要求我们对每一首诗进行严酷打磨，诗歌会要求我们认真面对每一次出版。若一本诗集中出现的差诗超过五首，读者对该本诗集的阅读兴趣恐怕就再也难以唤起。真正的诗歌读者永远不是靠糊弄来的，也永远不是根据评论家们按自己兴趣或其他原因强加指认来的。好诗是靠诗人自己慢慢累积，读者也只可能因为你的好诗增加而逐渐增加。

所以，这部诗集于我而言极为冒险，因为我不愿意这本诗集中的任何一首与《你交给我一个远方》所收的作品有重复，尽管这本诗集已涵盖了上世纪九十年代的不少作品。我希望的仍是，既然有这么一次整理作品的机会，我也盼望自己能借机认真回顾走过的诗歌之路。收进这部诗集的作品几乎没有哪首未被修改。近三年的作品，也在不断选取中舍弃一批，留下一批，修改一批。我满意的是近年作品，毕竟有较长的写作经验支撑；我担心的也是近年作品，它们毕竟还没有经过时间的打磨。

在回顾与修改中，我最强烈的感觉是，每个诗人其实都是在一条隐秘的小径上行走，你所有的得与失、悲与喜，很难有与你一起分享与分担之人。不是说知己难寻，而是你情绪的细微转换和同语言的内在搏斗，都只可能独自完成。这部诗集中，正好有一首诗为《我走过一条隐秘的小径》。就用它做诗集之名，是最适合不过的了。

最后，谢谢翻开它的每一位读者。

远　人

2018 年 4 月 12 日于深圳

【案例分析与实训】

1.根据课文中对内容提要的写作要求或参照范例,为印度作家泰戈尔的《吉檀迦利》写一篇内容提要。

2.根据编者按写作要求,为下列信息写作一则编者按。

由吴茂盛编著的,湖南文艺出版社 2008 出版的官场长篇小说《驻京办》,被誉为"现代官场现形记",在 2008 年和讯华文财经图书大奖中成功入围"最佳财经小说类"奖项。2010 年 1 月 19 日,国务院办公厅出台了关于加强和规范各地政府驻京办事机构管理的文件,在未来 6 个月内,全国所有县级政府以各种名义设立的驻京办,将被撤销完毕。坊间流传这一政策的出台与 2009 年一部畅销小说《驻京办》有关,该小说揭露驻京办的种种腐败和弊端引起了中央领导的关注。而与此同时,随着这一政策的公布,全国各大网上发布消息称:《驻京办》的作者吴茂盛遭遇人身威胁。

3.席绢在一次读者见面会上说:"曾经在某一本作品的后记里兴之所至地说道:如果我能够写作二十年,而那时还有仍在看我的小说的读友的话,那我们就出来见个面吧!"就此谈谈你对后记的理解。

10.1.6　宣传文字

书刊宣传文字也称为图书广告,是出版单位向读者或出版物经销商宣传出版产品信息的各种图书宣传材料。它包括出版预告、新书简介、书讯、书评、书刊广告、征订单等出版信息。

(1)新书预告

1)概述

新书预告也称出版预告,是新书出版前,出版单位预先将出版信息印发给出版物发行人员的宣传材料。

2)内容

新书预告的内容包括书名、作者、出版社、图书类别、版别、出版时间、字数、读者对象、开本、定价、内容介绍等项目,其阅读对象基本上限于出版物发行机构的相关工作人员。

尽管新书预告涉及项目繁多,但篇幅上受限制,在文字表现上,强调其内容精练,突出宣传重点,以 200 字为宜;再者,表现形式较单一,一般以文字叙述或文字填充表格的方式展现;另外,新书预告体裁多以介绍说明为主。

【案例10.16】

表格式

×××出版社××××年×月新书预告

书　号	ISBN 978-7-××××-×××××-×		开　本	
书　名	《××××××》		估　价	
内容简介	本书……			
作　者			字　数	千字
读者对象	本书可供××××××有关人员使用或参考。			

（2）书讯

1）概述

书讯是出版者通知读者有关于书籍的动态信息。

2）内容

书讯的内容包括书名、作者、出版社、书号、定价、内容介绍、本书特色、目标读者等信息。书讯与新书预告基本相同,但书讯更侧重于写他人对图书的评论、反映。

【案例10.17】

《禅与极简生活艺术》书讯①

ISBN:9787569920291

出版社:北京时代华文书局

作者:(日)枡野俊明　译者:周志燕

出版日期:2018年3月1日

定价:￥42.0

销价:￥30.6

---

① 浙江台州新华书店微信公众号.

内容简介：

《禅与极简生活艺术》作者枡野俊明，被美国《时代周刊》评选为"当代值得尊敬的100位日本名人"之一。日本国宝级庭园设计大师、禅僧、生活美学家，一生致力于把禅的智慧融入日常生活中去。他说："所谓真正的富有，并不是物质上的富有，而是精神上的富有"，"什么都不浪费，只拥有真正想要的东西，这样的生活，才是美丽的生活"，"一周吃一天素食，就能让身体回归清爽的状态"，"只要养成每天打坐十分钟的习惯，身心就能舒服地度过每一天"，"打扫卫生可以让心情变得愉悦"，"无论什么食材都不浪费，可以让我们拥有漂亮的活法"……少买东西，自己动手，惜物爱人，享受独处，时时微笑，清净温柔，举止优雅，偶尔素食，清空杂物，心守一事，学会放空……生活极简、工作极简、精神极简、物质极简，我只要一些简单和重要的东西。极简的本质是不索取多余的东西，禅的境界是智慧。智是事物的本质，慧即抉择能力。愿亲爱的你，能够认清自我，了解自己人生目标和价值所在，管理好时间、情绪和金钱，智慧地活着，活得智慧，活得简单、丰盛、美好。

（3）新书简介

1）概述
新书简介是出版单位将书籍信息传递给读者的一种宣传材料。

2）内容
新书简介的内容包括书名、作者、出版社、出版时间、内容介绍，而其他内容（如开本、字数、定价、读者对象）则可视具体情况而定，另外，对于图书的类别、版别、图版数一般不予以介绍。

3）新书预告与新书简介的区别
相同之处在于两者都是对新书进行宣传的图书广告。

不同之处在于，首先，二者的目标对象不同，新书预告的读者为出版物发行机构的相关工作人员，即发行人员，而新书简介的读者为图书消费者，即图书读者本人；其次，二者的发表时间不同，新书预告先于书籍出版之前，而新书简介则是对已出版上市的新书作介绍；再者，二者的写作内容和手法不同，新书预告可用文本或表格式，内容强调精、简、短，而新书简介多以文字叙述兼具书籍图片，并着重介绍图书的内容信息，篇幅较新书预告要大。

【案例 10.18】

《不要假装读大学》新书预告①

高中时期,当你学习倦怠了,老师们会说:"再努把力,到大学就轻松了!"那么,读大学真的轻松吗?

你想象中的大学可能是这样的:在环境优美的校园里骑着单车,躺在草坪上看书,享受阳光浴;走进偌大的阶梯教室,听老师讲知识,和同学一起讨论;有一个像肖奈大神或何以琛的学霸朋友,带你在知识的海洋里遨游;丰富多彩的校园活动,多彩多姿的社团组织,感受青春的朝气与活力。

然而,有的大学生活却是这样的:每天沉迷于游戏,临到考试才挑灯夜读,恶补知识点,上课基本不去(除非老师点名),上课专注于玩手机,教材崭新,考试经常挂科……

进入大学之后,有人甚至会发现曾经高中时期才是自己知识的巅峰时期,而大学却让我们逐渐遗忘知识,荒废大脑。为什么会这样呢?——因为他们只是在假装着读大学!

如何真正读大学,才不辜负自己的青春岁月,请你认真读《不要假装读大学》,这是一位在高校耕耘多年的资深教授送给大学生们的一本书。

在书中,他谈到大学阶段要转变思维方式,学会自我管理,顺利地实现从中学到大学的跨越。谈到了作为一个校园新人面对的种种可能,譬如不喜欢的专业,如何安排好自己的日常生活,如何与老师和同学相处,是否参加学生会干部竞选,迷茫时该做些什么,是否考研、考公务员,如何培养自己的独立思考能力,等等。书中对大学生可能面对的种种问题都提供了不少操作方法。认真读完这本书,你的大学不留遗憾!

好书推荐:《不要假装读大学》

经营大学,如何把握好大学这几年最宝贵的时间做好自我的增值,度过这不可逆的 1 460 天。

书里会分享给你:

做哪一类学生,取决你自己,放在时间维度的不同长度上,去思考自己的大学时代;

大学第一年感到迷茫时,就把时间花在英语和数学等课程上;

上课积极发言比考试分数更重要;

---

① 大伟.不要赢了高考,但却输在大学.西南财经大学出版社微信公众号,2019-08-29.

如何训练自己在公众场合的表达能力;

一个人处理"情绪"的速度,就是一个人成功的速度!

……

(4)书刊广告

1)概述

书刊广告是出版者以付款的方式,通过媒体向读者传递图书商品信息的广告形式。目的在于宣传图书信息、刺激需求、指导购买、增强竞争、改变书业形象,促进图书销售状况等。

2)形式

①图书宣传语:封面、封底和腰封;②插页广告文字;③书目广告文字;④单页广告文字;⑤广告小册子。

【技能提示】

书刊广告具有客观性、时效性、针对性、媒体适应性等特点,在进行图书宣传时,应以真实客观的内容,抓住宣传时机,有效地选择适合目标读者的媒体进行广告投放。

【案例10.19】

毛姆的"征婚广告"

威廉·萨默塞特·毛姆(1874年1月25日—1965年12月16日),英国小说家、剧作家。代表作有戏剧《圈子》,长篇小说《人生的枷锁》《月亮和六便士》,短篇小说集《叶的震颤》《阿金》等。

刚开始写作时,毛姆的长篇小说《月亮和六便士》销路平平。如何让它畅销?成了困扰毛姆的难题。某天,报纸的一则广告让他眼前一亮,于是他跑到报社为自己写下一则征婚启事:"本人身体健康,个性开朗,尤其喜欢音乐和运动,是一位年轻而有教养的'百万富翁'。非常希望能找一个与毛姆的小说《月亮与六便士》中的女主角一模一样的女性结婚。"

征婚广告刊登后,人们争相购买《月亮与六便士》,想一睹书中女主角的风采,许多父母尽力按照书中女主角的条件来培养自己的女儿。很快,《月亮与六便士》便被抢购一空。

《月亮和便士》取材于法国后印象派画家高更的生平,以情节入胜、文字深刻受到全世界读者的关注。

2018 年 7 月,《月亮和六便士》获 2018 年亚马逊中国年中纸质书畅销榜第 7 位,2018 年亚马逊中国年中 Kindle 付费电子书畅销榜第 1 位,2018 年亚马逊中国年 Kindle Unlimited 借阅榜第 1 位。2018 年 12 月,《月亮和六便士》入选 2018 亚马逊中国年度阅读盛典 40 年·25 部影响力外译作品。

(5) 书评

1) 概述

书评,即对出版物的内容进行介绍或评论。是实事求是地对图书内容和形式进行价值判断,帮助读者更好地掌握图书内容,有效地沟通作者、读者和出版者信息的桥梁。

2) 类型

①介绍性书评,主要介绍图书基本信息,如作者、书名、出版社、图书内容、装帧设计等。具有广告性的特征。

②评介性书评,是评者通过对书籍知识内容的特点、风格、主要成就或价值、缺陷进行阐述,引导读者阅读的一种评价性文章。具有导读性的特征。

③阐述性书评,是就书籍中某一问题或观点作深入探讨或反驳,发表自己个人见解的评价性文章。

【技能提示】

一句话书评,即用一句话书评的形式对作品内容进行概括介绍。要求所用词语简短并有力度,另外还要注意适当地修辞。如对《史记》进行的一句话书评有"史家之绝唱,无韵之离骚"和"历史的长城"。

3) 内容

①自我简介。书评的作者其实也是图书的读者,简单的自我介绍可以展示评书者客观的观点(即仅为自己阅读的感想),又能使读者从评书者的信息(如个人经历、学术成就等)中得到一定的信任。

②内容结构。书评作为图书宣传材料的一种,大多是对其中某些内容进行介绍或评论,也有向读者推介宣传的功效。所以应将书籍大概结构、中心思想等信息作简要交代,方便读者回顾和认识。

③收获和建议。一本书读完后,里面的知识或多或少对自己有所帮助,如教给我工作、学习和生活的方法或技巧、明白的道理等,既是自己阅读后的一种体会也是对其他读者的一种推介。另外,也可以凭自己的阅读经历,向读者推荐较为科学

有效的阅读方式或学习方法。

④问题和建议。和其他事物一样,书并不是完美无瑕的,图书存在的问题无外乎内容知识表述和外观装帧设计两种。在书评中提出的问题或建议,既可以对读者提醒或指导,又可以让出版社收集有效的反馈信息。

【技能提示】

读后感与书评的区别:

读后感是读者就书中某些内容引发的联想、感受或启示,多以夹叙夹议,或抒情为体裁;而书评是读者对书中某内容或观点进行介绍或评价,并对此发表自己的看法。

【案例10.20】

微书评①

池莉的小说一如既往地保持着自己的鲜明特点:善于以武汉为背景,把握原生态般的"生活流",真实描写市民阶层的人情冷暖。《大树小虫》故事的现实背景设定于2015年的武汉,通过俞家和钟家两个家庭的联姻,引出两个家族三代人近百年的跌宕命运与现世纠葛。《大树小虫》采用了特殊的章节结构。40万字的作品只有两章。小说将主要人物分成八个小节分别叙述,每个人的特点以关键词的形式呈现在最开头,关键词之后是人物自己的故事。小说的每一节,都能够有独立的阅读意味,同时又在其他章节反复回旋。整部小说形成这样一种复式绳套结构,展现了作者高超的结构故事、塑造人物的能力,让原本看似琐碎家常的小说情节变得错综复杂,随着出场人物光鲜面具被一层层撕开,随着不同人物在时空中的交集,每个人都逐步露出真容。三代人的命运对应着中国现当代不同时期的历史事件,直接参与进人物性格的铸造与延展,而每一代人都在自己家族中起到连环扣式承上启下的作用。

(图书信息:《大树小虫》,池莉著,江西凤凰文艺出版社,2019年5月)

(6)博客

博客(Blogger)作为一种传播思想、知识过滤和积累、深度交流的网络新方式,因其操作简便、内容丰富、开放互动、时尚个性等特点,被评为网络时代的个人"读

---

① 管飞.人与人之间的"量子纠缠"[J].中国图书评论,2019(7).

者文摘"。

2004 年,网民梅子将自己的博客"下厨心得"结集出版《恋人食谱——梅子的写食日记》并畅销,博客出版正式走进读者手中。2006 年,金丽红、黎波等著名出版人在北京图书订货会上推出"博客书"概念,"博客书"掀起出版热潮,名人博客结集出书蔚然成风。徐静蕾、潘石屹、王小峰、郑渊洁等"博客图书"相继出版,受到追捧。

出版界十分看好博客出版的前景,纷纷通过博客等渠道向作者、读者约稿。不少网民通过博客与出版界携手,将自己的博客内容印制出书,馈赠亲朋好友。

博客内容涵盖文字、图像、音频、动画等,较传统媒体更直观立体。因体裁不受限制,界面、背景图片、字体字号等可 DIY 装饰,给用户提供了个性化、自由式的叙述语境。博文写作时应注意其措词应简明扼要,避免使用专业词汇或生僻字词,可以短句、分段、短篇系列等形式将出版物产品情节形象化、问题热点化、出版系列化等满足读者期待。

【案例10.21】

混沌萌，黄帝酷，少昊竟是这个"鸟"样子！

中国的上古神仙都长啥样？

电视里的女娲、黄帝、王母娘娘等我们熟悉的神仙似乎都是慈眉善目、温文尔雅的"伟光正"模样，很合乎儒家的美学和伦理规范。事实上，古籍里记载的上古大神长得可真是奇幻酷炫，彻底颠覆我们的认知。他们大多半人半兽，充满野性之美和魔幻色彩：

无头无脸的混沌神、人首蛇身的女娲、虎齿豹尾的西王母、四张脸的黄帝、铜头铁额的蚩尤……

这些奇幻、朴野的形象和他们身上那种气吞山河、震天撼地的力量体现了先民汪洋恣肆的想象力，对自然、生命、神性的敬畏、崇拜和讴歌。

近日，在北京大学出版社推出的新书《诸神纪》中，由资深设计师七小精心创作的28幅原创插画和责编从各类典籍中精心撷取的近300幅资料性图片，将那些来自远古的神仙形象活灵活现地呈现在了读者面前。

原创插画中的远古大神形象既高度贴合古籍中的文字记载和描绘，又独具现代性的创意；既深具传统文化的内涵，又融入现代造型的夸张想象。今天，小编精心选取了其中的10幅原创插画并加以简要解说，读者可以从中体会到……

（7）微博

微博（Weibo）最初由用户通过 SMS、即时通信、电邮、Twitter 网站或 Twitter 客户端软件进行文字更新，并实现即时分享的社交网络平台。140 字的限制大大降低了用户语言组织能力的门槛要求，满足了"沉默的大多数"和"无名草根英雄"内心传播和被关注的愿望，让人们极致体验了网络的自由和快捷，自上线以来，微博一直以爆发式增长。

数以亿计的文本为微博图书出版提供了海量素材，微博阅读，微博图书。许多出版社看准了微博的影响力，通过建立微博平台获得粉丝关注、获取出版动态。2011 年 5 月，网络博主"作业本"将自己的微博语录续集出版《精神病学院毕业生》，为国内首部"微博书"。

2016 年，微博取消 140 字字数限制。

许多作家通过微博发布和连载文章摘要博得关注，引起读者足够的阅读兴趣。如余华的《余华@》、韩寒的《一个》、蔡澜的《蔡澜微博妙答》、余世存的《非常道2》等图书被读者追捧。影视名星冯小刚、蔡康永、梁咏琪等都表示准备把自己的微博语录整理成书出版。

出版社微博借助网络语言、特殊字符、文本超链接等形式成为出版者传递出版动态的快速通道,尤其是新书推介、图书评论、销售排行榜等宣传促销内容,成了加速出版物销售的"助推器"。

微博写作应注意语言的精练性、内容的趣味性和可读性,以精微化文本形态迎合当前碎片化、快餐式阅读潮流。针对读者关注的新锐观点和时尚焦点,应适当留出拓展空间鼓励大家参与互动和创造,引起读者共鸣。

【案例10.22】

在35年前,有个美国人在书里提出了预言:

1.未来,人们在观看电影《飘》时,可以用自己的面孔替换片中的费雯丽等知名演员,实实在在体会一下当明星的感觉。

2.未来,如果您的孩子需要零花钱,您可以从电脑钱包中给他转账5美元。

3.未来,您将可以选择收看自己喜欢的节目,而不是被动地等着电视台播放。

……

提出这些预言的人,是比尔·盖茨。

这本任时光匆匆流逝却独自美丽的书,叫《未来之路》。

在我们讨论人脸识别的危害、为了看一句"听我的"而全网找节目的时候,看到这本"铁书",简直就有种今天的东西原来是盖茨玩剩下的感觉⋯⋯

辜正坤先生在《译者后记》中说:"门在英语中叫做 GATE。饶有兴味的是,这本《未来之路》的作者比尔·盖茨的英文名字就叫 GATES(一道道的门)。所以通过一道道的门,我们就可以进入信息高速公路,从未在未来之路上纵横驰骋,周游八极。"

事实上,35 年后的我们确实做到了。

【案例 10.23】

【凤凰传媒携手南京大学、伯明翰大学带来全新"皇莎初刻本莎士比亚戏剧"及莎士比亚研究论文集】莎士比亚戏剧为一代代中国读者喜爱。为契合新的市场与读者需求,打造一套更易于新时代大众读者欣赏的莎翁戏剧集,莎士比亚(中国)中心与英国皇家莎士比亚剧团携手,启动莎士比亚新译计划,由译者、导演、演员通过边表演边探讨的工作方式,在鲜活的中文语境中翻译转化莎翁经典剧作,既能体现莎翁戏剧语言的本真味道,又能为读者呈现一个当代的、生动的莎士比亚。新译莎剧集共 24 种,将在 2023 年第一对开本初版 400 周年之际全部出版,首批《哈姆雷特》《亨利五世》正式版本将于 2020 年初出版。此外,该中心利用南京大学和伯明翰大学的研究优势,以及译林出版社的翻译出版优势,启动旨在将国际莎士比亚前沿研究成果译介到国内,并将中国莎学学者的高水平著述译介到国外的"当代莎士比亚评论"系列,该系列将以专题形式结集国际和国内顶尖莎学成果[①]。

(8)微信

微信(WeChat)是腾讯公司在 2011 年 1 月 21 日推出的一个为智能终端提供即时通信服务的免费应用程序。

微信因具有地域定位、受众分析、推送精准等特点把精准流量做到最大化,并以低廉的经营成本、灵活多样的传播方式、便利性强与接受率高的信息、点对点的精准化营销模式让出版者、著作者、读者、发行员面对面互动,大大缩短了出版和营销渠道,受到众多出版者青睐。微信涵盖的定制出版、预售营销、预订代购、提供检索、优惠折扣、广告促销、人事招聘、交流互动众多功能,给出版社示范了多种经营

---

① 资料来源:译林出版社微博,2019-10-23.

方向,众多出版机构加速筹建自己的微店①。

作为吸粉的王道和出版者营销的灵魂,微信内容忌推送无价值的信息或广告内容。因此,在开发微信公众号时,应从有利于塑造其品牌形象和促进出版物销售的角度出发,规划好内容模板,利用文字、图片、动漫、语音、视频等多维度推送书企文化、新书好书、活动促销、特色服务等信息,增加读者的阅读兴趣。并结合社会时事热点,传播时尚健康内容,引导人们感知生活、热爱生活。

【案例 10.24】
中国人民大学出版社送书活动②

送书 | 老师,您辛苦了!
中国人民大学出版社 2015-09-10
祝老师们节日快乐!

赠书规则:
①喜欢哪本赠书,就长按赠书对应公众号的二维码,识别关注。
②关注后,回复该账号二维码对应的关键词,收到自动回复,即为成功参加该账号的赠书活动。
③如果方便,欢迎将本次活动分享至朋友圈,中奖机率会大大增加。
④获奖者将从该账号的所有回复该关键词的朋友中随机抽取,活动在 9 月 15日 24∶00 前回复有效。
⑤每本书的具体获奖结果,将由该公众账号于活动结束后公布,敬请留意。

【说好的福利】送书 | 老师,您辛苦了!
中国人民大学出版社 2015-09-16
感谢所有参与的小伙伴!

我们决定将《语文课》赠送给:一滴晨露、柚子茶、孟人梦言、松妈、别来无恙,请以上五位回复来您的收件姓名、地址和电话。没有中奖的朋友不要沮丧,我们还有更多赠书活动等待大家的参与。

图书出版信息:北京四中知名语文教师连中国认为,"语文"肩负的是唤醒人的重任,"觉解生命"才是语文教育的关键。《语文课》是连老师的经历和感念,分

---

① 杨燕.微信营销对实体书店发展的价值动力[J].传播力研究,2019.
② 资料来源:中国人民大学出版社微信公众号(crup-1955),2019.

为四个部分:生命·成熟——内部世界的不断觉熟,是成就一切的基础;课堂·语文——生命的关联;人·备考——改变人,然后改变语文;感悟·成长——带你一步一步读经典。

【案例10.25】

广西师范大学出版社北京志愿者招募①

没错,如你所见,我们筹备了近两个月的"加油!书店"活动,即将如约而至!今年活动的第一站——"加油!书店"的启动仪式暨"书店的万有引力"系列沙龙北京站,我们将联合北京三联韬奋书店共同举行。

8月24日19:30—21:30,在北京三联韬奋书店(三里屯店),我们将向广大读者和媒体发布今年活动的各项安排,并邀请北京各实体书店和负责人和主理人、行业相关的嘉宾代表,围绕"书店的万有引力"这一主题,共同探讨书店多元发展的可能性。

该场沙龙对谈嘉宾包括:王博文三联时空国际文化传播(北京)有限公司总经理、刘贵阅见未来图书(北京)有限公司总经理、林庚利善本图书公司创始人、吴敏旁观书社创始人、赵越超彼岸书店创始人、朱帅佳作书局主理人。对谈围绕两个主题进行,一是"出版与书店",一是"书店主理人谈书店"。

现在,我们面向广大读者,招募启动仪式上的志愿者,参与的志愿者将和我们一起完成启动仪式的各项筹备工作,一同见证这场奇妙的引力之旅的开启。

志愿者需要做什么:

1.接待到场嘉宾、维护现场秩序,协助工作人员完成活动启动仪式的相关准备工作。

2.在工作人员的安排下,在现场以文字、照片、音频、视频、直播等多种形式对启动仪式进行记录。

我们期待这样的你:

1.爱阅读、爱纸质书、爱实体书店。

2.脑洞大、善于团队协作、擅长与人沟通。

3.能发现生活的美,经常记录下生活中美好的瞬间,如果会摄影、剪辑、有活动直播经验就更好了。

4.认同实体书店的文化价值,愿意观察、思考实体书店的现状与问题,用实际行动助力实体书店发展。

---

① 资料来源:北京志愿者招募 l "加油!书店"第一站,我们想邀你共同开启.广西师范大学出版社微信公众号,2018-08-19.

5.参加过广西师大出版社组织的各类读者活动的(特别是去年的"加油！书店"活动)优先；工作时间：8月24日下午和晚上；在校大学生优先。

你能够收获这些惊喜：

1.你将有机会以这样一个特殊的身份加入广西师大出版社"加油！书店"活动项目团队，一起参与并见证一年一度的国内书店主题盛宴的开启。

2.你可以在活动过程中结识更多志同道合的朋友，他们也许是书店的老板、店员，也许是热爱书店、热爱阅读的读者。

3.你会对书店的经营模式有更深的了解，并从中发现书店里一些不同寻常的美丽。

4.你将获得由广西师大出版社提供的活动纪念品一份。对于报名参与的学生，我们还可以在活动后提供志愿服务证明。

报名方式：长按二维码识别进入表单，填写报名表。另外，你也可以点击微信文末的"阅读原文"链接进入报名表单完成报名。报名将于8月22日截止。

8月24日至9月15日

欢迎你来到书店

与我们共同探索"书店的万有引力"

一起用行动，为书店加油

【案例分析与实训】

1.请你对本章节【案例10.17】《编辑概论》书讯案例中的省略部分进行补充，形成一则完整的书讯，并为其撰写一篇书评。

2.请以某图书出版社、杂志社或报社为例，分析其博客、微博、微信运营规划(包括账号定位、用户定位、SWOT分析、具体运营计划四大模块)和阅读推广策略。

3.请从博客转型微博发展情况，预测微信自媒体的未来发展前景。

【拓展训练】

请走访附近实体书店获取新近出版信息，并结合书店设立的图书销售排行榜，谈谈售书排行榜对读者选购的作用。

附录 校对符号用法规定

中华人民共和国国家标准 　　　GB/T 14706—93

校 对 符 号 及 其 用 法

Proofreader's marks and their application

---

1 主题内容与适用范围

本标准规定了校对各种排版校样的专用符号及其用法。

本标准适用于中文（包括少数民族文字）各类校样的校对工作。

2 引用标准

GB 9851 印刷技术术语

3 术语

3.1 校对符号 proofreader's mark

以特写图形为主要特征的、表态校对要求的符号。

4 校对符号及用法示例

编号	符号形态	符号作用	符号在文中和页边用法示例	说　明
一、字符的改动				
1		改　正	增高出版物质量。 改革开放	改正的字符较多，圈起来有困难时，可用线在页边画清改正的范围 必须更换的损、坏、污字也用改正符号画出

续表

编号	符号形态	符号作用	符号在文中和页边用法示例	说　明
2		删　除	提高出版物物质质量。	
3		增　补	要搞好校工作。	增补的字符较多，圈起来有困难时，可用线在页边画清增补的范围
4		改正上下角	$16 = 4^2$ H_2SO_4 尼古拉·费欣 $0.25 + 0.25 = 0.5$ 举例2×3 = 6 X∶Y = 1∶2	

二、字符方向位置的移动

编号	符号形态	符号作用	符号在文中和页边用法示例	说　明
5		转　正	字符颠倒要转正。	
6		对　调	认真经验总结。 认真验结经总。	用于相邻的字词 用于隔开的字词
7		接　排	要重视校对工作， 提高出版物质量。	
8		另起段	完成了任务。明年……	

续表

编号	符号形态	符号作用	符号在文中和页边用法示例	说　明
9		转　移	校对工作,提高出版物质量要重视。 "以上引文均见文中新版《列字命令》。 编者　年　月 …… 各位编委	用于行间附近的转移 用于相邻行首末衔接字符的推移 用于相邻页首末衔接行段的推移
10	或	上下移	序号|名称|数量 01|显微镜|	字符上移到缺口左右水平线处 字符下移到箭头所提的短线处
11	或	三右移	← 要重视校对工作,提高出版物质量。 3 4　5 6 5 欢呼　歌 唱	字符左移到箭头所指的短线处 字符左移到缺口上下垂直线处 符号画得太小时,要在页边重标
12		排　齐	校对工作非常重要。 必须提高印刷质量,缩短印制周期。　国家标准	

343

续表

编号	符号形态	符号作用	符号在文中和页边用法示例	说　明
13	⌐_	排阶梯形	RH_2	
14	↑	正　图		符号横线表示水平位置,竖线表示垂直位置,箭头表示上方

三、字符间空距的改动

编号	符号形态	符号作用	符号在文中和页边用法示例	说　明
15	∨ ＞	加大空距	一、校对程序 校对胶印读物、影印书刊的注意事项:	表示在一定范围内适当加大空距　横式文字画在字头和行头之间
16	∧ ＜	减小空距	二、校对程序 校对胶印读物、影印书刊的注意事项:	表示不空或在一定范围内适当减小空距　横式文字画在字头和行头之间
17	♯ ⊥ ⊥ ⊥	空1字距 空1/2字距 空1/3字距 空1/4字距	第一章校对职责和方法 1.责任校对	多个空距相同的,可用引线连出,只标示一个符号
18	Ｙ	分　开	Good morning!	用于外文
19	△	保　留	认真搞好校对工作。	除在原删除的字符下画△外,并在原删除符号上画两竖线

续表

编号	符号形态	符号作用	符号在文中和页边用法示例	说　明
20	⌒＝	代　替	兰色的程度不同，从淡兰色到深兰色具有多种层次，如天兰色、湖兰色、海兰色、宝兰色……　　　　⌒＝蓝	同页内有两个或多个相同的字符需要改正的，可用符号代替，并在页边注明
21	○○○	说　明	改黑体　第一章 校对的职责	说明或指令性文字不要圈起来，在其字下画圈，表示不作为改正的文字。如说明文字较多时，可在首末各三字下画圈

5　使用要求

5.1　校对校样,必须用色笔(墨水笔、圆珠笔等)书写校对符号和示意改正的字符,但是不能用灰色钢笔书写。

5.2　校样上改正的字符要求写清楚。校改外文,要用印刷体。

5.3　校样中的校对引线要从行间画出。墨色相同的校对引线不可交叉。

校对符号应用实例

（参考件）

〔例〕今用伏安<del>士</del>法测一线圈的电感。当接入 36 V 直流电源时，的过流电流为 6 A；当插入 220 V、50 Hz 的交流电源时时流过的电流为 22 A。算计线圈的电感。

〔解〕在直流电路中电感不起作用，即 $X_L = 2\pi f = 0$（直流电也可看成是频率 $f = 0$ 的交流电）。由此可算出线圈的电阻为

$$R = \frac{U}{I} = \frac{36}{6} = 6\ \Omega$$

接在交流电源上，线圈的阻抗为

$$Z = \frac{U}{I} = \frac{220}{22} = 10\ \Omega$$

线圈的感抗力 $X_L = \sqrt{Z^2 - R^2} = \sqrt{10^2 - 6^2} = 8\ \Omega$
故线圈的电感为

$$L = \frac{X_L}{2\pi f} = \frac{8}{2\pi \times 50} = 0.025\ H = 25\ mH$$

第七节　电　容　电　路

电容器接在直流电源上，如图 3-13 甲所示。电路呈断路状态。若把它接在交流电源上，情况就不一样。电容器板上的电荷与其两端电压的关系为 $q = c_{u_c}$。当电压 u_c 升高时，极板上

参考文献

[1] 吴培华,朱坤泉.现代实用编辑学[M].北京:中国书籍出版社,2015.

[2] 余朝晖.我的编辑观[M].长春:吉林大学出版社,2016.

[3] 贾益功.编辑:最新标准与规范[M].南宁:广西科学技术出版社,2016.

[4] 王振铎,赵运通.编辑学原理论[M].北京:中国书籍出版社,2004.

[5] 欧阳明.书刊编辑学[M].武汉:华中科技大学出版社,2006.

[6] 阙道隆.实用编辑学[M].北京:中国书籍出版社,1995.

[7] 李苓,黄小玲.编辑出版实务与技能[M].成都:四川大学出版社,2006.

[8] 中国编辑学会,全国出版专业职业资格考试办公室.出版专业实务:初级[M].2007年版.上海:上海辞书出版社,2009.

[9] 中国编辑学会,全国出版专业职业资格考试办公室.出版专业实务:中级[M].2007年版.上海:上海辞书出版社,2009.

[10] 周国清.编辑学导论[M].长沙:湖南师范大学出版社,2008.

[11] 易图强.图书选题策划导论[M].北京:中国人民大学出版社,2009.

[12] 李琪.现代图书编辑学[M].长沙:湖南师范大学出版社,2008.

[13] 李琪.书籍编辑方法论[M].长沙:湖南师范大学出版社,2003.

[14] 新闻出版总署人事教育司,新闻出版总署职业技能鉴定指导中心.出版物发行员职业资格培训教材:中级[M].北京:中国书籍出版社,2007.

[15] 刘孝纯,刘堤地,等.科技编辑工作手册[M].长沙:湖南科技出版社,2003.

[16] 汪启明.出版通论[M].成都:四川大学出版社,2004.

[17] 朱胜龙.现代图书编辑学概论[M].苏州:苏州大学出版社,2003.

[18] 张积玉.编辑学新论[M].北京:中国社会科学出版社,2003.

[19] 中国编辑学会,全国出版专业职业资格考试办公室.出版专业基础[M].武汉:崇文书局,2007.

[20] 冯一粟.大众传媒导论[M].长沙:科学出版社,2006.

[21] 郑兴东,陈仁风,蔡雯.报纸编辑学教程[M].北京:中国人民大学出版

社,2001.

[22] 格罗斯.编辑人的世界[M].齐若兰,译.北京:中国工人出版社,2000.

[23] 范敬宜.总编辑手记[M].北京:人民日报出版社,1997.

[24] 王庭僚.怎样当好总编辑[M].深圳:海天出版社,1996.

[25] 钟立群.新闻编辑学研究[M].北京:人民日报出版社,1997.

[26] 桑金兰.报纸版面创意艺术与电脑编辑[M].上海:复旦大学出版社,1999.

[27] 胡武.现代新闻编辑学[M].武汉:武汉大学出版社,1999.

[28] 陈振平.报纸设计新概念[M].福州:福建人民出版社,2004.

[29] 卜庆华.编校改错必读[M].长沙:湖南教育出版社,1998.

[30] 谈维.校对业务教程:修订本[M].沈阳:辽海出版社,2005.

[31] 周麟.出版校对培训教程[M].北京:商务印书馆,2009.

[32] 刘华杰.中国类科学[M].上海:上海交通大学出版社,2004.

[33] 王灿发.报刊编辑与策划[M].北京:中国广播电视出版社,2008.

[34] 蔡雯.新闻编辑学[M].北京:中国人民大学出版社,2010.

[35] 管国忠,顾潜.新闻编辑实务教程[M].上海:文汇出版社,2008.

[36] 黄奇杰.报刊编辑案例评析[M].杭州:浙江大学出版社,2009.

[37] 若文.新闻编辑能力训练教程[M].上海:复旦大学出版社,2006.

[38] 吴飞.新闻编辑学教程[M].杭州:浙江大学出版社,2004.

[39] 田志友,王薇薇.采写编实训教程[M].北京:清华大学出版社,2007.

[40] 蔡雯.新闻编辑案例教程[M].2010年版.北京:中国人民大学出版社,2009.

[41] 潘树广.编辑学[M].苏州:苏州大学出版社,2008.

[42] 李苓,黄小玲.编辑出版实务与技能[M].成都:四川大学出版社,2005.

[43] 黄镇伟.中国编辑出版史[M].苏州:苏州大学出版社,2003.

[44] 肖东发.中国编辑出版史[M].吉林:辽宁教育出版社,2000.

[45] 罗维扬.编辑大手笔[M].武汉:崇文书局,2005.

[46] 伍杰.中国古代编辑家小传[M].北京:中国展望出版社,1988.

[47] 涂晓华.报刊创意与策划[M].北京:中国广播电视出版社,2009.

[48] 庞亮.新闻报道策划[M].北京:中国广播电视出版社,2009.

[49] 欧阳霞.报纸编辑[M].北京:北京大学出版社,2010.

[50] 管国忠.新闻编辑实务教程[M].上海:文汇出版社,2008.

[51] 赵振宇.新闻报道策划[M].武汉:武汉大学出版社,2009.

［52］雷蔚真.电视策划学［M］北京:中国人民大学出版社,2008.

［53］陈勤.媒体创意与策划［M］.北京:中国传媒大学出版社,2009.

［54］黄升民,周艳,赵子忠.媒体策划与营销［M］.北京:高等教育出版社,2009.

［55］蒙南生.媒体策划与营销［M］.北京:中国传媒大学出版社,2007.

［56］蒋旭峰,杜骏飞.广告策划与创意［M］.北京:中国人民大学出版社,2006.

［57］中国编辑学会,全国出版专业职业资格考试办公室.出版专业理论与实务［M］.上海:上海辞书出版社,2008.

［58］龚维忠.现代期刊编辑学［M］.北京:北京大学出版社,2007.

［59］石磊.新媒体概论［M］.北京:中国传媒大学出版社,2009.

［60］宫承波.新媒体概论［M］.北京:中国广播电视出版社,2009.

［61］谭云明.助理网格编辑师考试指南:三级［M］.北京:中央广播电视大学出版社,2008.

［62］李炳华.简谈"点式""面式""线式""链式"选题策划延伸法［J］.出版发行研究,2009.

［63］段宗明.图书出版的选题策划及实现途径［D］.南宁:广西大学,2006.

［64］王玉荣.图书编辑如何完成组稿任务［J］.出版发行研究,2008.

［65］党朝晖,杨美玲.编辑身份地位的历史沿革［J］.今传媒,2005.

［66］钱荣贵.《吕氏春秋》的编辑思想［J］.出版发行研究,2008.

［67］李乐.司光马的编辑思想［J］.南通大学学报,社会科学版,2009.

［68］高明.大连大学学报［J］.我国新媒体业发展战略探析,2009(2).

［69］曹春丽.湖南社会科学［J］.论新媒体,2007(5).

［70］廖祥忠.何为新媒体［J］.现代传播,2008(5).

［71］张凌云.青年记者［J］.手机报的主要特点与发展趋势,2008(12).

［72］王梅.专业图书的选题市场调研［N］.出版商务周报,2009.

［73］龙仕林.图书选题策划的四种模式［N］.中国新闻出版报,2010-11-12.

［74］褟胜修.科技期刊编辑应该重视编辑应用文的写作训练［J］.编辑学报,2009.

［75］黄玉顺.中国编辑之父——孔子整理"六经"述评,中国儒学网.

［76］方正阿帕比官网.www.apabi.cn.

［77］中国互联网络信息中心.中国互联网络发展状况统计报告,2011.

［78］中国互联网络信息中心.中国手机媒体研究报告,2008.

［79］人民网,传媒频道.http://www.xinhuanet.com.